破解《孙子兵法》数学奥秘

韩胜宝 著

团结出版社

图书在版编目（CIP）数据

破解《孙子兵法》数学奥秘 / 韩胜宝著 . -- 北京 :
团结出版社 , 2023.4
ISBN 978-7-5234-0016-6

Ⅰ . ①破… Ⅱ . ①韩… Ⅲ . ①《孙子兵法》- 研究
Ⅳ . ① E892.25

中国版本图书馆 CIP 数据核字 (2022) 第 258208 号

出　版：团结出版社
（北京市东城区东皇城根南街 84 号　邮编：100006）
电　话：（010）65228880　65244790（出版社）
（010）65238766　85113874　65133603（发行部）
（010）65133603（邮购）
网　址：http://www.tjpress.com
E-mail：zb65244790@vip.163.com
tjcbsfxb@163.com（发行部邮购）
经　销：全国新华书店
印　装：三河市东方印刷有限公司

开　本：170mm × 240mm　16 开
印　张：19.25
字　数：268 千字
版　次：2023 年 4 月　第 1 版
印　次：2023 年 4 月　第 1 次印刷

书　号：978-7-5234-0016-6
定　价：58.00 元

自序

从小最不喜欢数学的我，老了居然特别感兴趣了，这源于《孙子兵法》。

《孙子兵法》是一部经典的军事书，相信大部分读者都知道；说它又是一部高超的哲学书，可能只有一部分读者知道；说它还是一部精美的文学书，知道的读者或许少之又少；说它更是一部奇妙的数学书，恐怕是鲜为人知。

孙子十三篇是数学法则+竞争法则，数学艺术+战争艺术，数学思维+谋略思维，数学之道+制胜之道，蕴藏着数学的奥秘，揭示了数字化战争的神奇。

数学，是研究数量、结构、变化、空间以及信息等概念的一门学科。数学科学被称为“（一切）哲学的数学原理”，包括军事哲学原理；数学是所有科学的基础，军事科学也不例外；数学可以应用于现实世界的任何问题，早就应用于军事世界。史上应该再没有什么学科比数学更吸引包括军事哲学在内的哲学家的了。

“一种科学只有在成功地运用数学时，才算达到了真正完善的地步。”这是马克思关于数学作用的精辟论述。

“一个国家只有数学蓬勃发展，才能展现它国力的强大。数学的发展和至善和国家繁荣昌盛密切相关。”这是西方著名军事家拿破仑说的。

政治家、军事家、哲学家和数学家对数学虽然有相同的或不同的看法，但在人类历史的战争中，数学发挥着不可替代的作用，这是不容置疑的。从人类早期的战争开始，无论是发射弩箭还是排兵布阵，数学都无所不在。在现代战争中，数学不仅是研究和应用现代军事科学必不可少的基本工具，而且数学与兵学融合是科学制胜的“法宝”。

说得简单点，没有数学，就没法打仗，也打不了胜仗。军队的队列操练报数、行军路程、射击的标尺弹道都离不开数学；说的深奥点，战争不是打出来的，而是算出来的，不是打胜的，而是算胜的，所谓胜算。其实，战争从一开始就已决定胜负：谁算的多，算的准，谁就胜了；谁少算一步，算错一步，谁就输了。

从中国古代庙堂里的卜卦（庙算），到算盘、计算器、电脑；从口算、心算到神算、妙算；从原始部落时代的方阵，到大数据时代的高科技智战，写每一章、每一节，给作者带来的都是无穷的乐趣和无尽的回味。

匈牙利理论物理学家及数学家尤金·维格纳奠定了量子力学对称性理论研究，赢得 1963 年诺贝尔物理奖。他在《纯数学与应用数学对谈》上发表的一篇题为《数学在自然科学中不可想象的有效性》一文中说明了数学的奥妙：“自然科学家们经常不得不承认一个数学模式会像奇迹似地与他们迎面相遇。”“数学语言像奇迹般地可以用来导引物理定律，我们既不了解也不配得这项上天所赐予的奇妙礼物。”

尤金·维格纳的说明如果把自然科学家换成军事家，也同样“不得不承认一个数学模式会像奇迹似地与他们迎面相遇”。而数学语言像奇迹般地可以用来导引战争定律，也是上天所赐予军事家的“奇妙礼物”。

数学法则与兵学法则的完美结合，衔接得天衣无缝，演绎得精美绝伦。

数学真的太奇妙了，最简单的加减乘除，关乎战争的胜败；计算相差一毫米、一秒钟，关乎将士的生死；一个最简单的数学公式，关乎军事指挥员的作战方案；一张最简单的数学图形，关乎战场上攻守防御和胜负……

当数学被钉上战争的符号，它再也不是数学符号了，而成了战争的武器；数字游戏一旦变成战争游戏，数学法则也就变成了战争的法则，既可以用来战胜对方，也可以用来保护自己。

数学萌芽于原始公社末期，起源于上古时期。在中国古代，数学叫作算术，又称算学，为古代六艺之一。孙武或许是第一个把数学公理化方法引入兵法的大师，他所处的春秋时代，筹算已得到普遍应用，并对世界数学的发展具有划时代意义，对军事科学的发展也同样具有划时代意义。数学在兵法家的操盘下，成就了一个个运筹帷幄、决胜千里的经典战例，所产生的战争奇迹，令作者惊叹之余，兴奋不已。

数学与兵学无不闪烁科学和艺术的光辉，当数学艺术遇到战争艺术，碰撞出的艺术火花让全世界为之惊艳。

我们常常听到“战争艺术”这个词，似乎战争也像艺术一样，难以言传，无法用数据衡量。其实，数学也是艺术，一般指数字艺术，被描述为一种由美激发的艺术；《孙子兵法》被西方译作战争艺术（the art of war），成为这部举世无双的兵学圣典的代名词。

信息时代的战争既是兵力兵器的对抗，更是战争艺术的角逐。我们透过《孙子兵法》这部战争艺术杰作，看见其蕴含着丰富而深刻的数学艺术。冷战以后，西方世界对东方兵学的认识逐步改变，对孙子的“不战而屈人之兵”的战争艺术研究越来越重视，正在重新审视孙子，重新认识孙子的价值。

通过对东西方兵学思想的比较分析，海外学者普遍认为，孙子的战争艺术具有和谐之美、和合之美，更适合当今世界。因为全世界对和平的渴望从来没有像现在这样迫切，全人类对战争的厌恶也从来没有像如今这般强烈。这正是《孙子兵法》被全世界普遍接受和高度认可的重要原因。

数学思维是打开兵法之门的一把钥匙，《孙子兵法》是顶层思维，多向思维，各种思维方式在十三篇中光影交错，相辅相成。

《孙子兵法》不仅是军事战略，更是博大精深的思维方式，已经成为当今重组世界文化的极其重要的资源；它不仅是"天下第一兵书"，还是开拓人类认识新领域、开创人类认识新成果、创新人类认识新思维的范本。

《孙子兵法》之所以能走向世界，并且影响了世界2500多年的智慧与谋略，最重要的不是给予思想，而是给予思维。在这千古神话背后蕴藏的真谛，就是跳出兵法学思维。

孙子的思维模式在今天依然充满了生命力。世界各国从《孙子兵法》这部智慧宝典中找到打开思维空间的"金钥匙"，探寻政治思维、军事思维、外交思维、战略思维、大国思维、哲学思维、竞争思维、创新思维等系统思维。

中国传统数学科学是万物之理、无敌之道，《孙子兵法》其实讲的就是"道"，即制胜之道，是数学之道与中华兵道的神奇结合。

无论是冷兵器时代、机械化时代还是如今的信息化时代，制胜之道都是建立在科学运筹基础上的。毛泽东评价，孙子的规律，"知彼知己，百战不殆"，仍是科学的真理。这科学的真理，是包括数学在内的科学。

《孙子兵法》是科学为本的制胜之道，十三篇是一个完整、有机的科学思想体系，它带给世界无穷无尽的科学思维方法和无与伦比的科学制胜智慧，具有缜密的军事科学体系、科学哲学体系、信息科学价值体系和决策理论的科学价值体系。

数学在人类历史的战争中故事很多，传奇也很多。数学不仅仅是数字、图形、符号，它的奥妙隐藏在神秘的战争世界里。揭开《孙子兵法》的数学奥秘，可以发现"天下第一兵书"的神话是怎么通过数学原理创造的，也可以坚信它在现代化高科技时代的数字化战争中必定能继续创造新的神奇。正如波兰学者高利科夫斯基所评价的："孙子其理论不仅别出心裁，而且也是合理的，并以一种数学性的智慧为基础。在中国古代学人中能够如此重视科学方法的确实是十分罕见。”

用数学解读《孙子兵法》，从数学中领略兵学的神奇，从兵学中领悟数学的奥秘，可以拨动读者好奇的神经，让读者有一种全新的感受，会有更多的数学与兵学爱好者共同阅读印刷数量与《圣经》等量齐观的“兵经”，这就是作者编撰这本书的初衷。

是为序。

韩胜宝

2022年3月于新加坡

目 录

第一章《孙子兵法》十三篇的数学法则

数学是算法，自有法则；兵学是战法，亦有法则。数学算法融合兵学战法，则能算善战。《孙子兵法》十三篇每一篇都融合了数学法则，谁破解了《孙子兵法》的数学奥秘，谁就真正读懂了孙子的大智大慧。

第1节　始计篇　是计算还是算计？

现在有一种误解，一提《孙子兵法》，就与“三十六计”联系在一起，有的往往把“三十六计”当作《孙子兵法》。其实，这是完全不同的两本书。

《孙子兵法》与“三十六计”至少有三点不同：一是作者不同，《孙子兵法》是孙武写的，“三十六计”并没有确定的作者；二是年代不同，《孙子兵法》写于春秋时期，“三十六计”源于南北朝，成书于明清，由许多人经过前朝战争经验和兵书记载汇编而成；三是层次不同，《孙子兵法》是大智慧、大谋略，“三十六计”用的是奇谋巧计，玩的是兵法策略。

人们读《孙子兵法》，往往把第一个字就读偏了。

《始计篇》又叫《计篇》，孙子十三篇第一个字就是“计”。说到“计”，人人皆知，但大多数人不知“计”的奥妙。《孙子兵法》的“计”，是“计算”而不是“算计”，是“计划”而不是“计谋”，是“智谋”而不是“阴谋”。

计算与算计，一字之差，差之毫厘，谬以千里。

计算是数学用语，根据已知数通过数学方法求得未知数。英文中的计算为“Calculation”，来自拉丁文中的“Calculus”，指的是算盘上用来计算的小石头。人类科学包括军事科学，时时刻刻离不开计算。

计算数学是由数学、物理学、计算机科学、运筹学与控制科学等学科交叉渗透而形成的一个理科专业。为了达到准确、快速计算，数学计算上还有运算、速算、心算、精算等。

军事上的计算，也是由数学、物理学、天文学、地理学、计算机科学、运筹学与控制科学等学科交叉渗透而形成的。为了达到准确、精确、快速计算，从古代神机妙算到现代智能化计算、云计算，不管新军事变革给战争模式带来多大变化，在战争的词典中仍离不开一个“算”字。

《始计篇》讲的就是敌我双方的大数据分析，通过对决定战争胜负的各项基本条件的计算，估算战事胜负的可能性。孙子讲的计，乃是计算的计，是全方位地计算，估算己方胜与负的概率，是全胜思维。

算计虽然也有计算的成分，但主要是用心机，设计谋，多用在暗中用阴招损害他人，当面露笑脸，背后捅刀子，如《红楼梦》中所说“机关算尽太聪明，反误了卿卿性命”。

以“暗中算计”“奇谋巧计”甚至用“阴谋诡计”的策略思维来解读《孙子兵法》，是片面的，没有把握其真实内涵。

古代庙算是君王召集大臣在朝堂之上对选将用人，天时、地利、人和，敌我双方实力等各方面的计算与评估。

唐代大诗人杜牧注解：“计，算也。曰：计算何事？曰：下之五事，所谓道、天、地、将、法也。于庙堂之上，先以彼我之五事计算优劣，然后定胜负。胜负既定，然后兴师动众。用兵之道，莫先此五事，故为篇首耳。”

注解《孙子兵法》第一人曹操和杜牧都认为孙子的“计”为计算。出师之前要先算胜负，绝不打无把握之仗。定胜负需要通过庙堂之上对敌我双方进行计算度量。谋定而后动。先通过庙算将敌我双方“五事七计”定性定量分析，动态、静态评估，若有大胜算那就行动，无胜算就守静待时。这就是《始计篇》排在《孙子兵法》第一位的道理。

孙子提出“多算胜，少算不胜”表明：计算应先于行动，也就是以“算”字为先。算则胜，不算则败；多算则胜，少算则败。就好比下棋，高明的棋手至少要算三步，否则遇到高手必输无疑。这就是“多算胜，少算不胜，而况于无算乎！”

算计无须过多用数学，而计算必须完全用数学；算计大多用于阴谋，而计算则为阳谋。计算人人可算，敌我均算，就看谁能掐会算，算得精确，算得全面，算得及时，算对手没算到或没算准的，还能神机妙算，算出未知数，算得先知，算出先机，谁的胜算就大。

除了胜算外，还要算对手不愿算或算不准、解不开的千古难题。孙子不仅从军事上计算，而且从政治上、经济上计算。有的仗虽然在军事上胜算很大，但在政治上、道义上和经济上一败涂地，这种亡国灭种、劳民伤财的仗打不得。

《始计篇》开宗明义："兵者，国之大事，死生之地，存亡之道，不可不察也。"也就是说，战争=人民生死+国家存亡，是头等大事，不可不认真计算和研究。孙子第一个把"兵道"与国家的"存亡之道"紧紧联系在一起计算，是任何军事家和数学家没有计算过的，也是用算计万万算不出来的。

如今是大数据大行其道的世界，21世纪的战争将以信息战为主体，数字化部队和数字化战场的本质特征是战场信息的快速交换。在以秒为计算单位的数字化战争中，孙子的大数据概念显得尤为重要。要实现信息现代指挥系统的自动化、智能化，就必须从各种各样纷繁复杂的数据中快速获得有价值的信息，并快速计算分析。

因此，在大数据时代，大数据概念仍然是决定战争胜负不可改变的基本条件。九一一事件后，美军研究的重点转向了信息战领域，五角大楼专门成立战略信息办公室，美国国防大学还开办了"孙子兵法与信息战"论坛。如今，美国大数据上升到国家战略层面。

第2节　作战篇　战争成本核算

“大炮一响，黄金万两”，是一句著名的谚语。可见战争对于一个国家经济的影响有多大。战争不仅是要发生成本的，而且是成本消耗最大的行为。战争打的规模越大，拖的时间越长，付出的成本就越高。

孙子把数学中的成本核算科学地用到战争上来。他在《作战篇》中算了一笔战争成本账：“凡用兵之法，驰车千驷，革车千乘，带甲十万，千里馈粮，则内外之费，宾客之用，胶漆之材，车甲之奉，日费千金，然后十万之师举矣。”战争成本耗费巨大，日费千金，10万大军才能出动。

曹操对孙子《作战篇》批注：“石者，120斤也。转输之法，费20石得一石。……言远，费也。”就是说，运输军粮的规律是，每运送一石军粮，就要耗费20石之多，所以远途运粮，耗费必大。

孙子可能是第一位注意到战争和经济之间有着密切关系的军事家和思想家，没有人可与之相比。他将论述经济的《作战篇》列为孙子十三篇的第二篇，这种思维洞察力是相当超前的。孙子的大战略思维中，不仅包含军事，还包含政治和经济。

决定一场战争胜负的关键，往往是粮草的控制权。所谓“兵马未动，粮草先行”，都是在说粮食是很重要的。打仗，千军万马吃饭是第一要务，是每天必须发生的成本。

古代由于运输条件的问题，打仗最大的问题与最高的成本，几乎都是粮草。一名汉代士兵的口粮是每天三斤不脱壳的主食。那么，在不算上蔬菜、肉类和战马所需饲料的情况下，一支20万人的军队每天就要消耗掉300吨的粮食，相当于150辆家用轿车的重量。

要运10万斤粮食到前线，可能要动员几万老百姓。千里跋涉送100万斤，半路送粮食的人就吃掉90万斤。而一天100万斤，战争打个一年半载下来，光是这粮食的消耗就不得了。如此巨大的消耗使得一支军队给养成为第一需要。

近代中日甲午海战期间，日本天皇带头每天只吃两顿饭，省出一顿饭钱支援海军；而慈禧为了过生日挪用海军军费，直接造成了甲午海战惨败的结局。日本消耗之后，要求清政府赔偿，以至于清政府付出了沉重的代价。

如果说古代战争在一定意义上打的是粮草战、给养战的话，那么，现代战争在一定意义上打的就是后勤战、装备战。而现代战争消耗更大，成本更高。大炮一响，不是黄金万两，而是百万两、千万两。

直接引用大量《孙子兵法》名言的美军《作战纲要》中有这样一句表述：Wars are won on logistics，即后勤制胜。驻欧美军总司令在海湾战争结束后也曾经指出，作战与后勤的一体化，是美军在海湾战争中取胜的一个重要条件。而后勤制胜离不开成本核算。

海湾战争中，伤亡最大的不是一线战斗员，而是为他们提供食品、燃料、饮用水和弹药补给的后勤人员。"后勤不再是后方的行动"，在390名死于"沙漠盾牌"和"沙漠风暴"行动的人员当中，有50%是在为一线部队运送补给的过程中阵亡的，这其中大多数是死于高速公路，而不是炮弹子弹。

据有关资料统计，现代战争每打死一个人所耗的费用大大增加：18世纪拿破仑时期为3000美元；第一次世界大战时为2万美元；第二次世界大战时为20万美元；第四次中东战争时为100万美元；英阿乌岛战争时为170万美元。

在科索沃战争中，北约为了尽早达成战争目的，共使用了1200架飞机，出动3.8万架次，发射巡航导弹1500多枚，投掷各种弹药1.3万余吨，战争花费高达1000亿美元。

《三万亿美元的战争》一书，作者是斯蒂格利茨。本书客观地分析了美国在伊拉克战争中的成本。事实表明，这场战事的经济后果要远比预期的更为严重。战争成本对每一个国家来说都是一种巨大的挑战。小布什政府想让美国人确信：我们可以打一场免费战争。但军事学和经济学的一个基本道理告诉我们：天下没有免费的战争。

据美国军方统计，美军在海湾战争中共消耗各类物资1.7万余种3000多万吨，几乎等于上千万的苏联军队在四年卫国战争中物资消耗总量6600万吨的一半。美军在“沙漠风暴”行动中，每天耗资5亿美元，动用地面部队后，每天则耗资10亿美元。多国部队在战争中总共花掉600多亿美元，这个数字超过了世界上绝大多数国家一年的国民生产总值，就连美国也无力独自支付这笔费用。

战争不但是军事和政治的竞赛，而且是经济的竞赛，离开经济成本核算，战争就无法进行。所以说，打仗太“烧钱”，成本很高，现代战争越打越贵，无论有多少钱都不够花。

现代战争打的是高科技条件下的高消耗战，战争规模越大，对经济的依赖和破坏也越大。据估计，进行一场现代战争至少都是千亿美元起步。因此，孙子论述的计算与控制战争成本的思想具有时代价值。

第3节　谋攻篇　全胜的数学哲学

哲学和数学是人类历史上最早出现的两门系统学科，几乎可以说其他学科都从其中分化而来。而数学哲学是哲学与数学相互联系和渗透的交叉学科，是对数学的哲学概括和总结。

从古希腊时期的毕达哥拉斯、柏拉图等人开始，哲学和数学就一直相依为命，难分难舍。史上应该再没有什么学科比起数学更吸引包括军事学在内的哲学家的了。

《孙子兵法》是中国及世界上最早的军事哲学著作，包含了丰富的军事哲学思想。作为军事哲学家的孙子，他的全胜哲学融合了数学哲学，确切含义是最大限度地减少牺牲而获得全局性胜利。

胜者有四：不可胜，少胜，多胜，全胜。何谓全胜：利全，而兵不减为全胜之法。《孙子兵法》之所以是了不起的全胜数学哲学课题，就是因为它的主旨是用最少的成本投入获取最大的利益。

孙子在《谋攻篇》中说："凡用兵之法，全国为上，破国次之；全军为上，破军次之；全旅为上，破旅次之；全卒为上，破卒次之；全伍为上，破伍次之。是故百战百胜，非善之善者也；不战而屈人之兵，善之善者也。"

意思是说：衡量战争取胜的一般原则是，以能使敌国完整无损地降服于我为上策，而攻破敌国使其残缺受损便略逊一筹；能使敌人一军（12500人为一军）将士完整无缺全员降服为上策，而动武力击溃敌人一个军，便略逊一筹；能使敌人一旅（500人为一旅）将士完整无缺全员降服为上策，而用武力击溃敌人一个旅便略逊一筹；能使敌人一卒（100人为一卒）官兵全员降服为上策，击溃一卒兵众就差一等了；能使敌人一伍

（五人为一伍）士卒全员降服为上策，击溃一伍士卒就差一等了。因此，百战百胜，并非用兵策略中最好的，不交战而使敌屈服，才是用兵策略中最好的。

百战百胜就是百分之百的胜利，孙子为什么说不算最好的呢？这是因为孙子的计算与常人不同，百战百胜不等于全胜，这要看战争的损耗与灾难。

孙子提出“不战而屈人之兵”，用数学计算，不用一兵一卒即取得胜利，使战争的成本、损失和伤亡率为0，是“最划算”的胜利，减少了战争对人类造成巨大灾难，节约了大量能源和资源。战争最理想的计算是在达成胜利的时候，天下还能保持“完整数”，达到用兵计算的最高境界。

在孙子算来，有的仗胜算再大也不能打。例如“杀敌一千、自伤八百”的仗即使能打胜也不能打；毁灭城市、生灵涂炭的城即使能攻破也不能攻；惨胜如败的胜不算全胜，不战而胜的胜才算全胜。北平和平解放，这座驰名世界的文化古都免于战火完整地保存下来，就是最经典的战例，震撼了全世界。

按照孙子的全胜数学哲学，有的仗并不是打不赢，而是不能打。在中共的军史上，有许多仗原本是可以打胜的，但为了不使少数民族和根据地人民的生命财产遭殃，坚决放弃不打。得民心者得天下，人民群众广泛支持这支人民军队，从而换小胜为大胜、全胜。

正如孙子在《谋攻篇》中所说的：“故善用兵者，屈人之兵而非战也，拔人之城而非攻也，毁人之国而非久也，必以全争于天下，故兵不顿，而利可全，此谋攻之法也。”

在世界军史上，不少仗看上去打胜了，其实没有全胜，甚至最终失败了。

1941年12月7日，日本海军凌晨偷袭夏威夷珍珠港，让美军损失惨重，绝对应该算是一次胜利的战役。但从后果来看却是失败的，因为日本赢在破军，输在全胜。在这次偷袭之后，日本激怒了美国，亲手把当时处于中立不愿参战的美国推向了不得不应战的境地，最终将美国卷入第二次世界大战，导致太平洋战争爆发。因此，日本偷袭珍珠港是暂时的胜利，长远的失败。

20世纪是一个多灾多难的时代，地球上一共发生了130多场战争，使1.2亿人丧生，这个数字超过了之前1900多年历次战争死者的总和。前50年发生了两次世界大战；后50年局部战争连绵不断，大约发生各类战事100多次，涉及70多个国家和地区。这130多场战争，少有百战百胜，不战而胜的更是凤毛麟角。

战争不仅要算胜利，也要算代价。正因为战争付出的代价太昂贵，给人类造成的灾难巨大，核武器的发明给人类造成的威胁更大。在战争尚不能完全消除的情况下，如何将战争成本、战争灾难降到最低，孙子的全胜数学哲学可以给人类提供重要启示。

孙子全胜的数学观和制胜观被视为用兵的最高境界，作为战略指导所追求的最高目标。这种理想的境界不会随着信息时代战争形态的变化而变化，仍然是信息化时代的最高目标，孙子的智慧谋略在全球信息化时代仍然大放异彩。

第4节　军形篇　战争前提条件预算

数学中的预算广泛应用于政府预算、财务预算、投资预算、工程预算等方面。战争也离不开预算，就像工程开工前要预算各方面是否符合条件一样，打仗前必须进行战前条件的预算，然后决定这场仗能不能打。

孙子在《军形篇》里说："昔之善战者，先为不可胜，以待敌之可胜。不可胜在己，可胜在敌。故善战者，能为不可胜，不能使敌之可胜。故曰：胜可知，而不可为。""不可胜者，守也；可胜者，攻也。"

杨炳安《孙子会笺》注"不可胜在己，可胜在敌"："言创造不可被敌战胜之条件，乃属于我方主观努力之事；然敌方是否具有可能被我战胜之条件，则非我主观意愿所决定。"

宋十一家张预注"胜可知，而不可为"："己有备则胜可知，敌有备则不可为"；注"不可胜者，守"："知己未可以胜，则守其气而待之。"此句言有了不可战胜的条件，就可以守了。同样，有了不可战胜的条件，也就可以攻了。

孙子告诫，从前善于打仗的人，总是先创造条件使自己立于不败之地，然后捕捉战机打败敌人。因而，善于作战的人，能够创造不被敌人战胜的条件，不一定使敌人被我战胜。胜利之师是先具备必胜的条件然后再交战，失败之军总是不具备必胜的条件先同敌人交战，然后期求从苦战中侥幸取胜。所以说：胜利可以预测，但不可强求，条件不允许都是空欢喜。采取防守，是因为条件不充分；进攻敌人，是因为条件成熟。敌人如果各方面条件都无懈可击，是没办法战胜他的。

人类历史无数次证明，战争的胜负首先不是在战场上，而在战场之外，在战争之前。战前条件的预算越精确、越充分，胜算就越大。

战前条件的预算包括战争动员、兵员储备、作战训练、情报收集、武器装备、军事工程、物质储备、物流运输、后方医院，当然还包括天时、地利、人和等决定战争胜负的重要条件，有时一个条件不具备，就会满盘皆输。

曹操之所以能平定北方，离不开政治上“挟天子以令诸侯”、经济上“屯田”保证军粮供应、军事上对方内部的自相残杀及对方阵营中有降曹分子等诸多条件。

唐太宗李世民很懂得战争条件的重要性。对力量强大、利在速战之敌，李世民主张“坚营蓄锐以挫其锋”，“以持久弊之”，消敌锐气，断改给养，提高自己军队的士气，壮大自己的力量，改变敌我双方力量对比，在敌人粮草不济、士气衰落或准备退却时，以反击取胜。

如在二战浅水原时，开始众将请求出战，李世民认为条件尚未成熟，坚决不同意，他说："我士卒新败，锐气犹少。贼以胜自骄，必轻敌好斗，故且闭壁以折之，待其气衰而后奋击，可一战而破，此万全计也。"经过60多天的相持，薛军果然粮尽，军心动摇，李世民乘机出击，取得了决战的胜利。在打败宋金刚、窦建德等人之战中，他也采用了此法。

李世民说，观古今兵法，就一句话："多方以误之。"没有胜算把握时，唯一的办法就是等，等自己条件成熟，等对方失去条件。

日本在发动二战之前整整准备了20多年的时间，并且还花费了大量的钱财从别的国家购买装备，最终还是战败，根源是维持战争的条件丧失了。

高科技条件下的现代战争，不仅诸兵种合成系统对抗，强化军事力量，提高军人素质，调整兵力结构，完善系统配套等诸方面的军事条件越来越高，而且科技、经济、政治、外交等综合条件更加纷繁复杂。

现代战争经济物质条件的可持续预算要求更高。以航母为例，如果以每艘航母80架舰载机为配置标准进行预算，大约需要6×80=480名飞行员；再假定每名飞行员均有一名后备飞行员，需要有480×2=960名飞行员；为了维持战争的长期性，需要大量的预备役飞行员，以10：1的比例，则预备役飞行员应该有9600名。

无论是古代战争还是现代战争，军事将领在战场上的较量，背后是战争条件的较量，即战争双方综合实力的较量，包括经济实力和将军的军事指挥能力。因此，战前条件预算显得非常重要。

孙子提出“先为不可胜，以待敌之可胜”，战前条件预算，就是没有条件要创造条件。《军形篇》讲的是塑造和培养自己的基本素质，增强自身实力，就像人的形体训练，苦练内功，使自身强大。所以，可以把《军形篇》看作是“形塑篇”。

第5节　兵势篇　从高位数到低位数

数学有高位数与低位数，还有最高位数和最低位数。珠心算的运算就是从高位算起，因为从高位算起比从低位算起速度要来的快。孙子把数学中的原理融合到兵法中，因为兵法讲究兵贵神速，从高位数到低位数可以形成强有力的兵势，势如破竹。

孙子在《兵势篇》里说："故善战者，求之于势"，"任势者，其战人也，如转木石"，"故善战人之势，如转圆石于千仞之山者，势也"。

意思是说，善战者追求形成有利的"势"，善于创造有利"势"的将领，指挥部队作战就像转动木头和石头。善于指挥打仗的人所造就的"势"，就像让圆石从极高极陡的山上滚下来一样，速度快，冲击力极大，不可阻挡，这就是所谓的势。

势，古字作"埶"，字形从"坴"从"丸"，"坴"为高土墩，"丸"为圆球，字面意象是圆球处于土墩的斜面即将滚落的情形。《孙子兵法》所说的"转圆石于千仞之山者，势也"，就是这字面意象的放大。

势是数学术语。向度即为势，由上往下，由下往上，这是两种不同的势。一块圆石，从上往下滚与从下往上滚，圆石是一样的，但是这两种情形的势是不一样的。由上往下滚，就有万钧之力；由下往上滚产生不了势能。数学上用阿列夫数来表示无限集合的势，阿列夫数是集合间相互比较（厮杀）产生的。

势又是哲学概念。老子说："道生之，德畜之，物形之，势成之。"势就是位势，是相对其他位置而蓄有的势或能量。说白了，势就是位置，一个相对高的位置。所谓的仗势欺人，倚恃的就是那个位置。势能，就是物体由于相对位置而具有的能量，从高位到低位运动，就释放出来了。

势也是围棋和体育竞技术语。高位在围棋术语中指布子多在中腹外围取势，与低位相对；体育术语指篮板正面三分线到罚篮线之间的区域。而围棋和体育竞技与兵法无论在本质上、目的上，还是在表现形式上和战略战术上，具有许多相似性，都充满冲突性、竞争性和对抗性。

势用在战争上，就成了军事用语。孙子站在智慧的高峰，居高临下，高瞻远瞩，俯视军队像圆石那样从千米高山上，从高到低，翻滚而下，气势磅礴，雷霆万钧，彰显了军队无往不胜的兵势。

《兵势篇》阐述如何用势，善于指挥打仗的将帅十分注重势，求得有利的战略态势，自己利用势获得最大化利益。懂得运用势的人，高处的势和低处的势力量不一样；先有势与后有势，时机不一样；短暂得势与长久得势，效果不一样。

数学里最大的数字单位是无量大数，势的能量也是无限量的。聚能就在于制造无限量的大势，这要站在很高的位置。一旦大势上来了，所有的精气神凝聚在一点上发力，其创造力是无穷的。要把兵形所产生的势能最大限度地发挥出来，以达到顺应天时，利用地利，发挥人和。为将之人能做到这三点，就能“所向者无敌，所击者万全”了。所以，《兵势篇》也可以看成“能量篇”或“势能篇”。

要计算势所产生的能量。势能公式为：$Ep=mgh$，Ep为势能，m为质量，g为重力加速度。根据以上计算式，计算圆石从千米上一个位置滚到另一个位置下降所产生的能量；计算圆石从原点、起点到终点、极点势的方向，才叫知势懂势，才能应势而动。

要计算势的变化。势是动态的，随时变化的。势可以移形换位，位能转成动能。当“静止”即瞬时速度为零，“加速度”则表征稳恒状态的改变。它使静态事物开始朝某一方向运动，使运动中的事物改变行进速度、行走姿态或行进方向。所以要因势利导，变中求势，善于不断变化资源调配势的位置。

要计算顺势与逆势的反差。由于“静止”或“加速度”的原因，对逆势而行者起着阻遏、阻止或改变行进方向的作用，对顺势而行者则起到加大运动速率的作用。大环境下圆石无法与大山抗衡，个人也无法跟大势对抗。因此，要懂得大势动向，顺势而为，不要逆势而行。

最后，要计算借势造势。如果说顺势用了加法的“加速度”，逆势用了减法或除法造成阻遏、阻止，那么，借势造势就是用了乘法，也就是善于借力的数学思维。凭借业已具备的趋势而推进，则称之为借势。要计算如何从高位处借势，要借多少势。通过各种方法营造一种有利于预期的事态演变的趋势、大势，称之为造势。计算如何从变化中集势蓄势，谋势造势，造就自己成为敌人不能轻易战胜的势头。一旦势头稳住，还要长期维持强大的气势。只有如此，方能势在必得，势所必然。

第6节　虚实篇　虚实结合的数学智慧

虚与实是一个人类不可回避的话题，涉及多个层面，既涉及哲学层面，也涉及数学层面，还涉及物理学层面。因此，对虚与实的研究和应用可以有三条路径可走，即哲学、数学和物理学。如果这三条路径与军事科学融合在一起，会收到意想不到的奇妙效果。

《虚实篇》融合了数学和哲学的虚实思维，集中论述了战争活动中虚实关系相互对立、相互转化这一具有普遍规律性的问题，揭示了军事上“避实击虚”的一般原则，并提出了在作战中如何认识虚实、掌握虚实、转化虚实、运用虚实的基本要领。

《虚实篇》分三个层次论述战争的虚实。第一层次：致人而不致于人，你要调动敌人而不要被敌人调动，讲的是虚实较量；第二层次：兵力原则相通，讲的是以实击虚；第三层次：讲的是虚实的变化。

唐朝的李世民是个特别会打仗的皇帝，《唐太宗李卫公问对》被列入《五经七书》。李世民最喜欢《虚实篇》，他称：“观诸兵书，无出孙武，孙武十三篇，无出《虚实》。夫用兵识虚实之势，则无不胜焉。”

要想真正领悟《虚实篇》的奥妙，首先要通过虚实价值观的三原则来认识虚实，把握虚实：

第一条，“有实有虚”。在数学中，虚中有实，实中带虚，虚虚实实，实实虚虚。学数学很多时候是在虚拟的世界研究真实世界的事物，在数学的虚拟与真实之间穿梭。

孙子在《虚实篇》中说：“善战者，致人而不致于人。”就是要牢牢把握战争的主动权，调动敌人而不被敌人牵着鼻子走。这就要让自己掌握的是实数，知敌情，货真价实，判敌情，准确无误；而让敌人掌握的是虚数，知我方，一叶障目，判我方，漏洞百出。

一般而言，耳听为虚，眼见为实。然而，在战场上往往适得其反，眼见也未必是实。你看到是虚的，其实是实的；你看到是实的，其实是虚的。让对手不知道你的弱点在哪里，不知道你的真实实力和真实的战略意图，这就是虚实结合，虚实相生。例如，诸葛亮增灶之法退兵，用的是数学上最简单的加法，用眼睛能看到的增灶以假乱真，以虚充实。

第二条，“避实击虚”。数学上常有遇到正面求解碰到壁垒，久攻不下，避开壁垒，转换方向，就会迎刃而解。

孙子在《虚实篇》中说：“夫兵形象水，水之形，避高而趋下；兵之形，避实而击虚。”意思是，作战的规律像水，水流动的规律是避开高处而流向低处，作战的规律是避开敌人坚实之处而攻击其虚懈薄弱之处。

“避实击虚”的用兵思想是因敌制胜的基本用兵法则，说到底，就是用自己强大的部分打败对方弱势的部分，只有这样让自己处于很强大的境地才能获胜。

“避实”就空间的范畴而言，主要指在用兵打仗时，避开敌人的强点，避开对方的锋芒，设法避免同正处于士气高涨、斗志旺盛阶段的敌人作正面交锋，即所谓“善用兵者，避其锐气，击其惰归”。“击虚”是指打击敌人虚弱且要害之处，攻击对方的短处，攻击敌人虚弱却又是性命攸关的部位，使敌人的实向虚转化，然后再实施打击，一招制胜，这是战胜对手的基本方略。

可见，孙子所说的通过“避实击虚”来争取作战主动权，重点表现为对攻击目标、攻击方向的选择上，力求从根本上调动对手、制服敌人。“避实击虚”并不是说对敌之实处就不打，而是通过击其虚，孤立震慑其实。就像东汉末期一把大火烧了乌巢粮草，完全击中了其最虚处也是最要害之处，为赢得官渡之战的实质性胜利奠定了基础。这就是“避实击虚”原则的高明理解和巧妙运用。

第三条，“用虚换实”与“用实换虚”。数学里把数字“旋转”，虚数与实数可以相互转换，还专门有转换公式。实数可以变成虚数，虚数可以变成实数。虚则实之，表示虚无之处则自然会充实；实则虚之，表示充满之处则自然会渐虚无。要简捷运算，使一个很复杂的式子变得很容易计算出得数。

军事上虚实也同样可以转换，转换目的都是为了转化实力，其奥妙在于虚实变化。

"用实换虚"，实者看似实而能转虚。要使敌人由实转向虚，可采取以逸待劳，"调动"敌人，疲劳敌人，在运动中歼灭敌人，消耗其有生力量。也可通过把一些地方放弃，然后把资源调到实的地方来加强，让敌人变虚。如毛泽东暂时放弃延安，用的是数学上最简单的减法。

"用虚换实"，虚者看似虚而能转实。要打胜仗，窍门是让自己处于实而让对手据于虚。东汉末期，曹操被马超所逼，军中空虚，性命攸关。而丁斐想到一计——"用虚换实"：他将所有的牛马驱赶出来，一时间，马超的军队看到这么多的牛马，全都争抢起丁斐故弄玄虚的牛马，从而无心去追击逃窜中的曹操。曹操因此化险为夷，丁斐也因此被提拔为典军校尉。

第7节　军争篇　计算战争的“利”与“危”

数学上有利润和利润率的计算公式，也有亏损和亏损率的计算公式。

利润和亏损的主要公式如下：

利润=售价-成本

利润率=（售价-成本）/成本×100%

售价=成本×（1+利润率）

亏损=成本-售价

亏损率=（成本-售价）/成本×100%

按照数学的利润和亏损的计算公式，可以看出利与危是相辅相成的。利润和亏损都涉及成本，成本低售价高有利可图，成本高售价低可能血本无归。

数学上的利润反映的是收入减去费用，利得减去损失后的净额的概念。亏损是指成本支出超过收入。本书第2节讲了战争成本核算，战争的成本是非常高的，战争的损失也是难以估计的，战场损失越大，战争的成本也就越高，危害也就越严重。

孙子在《军争篇》中说：“军争为利，军争为危。”其核心思想是，任何事情都具有两面性，战争同样是有有利的一面，也有危的一面，要想方设法让两者相互转化，目的在于增加对我方有利，减少和避开危害。这样辩证统一地分析解决问题是客观而科学的。

军争是军事资源争夺，军争之所以要争，是为了利。在世界近代史上，西方列强发动战争无不以争夺殖民地、掠夺资源为目的。欧美发达国家所掠夺的财富和其他人力资源已经无法得到精确的统计，最保守的估计按照现在的价格计算也在10万亿美元以上。

就中国而言，仅仅是白银方面的赔款和利息就达到了惊人的16亿两，折合1亿斤，按现在的市值计算是3500亿元人民币（580亿美元），如果再算上通商口岸割地、赔款、关税方面的损失，最少被掠夺走1500亿美元，而中国当时只是半殖民地，并不是被掠夺最严重的地区。

根据粗略统计，西班牙殖民者在1521年至1544年，平均每年从美洲运走黄金2900公斤、白银30700公斤。到1545年至1560年，黄金增至5500公斤，白银为24.6万公斤，还有数不尽的作物、矿产和木材。

进入20世纪，石油多次成为发动战争的直接或间接借口，因此石油蒙上了一层浓重的战争阴影。20世纪的诸多战争与石油有着紧密的联系，如马岛战争、阿以争端、两伊战争等。

马尔维纳斯群岛蕴藏着大量石油。马岛附近有两个石油蕴藏区，蕴藏量超过20亿桶。阿根廷估计，东部沿岸海底石油的蕴藏量为300亿桶。据英国报道，这里的石油储量超过英国北海石油储量的50%。因此，英国与阿根廷之间争论谁拥有该地区的主权，具有特殊的意义。当阿根廷于1982年4月2日出兵占领马岛时，英国毫不犹豫地不远万里进军马岛。争夺马岛从一定意义上讲，就是争夺那里的石油资源。

海湾战争更离不开石油，美国出兵海湾就是为了控制海湾的石油开采和石油的运输通道。海湾战争是一场"石油味"十足的战争。时任美国国防部部长直言不讳地说："我们之所以决定出兵，是因为我们早已把中东的石油贮藏量记在头脑之中。"

军争对西方列强来说，通过战争进行残酷的领土争夺，资源争夺，掠夺世界完成了资本的积累，获取了巨大的利益，成了所谓的发达国家，并以此津津乐道。但对于被争夺的国家和人民无疑是深重的灾难，对发动战争的本国人民也造成了极大的危害。

二战对德国造成了什么危害呢？德国直接损失了约1500万男性人口（包括被俘），且这些男性还都是青壮年。战后德国街头有数百万的寡妇，她们的丈夫都在纳粹掀起的死亡旋涡中牺牲。庞大的人口损失，是给德国造成的最直接影响。

二战时日本争夺他国，给自己带来了毁灭性的伤害。日本的东京、大阪、神户等大大小小数十个城市遭到了美军的燃烧弹轰炸，广岛、长崎遭到了美军的原子弹轰炸，导致日本数百万人伤亡，数千万人无家可归，沿海工业区大面积受损。

二战对人类造成的损害就更大了，是历史上破坏性最大的一次战争，曾给世界带来巨大灾难。据不完全统计，仅在欧洲，战争造成的经济损失即达2600亿美元（按当时的价值），共有5000余万人丧生。

越战是二战以后美国参战人数最多、影响最重大的战争，付出了伤亡41万多人的代价，最后不得不以失败告终。驻越美军最高指挥官威廉·威斯特摩兰在他生命的最后几年，给美国人民留下这样的文字：《孙子兵法》言："夫兵久而国利者，未之有也"，美国14年的越战无疑犯了兵家大忌，愚蠢地投入了战斗。

真正厉害的人，是最懂利害的。兵家须明白一个道理：军争之所以要争，是为利，但盲目争利是很危险的。

第8节　九变篇　数学变量与军事变通

英国工程师F. W.兰彻斯特提出了描述作战双方兵力变化关系的微分方程组，该方程组被称为兰彻斯特定律。

其公式为：战斗力=参战单位×单位战斗效率

虽然这个定律在数学表示上是成立的，但兰彻斯特毕竟不是军事家，他的定律没有包含战场的变量，不符合军事哲学。

一个数学常数是指一个数值不变的常量，与之相反的是变量。变数又叫变量，是随条件而变的数或量。从纯数字论，是量变到质变的过程。

例如《陈氏命名法》纯数字命名：遗传密码+辨认密码=生命密码；也就是姓数+用数=命数，用数的量变导致命数的质变。

再如：$y=3x$中，3是常数，在此式的运算过程中，始终保持不变；x，y都是变数，或变量。

但，x称为自变量，y称为因变量，又称为"函数"。

所谓"函数"就是说，y是随x的变化而变化的。

从17世纪开始，数学开始研究变化着的量，数学进入了"变量数学"时代。数学的神奇在于数字的变化无穷，战争的神奇也在于战场的变古易常。

孙子的《九变篇》既有数学上的变量，更有军事哲学的变通。"九"不表示具体数字，而是指多，古人喜欢用"九"表示很大、很多。也有解释因地理位置描述的九个方向，即"东、西、南、北、中、东南、西南、东北、西北"。而这九个方向中，位置不同，地域不同，天、地、人、物条件不同，又生出许多不同来，所以引起的变化也不尽相同。

孙子在《九变篇》中说："故将通于九变之地利者，知用兵矣；将不通于九变之利者，虽知地形，不得地之利矣。治兵不知九变之术，虽知五利，不能得人之用矣。”张预注解说：“变者，不拘常法，临事适变，从宜而行之之谓也。”

意思是，将帅如果能够精通各种机变的利弊，就是懂得用兵了；将帅如果不能精通各机变的利弊，那么即使了解地形，也不能够得到地形之利。指挥军队而不知道各种机变的方法，那么即便知道了“五利”，也是不能充分发挥军队的战斗力的。

孙子在《九变篇》提出：“凡用兵之法，将受命于君，合军聚众。圮地无舍，衢地交合，绝地无留，围地则谋，死地则战。”这五种情况都是在讲地形，告诉我们行军打仗处在这几种地形环境，要懂得变通。因地形而生变，才转危为安。这是统兵的将帅不可不察的紧要地形。不懂变通，就不能得地利，就难免吃败仗。

孙子在《九变篇》还灵活地提出：“途有所不由，军有所不击，城有所不攻，得有所不争，君命有所不受。”这“五不”和平时的常规思维与做法截然相反，讲的都是变通。孙子只是讲了变通的行动思路和原则，没有讲如何变通，给人留下想象的余地，根据战场实际情况进行变通，这正是《孙子兵法》智慧的奥妙之处。

“将在外，君命有所不受”，人们早已耳熟能详。然而，将帅可以违抗君王的命令吗？那不是抗旨吗？这句话暗含变通的深意，一般的指挥员很难下决心的。在战场上特殊情况下，一切为了战争的胜利，而防止君王不了解战场情况而随意干涉将帅指挥，最终导致兵败，所以必须变通。

《九变篇》主要讲战场上的变化和变通，集中表明了一个中心思想：如何学会变通。兵学虽然与数学关系密切，但与做数学题不完全一样，一定的公式必然得出一定的结论。军战需要随机应变，灵活用兵。“通九变之利，知九变之术”，就能面对复杂的情况，处变不惊，应变自如，变弊为利，这就要考验指挥员临战的变通智慧了。

第9节　行军篇　战场明细分类账

数学上的明细分类账也称明细账，是按明细分类账户（子目或细目）进行分类登记的账簿。明细分类账能分类详细地反映和记录资产、负债、所有者权益、费用、成本和收入、利润的各种资料。借助于明细账，可以对财务信息或数据作进一步加工整理，形成会计信息。

如果说孙子十三篇前八篇讲的是宏观兵法的话，那么，从《行军篇》开始讲的则是微观兵法。该篇主要讲两个方面，一是“处军”，二是“相敌”。所谓“处军”，就是行军和安营扎寨；所谓“相敌”，就是从敌军表现出的种种细节，测算敌军的状况，其实是算了一笔明细分类账。孙子是很会算账的，明细分类账算得很精确，可称得上是兵法上的精算大师。

第一笔明细分类账是四种地形的扎营方法。

第一种：山地行军。孙子说：“绝山依谷，视生处高，战隆无争，此处山之军也。”在山地行军要算什么呢？首先算吃。要靠近山谷，因为山谷有水源供士兵饮用，有肥沃的草给马吃。其次算住。行军要靠近山谷，但不可在山谷扎营，要在海拔高一点的向阳的地方，因为在高处，视野开阔，方便观察，而在谷底扎营，容易被敌人居高临下包围冲击。为什么强调向阳呢？因为阳面相对比较干燥、温暖，不容易得疫病。

第二种：水地行军。孙子说：“绝水必远水，客绝水而来，勿迎之于水内，令半济而击之，利；欲战者，勿附于水而迎客，视生处高，无迎水流，此处水上之军也。”在水地行军要算什么呢？主要算水对行军的赢面与风险。水具有利与害、柔与刚、防御与进攻的双重特性和功能，在中国历史上以水代兵、以水为战的战例屡见不鲜，利用江河设防更是常用的御敌办法，河流湖泊在古代战争的作用非常大。孙子对此账算得很细：渡河之后要远离河流，在水中或水边的时间不宜太久，太潮湿，也太危险。敌军渡河来攻，列阵要远水，不要“附水”，也不要在水上迎击敌人，等他渡过一半再击。因为倘若列阵在水边，敌人就不敢渡河来战。在水边也要视生处高，要位居高处，在向阳面，切勿在敌军下游低凹地驻扎或布阵居。高处，一是视野辽阔便于观察敌情；二是不要被人放水淹了，或夜间大雨山洪暴发河水上涨什么的；三是若敌人来袭击，还是高处势便。无迎水流，这是讲水战了。水战是顺流而下的占大便宜。若逆流去攻敌，则还要和水流作战，胜算就很低了。除了水淹，下游还有被敌人在水中放毒的危险。

第三种：盐碱沼泽地行军。孙子说：“若交军于斥泽之中，必依水草而背众树，此处斥泽之军也。”孙子算了盐碱沼泽地行军的四大威胁：一是不生五谷，没有食物，得不到补给；二是水草薄恶，难以宿营；三是地势宽广而低下，防守无所依靠，难以构筑工事；四是地气湿润，容易生病疫。万一和敌人在斥泽之地遭遇，一定要靠近水草而背靠树林。近水草，是必须要有水源。如果在盐碱地没有水喝，军队就支撑不了。背靠树木，不至于四面对敌。

第四种：平原开阔地带行军。孙子说：“平陆处易，而右背高，前死后生，此处平陆之军也。”孙子算了军队在平原驻扎要选择平坦的地方，没有沟沟坎坎，便于车骑奔驰往来。而右背高，前死后生。平陆处易，要找平坦的地方，但不是四面都平坦。四面都平坦，容易四面受敌。最好要“右背高”，右边背靠着高地，左边平坦。这样后有屏障，前可杀敌。前死后生，前面是战场，是死地；后面有靠山，没危险，是生地，这样打起仗来胜算就多了。

孙子在算了四种地形的明细之后，接着算养兵与养生：“凡军好高而恶下，贵阳而贱阴，养生而处实，军无百疾，是谓必胜。丘陵堤防，必处其阳，而右背之。此兵之利，地之助也。”“养生而处实”句，释义是：“养生”，“指水草丰盛，粮食充足，便于军队生活”。“处实”，“指军需物资供应便利”。养兵千日，用兵一时。养兵重在养生，疾病重在防御。良好的身体素质是战争的本钱，军队没有百疾是必胜的保障。

第二笔明细分类账，将领要熟知六种危险地形不能去，去了就必死无疑：

第一种“绝涧”。很深的水沟，尤其是两座山之间的河，水量大又深，千万不要靠近这样的地方，一旦遇敌跑都跑不掉。

第二种“天井”。即四面都很高的地方，很有可能下面还有水，如果进去了就基本上出不来了，有点像是请君入瓮。

第三种“天牢”。这是一种天然的牢狱，也就是三面都是绝地，只留了一面，但这一面已经被敌人堵死了，关了门，死路一条。

第四种“天罗”。指草木纵横的地方，在这种地方刀枪都施展不开，士兵们行走非常困难，如果敌人一把火点燃了草木，那极有可能就被烧死在里面了。

第五种“天陷”。指地势低洼，泥沼之地，人都很难行走，更别说车马了，一旦陷进去，就很难全身而退。

第六种“天隙”。指只有一道缝隙的地方，类似于旅游景点的一线天，如果打仗进了一线天，那就进退两难，极有可能命悬一线。

如果行军打仗遇到这六种地形一定要避开，和敌人交战的时候，尽量充分利用这些地形，将敌人置于死地，那么仗就好打了。诸葛亮六出祁山，最后一役终于将司马懿引到了“天牢”之中，再加上原本就布置好的类似于“天罗”的陷阱，本来想一战定胜负，谁知道天公不作美，导致功亏一篑。

第三笔明细分类账是32种敌情观察法：

1. 敌人离我们很近，却静候不动，那是他占据了险要有利地形，有恃无恐。

2. 敌人离我们很远，却派少数人来挑战，那是引诱我们进攻追击，前面肯定有埋伏。

3. 敌人占据开阔地带，地形肯定是对他们有利，引诱我们过去。

4. 看见树木摇动，那是敌人要从树林里冲出来了。

5. 地面上草木结了很多障碍，那是给我们布下疑阵，敌人可能已经跑了。

6. 树林里鸟突然飞起来，那是里面有人，有敌人埋伏。

7. 树林里突然很多鸟兽冲出来，那是后面有敌人大部队掩杀过来。

8. 尘土扬起很高，而且尖尖的，那是敌人的战车来了。

9. 尘土扬起不高，但是很广的，那是敌人步兵来了。

10. 尘土细细的一条一条的，那是敌人在打柴，拖着柴走呢。

11. 尘土很少，有来有往，时起时落，那是敌人在扎营。

12. 敌军使者来，言辞谦卑；我们的斥候回报，发现他们在加紧准备，那是来麻痹我们，其实他们准备进攻了。

13. 敌军使者措辞强硬，摆出前进架势的，那是他们准备撤退了。

14. 轻车先出，往两边跑的，那是他们准备列阵了，派轻车两边定界插旗。

15. 来讲和，又没有提出什么实质性合约条件的，那是有阴谋。

16. 敌军士兵奔走，展开兵力，摆开兵车列阵的，那是期待着和我们交战。

17. 半进半退，有的兵在进，有的在退，一会儿进一会儿退，那是引诱我们进攻，他们后面有埋伏。

18. 斥候去侦查，远远看见敌军都倚仗着枪矛站立的，那是肚子饿，他们粮食不足了。

19. 如果看见敌军出来打水的人自己先扑上去喝一通的，那是军营里没水了。

20. 敌军看见有利可图却不前进的，那是他们疲劳了，没有战斗力了。

21. 敌营上方鸟停在枝头的，那是营已经空了，敌人跑了。

22. 敌营夜惊，那是他们害怕了。

23. 敌人军营里乱哄哄的，那是他们的主将没有威信。

24. 敌人旌旗乱动，那是他们的指挥系统已经乱了。

25. 军吏无故发怒的，那是他们都厌倦了。或统帅无方，或政令不一，或赏罚不公，人人怨愤。

26. 把人吃的粮食拿来喂马，把运粮的牛杀了吃，树枝架着煮饭的陶锅也砸了、不要了，军营也不回了，那是敌人准备跟我们拼命了。

27. 看见敌营中总是有人站着谈心的，那是军心不稳，在做思想工作。

28. 频繁地赏赐将士，那是主帅谁都指挥不动了，窘迫了。

29. 频繁地处罚兵士，那是所有人都疲了。

30. 主帅先是对大家很暴虐，犯了众怒之后，他自己又害怕，那是最不明智的将领。

31. 敌军来使婉转谦逊的，那是想休战了。

32. 敌军盛怒来战，但对阵之后，既不合战又不撤退，必有蹊跷，要仔细观察。

孙子的32种敌情观察法，一句话：细节决定成败。孙子是很细心和很谨慎的人。小心驶得万年船，阴沟里翻船是最不值得的。打仗就是这样，稍有疏忽，一着不慎，全盘皆输。胜利往往是建立在对手疏忽之上，哪怕小小的疏忽，所以必须算好明细账。

从《行军篇》的明细分类账中，可以算出行军宿营中需要规避的风险，远离失败才能靠近成功，远离危险的地方比去哪里战斗更加重要。从这个意义上说，明细账就是胜负账、生死账。

第10节 地形篇 六种地形与数学要素

地形图精密度高，要求有严格完备的数学基础。数学要素指构成地形图的数学基础的各元素，是使地形图具有必要精度的保障，如地形图的地理坐标、平面直角坐标、经度纬度、控制点、比例尺等。地形图与地图用处不同，多用于战争、运输等。

普鲁士J. A. R. von格腊韦尔特、英国H. H. E.劳埃德等人认为，熟悉地形，就像学会几何学一样，可以准确地计算作战行动。

地形是作战的关键，所以作战前要先仔细观察地形。平时要把地图看得滚瓜烂熟，到了现场之后，50里之内要先派兵去打前站，看有没有敌人的伏兵。其次，将领要亲自去察看地形，从而知道地形险易以及哪里方便作战。李世民每次打仗的时候，他一定亲自去察看作战地形并观察敌营，即使多次遇到危险，他也绝不把这个活儿派给别人。

中国古代兵法将地形及其战术分类作为战争胜负的基本因素加以论述。孙子的《地形篇》主要讲战争地理形态，重点论述了六种地形：通形、挂形、支形、隘形、险形和远形。

战争地形离不开数与形，数形结合是其基本思想。正如中国著名数学家华罗庚所说的："数缺形时少直观，形少数时难入微，数形结合百般好，隔离分家万事休。"

军事地形图是为保障军队战斗活动顺利开展而进行的地形战术分类，利用地形指挥战役战斗，离不开方位判断、野外标图、地形测量等数学要素。孙子所论述的六种地形，如绘制军事地形图，就能发现数学与地形的完美结合。

第一种，通形。通形在数学概念中即通路，一幅图（无向图或有向图），点与边交替连接成为通路，一条通路有它的起点和终点。从地形图上看，通形之路地势平坦、四通八达。孙子说："我可以往，彼可以来，曰通；通形者，先居高阳，利粮道，以战则利。"《易·系辞》曰："往来无穷谓之通。"梅尧臣注："道路交达。"也就是说，我方可以去，敌人可以来的，叫作"通"。在通形地区，要抢先占据地势高且向阳的地方，同时保证粮道畅通，这样与敌人交战就有利。

通形告诉我们的哲理是，此路点与边交替连接，有起点和终点，尽管条条大路通罗马，但要顺利到达终点，要选择阳关大道。

第二种，挂形。挂形在数学中，就像悬而未决的悬念数学。从地形图上看，挂形是前平后险，易入难出的地形。孙子说："可以往，难以返，曰挂。挂形者，敌无备，出而胜之，敌若有备，出而不胜，难以返，不利。"郑玄注："挂，悬也。"挂形是易进难返，去很容易，但是很难回来，甚至有去无回。遇到挂形要看敌人有没有防备，他们如果没有防备我们可以出兵突然袭击他们；他们如果有防备而我们攻击不能得手，那就陷入了进退两难之境。进退两难怎么办呢？兵法里面没有说，所以这种地形你就不该去，去了就会挂花、挂彩、挂掉，所以才叫挂形。

挂形告诉我们的哲理是，既然是一条悬而未决的悬念路，要给自己留一条退路，千万不要走绝路。

第三种，支形。支形在数学中，就像函数的支集、支撑集。从地形图上看，就像个"V"字形。孙子说："我出而不利，彼出而不利，曰支；支形者，敌虽利我，我无出也；引而去之，令敌半出而击之，利。"杜预注："支，持也。"指敌对双方皆可据险对峙，不易于发动进攻的地区。梅尧臣注："相持之地"，其说义近。也就是说，我出而不利，你出而也不利，这就叫支形。地形上敌我双方之间隔着一个山谷，我在这边，敌在那边。山谷就是V（支）。战场上，永远是我摆好战场等你来打，而你摆的战场我一定不去，自己千万不能往低谷里跳，其是死路一条；而要给敌人设一个"口袋"让其往里钻。要"引而去之"，也就是撤退，引诱他来追自己，等他刚下到谷底的时候，自己又再折返回去，这就是“半出而击之”。

支形告诉我们的哲理是，不能偏离支撑点，偏离了就变害，不偏离就有利，要化害为利。

第四种，隘形。在幼儿园数学中就有比较认识宽窄教案，隘形属狭窄物体。几何也有多边形的狭窄部分的算法。从地形图上看，隘形是道路狭隘队伍展不开的地区。孙子说：“隘形者，我先居之，必盈之以待敌；若敌先居之，盈而勿从，不盈而从之。”曹操注：“隘形者，两山间通谷也。敌势不得挠我也。”隘形两边高山中间有山谷，只要我守住这个山谷的谷口，他就没办法攻击我。如果是我军先遇到这种地形，“必盈之以待敌”，“盈”就是满，就像把水装满一样，你的兵力部署一定要把山谷的两头填满。隘形一前一后两个口，在这两个口你的兵力都要和隘口平齐布阵，这样敌人才进不来。世界军事史上最著名的隘口之战就是斯巴达300名勇士的温泉关之战。300名斯巴达勇士盈满了隘口并与隘口平齐，斯巴达人通过这种作战阻挡了波斯十几万大军三天，杀得波斯人血流成河。那么波斯人后来又是怎么攻下温泉关的呢？他们通过当地的向导找到一条小路，绕到了关口的后面。

隘形告诉我们的哲理是，要懂得宽窄，把握方寸，守住关键地方，“一夫当关，万夫莫开”。关键的地方不能不设防，不能放松，放松了就会防线崩溃。

第五种，险形。险形在数学上，就像几何太极形，变化无常。从地形图上看，险形是山川险要、行动不便利的地带。孙子说：“险形者，我先居之，必居高阳以待敌；若敌先居之，引而去之，勿从也。”曹操注：“地形险隘，尤不可致于人”，碰到险隘的地形尤其不能去攻击。这种易守难攻之地如果是我先到达，那就占领高处和阳面以等待敌人来，这是抢占制高点。如果敌人占了险要地形，那这就不是人力所能攻下的，要引兵撤退。

险形告诉我们的哲理是，要从几何中学太极，如何预测并规避风险，始终占领有利于自己的位置，不要轻易去攻击对手，给自身造成不必要的风险。

第六种，远形。远形在数学上是距离长，与“近”相对。从地形图上看，远形是看不到边的地形。孙子说 :“远形者，势均，难以挑战，战而不利。”远形是指敌我双方相距很远，兵力又相当，这种情况我方不宜主动挑战。远形中间虽然不一定有不利地形，但打仗的原则是以逸待劳，如果你先冲上去那就是敌方以逸待劳了。

远形告诉我们的哲理是，鞭长莫及的事尽量不要为，八竿子打不到的地方不要轻易出马，一定要在自己手伸的着、摸的到的地方。

第11节 九地篇 数学元素与军事地理

地理在中国古代称为“地利”，近代又称“武事地理”“兵要地理”，中国历史上与地利相似的用语还有“地势”“形胜”，现今又称国防地理、战争地理。

军事地理主要是指地球表层存在的与国防建设和军事活动有关的地理事实和地理现象，其空间范围相当于大气圈对流层顶至岩石圈沉积岩底部之30公里—35公里，有时也扩及海洋底部、陆地深部和外层空间。

18世纪中期，普鲁士腓特烈大帝在《给将军们德训词》(1747)中指出，“地理知识，对于一个将军来说，犹如步枪之对于士兵，数学之对于几何学家一样重要”。

军事地理涉及地理形势、自然地理条件、军事要地等，都与几何、坐标、经纬等数学元素密切相关。地理形势，包括地区组成、地理位置、范围、面积，陆、海疆界及其与周围地区的关系，地理特征等；自然地理条件，主要包括地貌、水文、气候、地质、土壤、植被等自然地理要素的分布等；军事要地，包括重要城镇、军事基地、要塞、岛屿、关隘等分布和地理特征等，需要用数学精确推理、计算、测绘和分析。

《孙子兵法》以较多的篇章论述了不同地理条件的用兵原则，被视为军事地理学的开端。《九地篇》分门别类地把有关地理问题加以区分，把地分为九种：散地、轻地、争地、交地、衢地、重地、圮地、围地、死地。在这九种地理中，有的属于战场的自然地理，有的属于预想战场的地理形势和包括国土以外的战略要点素。

孙子所说的散地，是诸侯在本国境内作战的地区。散地也可称离散地，包含了数学上有离散数学元素，这是一门研究离散对象的科学，近似计算机数学。如果没有离散数学，就不会有现代的运筹学，也基本上不会有计算数学。按照离散数学，散地是不同的连接在一起的元素，是有限个或可数个元素。因此，处于散地就不宜作战。

孙子所说的轻地，是进入敌境不深的地区；而重地是深入敌境，越过许多敌人城邑的地区。轻地与重地包含了数学上的轻重比较元素。小学一年级数学就有《轻重》教案，比较物体的大小、高矮、长短、厚薄等。通过“看一看”“掂一掂”“称一称”等活动，观察、判断和掌握物体的孰重孰轻，逐步加深对轻重的体验与理解。由此可见，军事科学有的看似并不深奥，就像数字符号很简单一样。数学的比较元素是基础科学，用在军事地形的比较研究，关键是能在实战中灵活应用，解决问题的多样性。

孙子所说的交地，是我军可以前往，敌军也可以前来的地区，包含了数学中的几何元素。两地相交是两个几何图形之间关系的一种，两个图形相交是指它们有公共的部分。在欧几里得平面上，相交的两条直线恰好有一个交点。遇上交地，可通过表象、想象这些数学的基本元素，如何做到行军序列无绝。

孙子所说的围地，是进入的道路狭隘，退出的道路迂远，敌人以少数兵力能击败己方众多兵力的地区，包含了数学的围成元素。数学上的围成是说某几条线构成的一个闭合的平面或者某几个平面，构成的一个闭合的空间叫作“围成”。这与军事上的“围城”十分相似，就是把城围成一个闭合的平面，形成四面包围。围地也是大同小异，道路狭隘，道路迂远，把自己闭合起来，进退维谷，很容易被敌人围歼。

孙子所说的死地，是殊死奋战就能生存，不殊死奋战就会全军覆灭的地区，它包含了数学中函数的激活元素。数学中概念的描述一般都是固定的，即相对来说是“死”的，但概念的内涵是丰富的，形式上有时是可变的，即相对来说是“活”的。《孙子兵法·九地篇》：“投之亡地而后存，陷之死地然后生。”意思是，把士卒投入危地才能保存，使士卒陷入死地然后才能得生。士卒陷于危险的境地，然后才能力争胜利。其核心思想是：用逼迫激发潜能。

孙子所说的争地、衢地、圮地，也都包含了数学的基本元素。己方先占领对己方有利，敌先占领对敌方有利的地区，叫作争地，包含了数学的先后元素，即运算程序和排列次序；敌我和其他诸侯国接壤的地区，先到就可以先结交诸侯国并取得多数支援的，叫作衢地，包含了数学的连接元素，即把两点用线（包括曲线、折线、线段）连起来；山林、险阻、沼泽等道路难行的地区，叫作圮地，包含了数学的曲线元素，即某点切线的方向不是确定的，这就使得无法从切线开始入手。

第12节 火攻篇 数学运筹学与控制论

数学上有热量火用、火焰黑度、燃烧热、灭火应用计算等有关火的公式。数学上还有应用于军事的火炮射程、弹道、瞄准点、弹着点、精密度、命中率、精确率以及压制火炮系统等计算公式。

孙元化用数字计算的方法，论述火药、火炮制造与使用诸方面的理论，标志明代的数学与军事结合有了长足的发展。他著有中国第一部炮学专著《西法神机》，主要论述火药库建筑的要求、配制火药、火炮配件的制造与使用等问题，并介绍了一些计算方法。值得一提的是，这位明末最出色的火炮专家、西洋炮学先驱，同时是数学家，撰写过《几何用法》《泰西算要》等数学书籍。

数学不仅有火炮计算公式，而且有控制火炮理论。数学上的运筹学和控制论，学科下设博弈论、最优化控制。早在第二次世界大战期间，西方盟国的众多科学家就参与了完善高炮火力网防空自卫系统的研究，美国数学家维纳根据自己参与研究高炮火力网系统的实际经验，创立了控制论。

《孙子兵法》被西方翻译为战争的艺术，它不仅是第一部高超的战争艺术，而且是第一部高超的战争控制和管理艺术。孙子十三篇从头至尾都讲控制，这是古今中外任何一本兵书所没有的，如对天时、地利、法规、制度的控制；对战争规模与时间、速度的控制；对战争资源与运输成本的控制；对战争灾难与代价的控制，以及对国君、将军、士兵、民众、信息的控制；等等。

《火攻篇》主要论述运筹学的控制思想。在古代，火攻是一种非常有效，同时是非常具有杀伤性的进攻方式。孙子劝人慎战，慎用这种方法。在古代的军事家看来，火是军队作战中非常重要的辅助力量，很不容易控制。因此，使用火作战就像一把双刃剑，既能起到意想不到的效果，扭转战争形势，同时会带来很大的破坏性。

运筹学主要研究各种最优化的方法和理论。运筹学是一个子方向很多的学科，包含整数规划、组合优化与图论、随机优化、优化与决策、最优控制、对策论、博弈论、排队论、存储论等。最优化方法就是求得一个合理运用人力、物力和财力的最佳方案，发挥和提高系统的效能及效益，最终达到系统的最优目标。

孙子在《火攻篇》中提出的“非利不动，非得不用，非危不战”，融合了数学运筹学最优化的方法和理论，体现了战争最优化思想。不是对国家有利，就不要采取军事行动；没有取胜的把握，就不要随便用兵；不到危急紧迫之时，就不要轻易开战。即告诫人们，要从根本利益出发，从得失利害出发，慎重考虑战争问题，不到非常危急的时候不能轻易发动战争。

运筹学中的最优控制，指在给定的约束条件下，寻求一个控制，以最小化成本获取最大化收益，或以最小的能耗控制换取最优的目标。它反映了系统有序结构向更高水平发展的必然要求。它属于最优化的范畴，与最优化有着共同的性质和理论基础。

孙子在《火攻篇》中提出的“主不可以怒而兴师，将不可以愠而致战；合于利而动，不合于利而止”，融合了数学运筹学中最优控制的理论。孙子强调，国君必须学会约束和控制，不可凭一时的恼怒而兴兵打仗，将帅不可凭一时的怨恨而与敌交战。符合国家利益就行动，不符合国家利益就停止。

《孙子兵法》是第一部讲控制情绪的兵书。孙武告诫所有的领导人都要学会控制情绪，训练自己彻底地冷静，做任何决策尤其是重大决策前，绝对不受任何情绪的影响，不能轻易动怒。尤其是兵法家对自己的训练是绝对超越感情，绝对不要感情用事，绝不能让情绪影响所有理智的决策。怒和愠极端的情绪下做出的错误决定，往往不可挽回。

夷陵之战火攻刘备，三国中的刘备恰恰败于“怒”。当刘备立足于荆州连取两川，正需致力于一统大业之时，却因关羽被东吴所害异常激动，耿耿于怀，不听劝阻，发誓要为二弟关羽报仇雪恨，于是亲率大军杀向东吴，夷陵之战爆发。

夷陵之战，是三国时期蜀汉昭烈帝刘备对东吴发动的大规模战役，也是三国三足鼎立“三大战役”的最后一战。刘备为桃园三结义的关羽报仇，听不进诸葛亮等人的谏言，决定大举兴兵伐吴。“以怒兴师”，恃强冒进，犯了兵家之大忌。接近10万大军兵力，却大败于东吴陆逊。刘备恼羞于夷陵惨败，一病不起，亡故于白帝城。毛泽东曾经如此评价刘备，“好感情用事，这是刘备的最大缺点”。

运筹学是经营管理的科学、作战指挥的科学、规划计划的科学、管理政务和治理国家的科学。它不仅可以运筹整个国民经济，关乎国家经济和企业的生死存亡；而且可以运筹整个国家治理和国防安全，关乎国家生死存亡。

孙子在《火攻篇》中所告诫的“亡国不可以复存，死者不可以复生。故明君慎之，良将警之，此安国全军之道也”，正是数学运筹学理论与兵法谋略最完美的融合，揭示了战争运筹、战争规模、战争毁伤与安国全军之道的内在本质与规律。

第13节　用间篇　情报应用数学

情报应用数学是把数学应用到情报科学各领域研究中而形成的一门学科分支。情报采集的数学思维，情报资料的数学分析加工，建立数学模型，对情报进行有效的管理、开发与利用，形成相对完整的情报学数学理论，这是情报学中数学的应用不可缺少的重要元素。

《孙子兵法》是完整的思想体系，十三篇首尾呼应。第一篇《始计篇》定的战例决策来源于情报，没有最后的用间，就没有第一篇的始计。一切计算、计划都离不开情报和信息，用间谍越透彻，始计越完善。

《用间篇》是情报应用数学最早也是最完整的理论。孙子论述了在战争中使用间谍的重要性，科学地划分了间谍的种类，缜密地提出了间谍的招募条件，系统地阐述了间谍的使用原则，制定出了情报工作的战略布局，从而形成了一整套成系统的间谍理论。《用间篇》因此成为世界最早的间谍理论著作。

而这一整套成系统的间谍理论，都离不开情报应用数学。己方的数据，可以通过各个职能部门来提供。那么，敌方的数据从哪里来？这就牵涉战争当中的另外一个战场——情报战。

如果没有以数学为基础的精准情报，那么计算和判断得出的结论就站不住脚，不能作为战略计划的依据。所以，孙子在《用间篇》中说“故明君贤将，所以动而胜人，成功出于众者，先知也”。

先知就是情报为先。尽一切可能、采取一切可用的手段获取及时可靠的情报，为作决策提供最及时最详尽的资料和信息。相对来说，搜集情报容易，综合判断情报困难。要用好数据梳理分析判断，以期消弭情报的不对称。情报包含一手的资料（亲自采集的）、二手的资料（通过其他渠道获取的）。然后用数学的量化方式尽量去量化，计算出相应准确的情报。如不可以量化的就去判断，最后综合计算和判断两方面，得出一个先知的结论。

孙子接下来说："先知者，不可取于鬼神，不可象于事，不可验于度，必取于人，知敌之情者也。"意思是，要先知敌情，不可用迷信鬼神和占卜等方法去取得，不可用过去相似的事情作类比，也不可用观察日月星辰运行位置去验证，一定要从了解敌情的人那里获得。因为情报先知靠鬼神与占卜都是靠不住的，只有靠人、靠有智商的人，如人能使用密码，而鬼神不会。

准确高效的情报离不开密码学，而密码学又涉及数学很多方面，常被认为是数学和计算机科学的分支。用抽象符号表示情报称为情报编码，情报编码理论主要研究怎样用最少的符号表示有限情报集合中的元素，是为了解决情报的保密问题。无论是加密或破译，都离不开数学元素。

进行明密变换的法则，称为密码的体制，这个密码体制与数学密切相关。指示这种变换的参数，称为密钥。它们是密码编制的重要组成部分。密码体制的基本类型可以分为四种：错乱——按照规定的图形和线路，改变明文字母或数码等的位置成为密文；代替——用一个或多个代替表将明文字母或数码等代替为密文；密本——用预先编定的字母或数字密码组，代替一定的词组单词等变明文为密文；加乱——用有限元素组成的一串序列作为乱数，按规定的算法，同明文序列相结合变成密文。

孙子在《用间篇》开头讲了很长一段话，用了许多数字，如"兴师十万""出征千里""日费千金""七十万家""相持数年""胜于一旦""爵禄百金"，主要是为了说明用间与战争成本的关系："百姓的耗费，国家的开支。"

从数学成本核算看，一个高级间谍可以抵几个精锐师团。间谍用好了可以节省战争成本，减少战争时间和降低国家经济损失。日本历史上最牛特工明石元二郎，在日俄战争中用100万日元打赢战争，一人可抵十个师团。德意志帝国皇帝威廉二世评价：明石元二郎一人可以抵20万大军。

1941年5月21日，英国情报机关终于截获并破译了希特勒给海军上将雷德尔的一份密电。从而使号称当时世界上最厉害的一艘巨型战列舰，希特勒的“德国海军的骄傲”——“俾斯麦”号在首次出航中即葬身鱼腹。

孙子在《用间篇》还提到了一个“上智为间”的观点，并提出“非圣智不能用间”，就是说间谍是聪明的人当，不是睿智超群的人不能使用间谍，可见孙子对于使用间谍条件的苛刻。一名最优秀的间谍应该上懂天文地理，下知鸡毛蒜皮。而精于计算的间谍，情报应用数学是必不可少的。

情报应用数学涵盖了多源数据融合技术在情报侦察中的应用，一名出色的间谍不仅要采用数据挖掘，从海量的多维侦察数据中获取侦察情报，而且要对大量的、不完整的、多异性的多源情报侦察数据实时处理，难度是极高的。在搜集和分析情报上能用上等智慧之人为间，那么战争必定会取得成功，所谓“上智为间，必成大功”。

第二章 《孙子兵法》十三篇的数学艺术

《孙子兵法》从头到尾都是数学艺术，然后演变成克敌制胜的战争艺术。数学艺术与制胜艺术的完美结合，演绎得精美绝伦。数学家不一定是军事家，而军事家一定是天才的数学家。

第14节　整数与倍数

数学上，整数与倍数是数量关系，一个整数能够被另一个整数整除，那么这个整数就是另一个整数的倍数。在军事上，整数与倍数是优劣关系，即强大的军事实力与弱小的军事实力的关系，优势除掉劣势，这个优势就是另一个劣势的倍数。

孙子在《军形篇》中说：“故胜兵若以镒称铢，败兵若以铢称镒。”意思是说，胜利之师如同以镒对铢，是以强大的军事实力攻击弱小的敌人，而败军之师如同以铢对镒，是以弱小的军事实力对抗强大的敌方。

“镒”和“铢”是古代的两个重量单位。镒是比“两”大的单位，就是整数与倍数的关系。一镒等于24两；铢是比两小的单位，一两等于24铢，一镒就相当于576铢。用镒同铢相比，表示力量处于绝对优势。

孙子在《谋攻篇》中说：“故用兵之法，十则围之，五则攻之，倍则分之，敌则能战之，少则能逃之，不若则能避之。”孙子主张要战胜敌人，在数量上就要超越敌人，是敌人的倍数，即数倍于敌人，在开战前就确定自己占绝对优势，方能一战定乾坤。

《孙子兵法》讲以强胜弱，而不是以弱胜强；《孙子兵法》不是以少胜多之法，而是以多胜少之法；以弱胜强是偶然，以强胜弱是必然；以多胜少是常态，以少胜多是传奇。这虽然不是规律，但必定是概率。

集中优势兵力是《孙子兵法》中一个突出的思想，其道理是显而易见的。用五个指头分别去打人，不如握成拳头一次打出去有力。“十则围之”是兵法精髓，是战略的基本原则，在战略战术上都具有重要意义。

一般人的思维方式是，重要的事情最好面面俱到，所有方面都兼顾。但这样的做法会导致力量分散，无法将全部精力集中在一点上，化优势为劣势。而孙子恰恰相反，他是剑走偏锋的战略思维：战场上切忌面面俱到，平分兵力，必须把数量占绝对优势的兵力集中在主攻方向上，“伤其十指不如断其一指”，舍得割舍放弃，化劣势为优势。

孙子在《虚实篇》中说：“我专为一，敌分为十，是以十攻其一也，则我众而敌寡；能以众击寡者，则吾之所与战者约矣。”

如果敌人也握成了拳头与我相对时，孙子主张，不要和敌人去拼拳头，而是设法使他的手张开，即所谓“我专为一，敌分为十”，在局部上形成敌人的倍数，造成我以十攻一的态势，这样就可以各个击破。

古今中外一切卓越的军事家，没有不强调集中使用优势兵力的。《淮南子·兵略训》曰：“五指之更弹，不如卷手之一挃；万人之更进，不如百人之俱至也。”

在所有军事学的著作中，以及中国和世界上最著名的战争案例中，集中优势兵力原则是最被兵家所推崇的第一个战略原则。

在世界战争史上最漂亮的歼灭战：西方战争之父亚历山大用其独特的方式揭开了“世界之结”，他的马其顿长矛方阵被西方世界运用了1400年；围歼战役始祖汉尼拔是迦太基军事统帅，坎尼会战歼灭6万罗马人。

在中国战争史上有四个最善于集中优势兵力打歼灭战的军事家：白起、韩信、成吉思汗和毛泽东，他们都是战争史上运用歼灭围歼战术作战的无与伦比的统帅。

毛泽东在《十大军事原则》中强调，每战集中绝对优势兵力（两倍、三倍、四倍，有时甚至是五倍或六倍于敌之兵力），四面包围敌人，力求全歼，不使漏网。

1930年12月30日第一次反“围剿”的第一仗，毛泽东集中4万人打张辉瓒的9000人。解放战争中，中国人民解放军屡屡以敌七八倍的优势兵力取得作战胜利，其本质原因就在于以兵力的数量优势弥补装备落后的劣势。在朝鲜战场上，毛泽东曾提出以九倍的优势兵力歼灭美军。

第15节　正数与负数

正数与负数是数学术语，比0大的数叫正数，0本身不算正数，比0小的数叫负数。

在军事上，正数与负数是胜负关系，立于不败之地是正数，不包括不分胜负的0；被敌人打败了，损兵折将，丢了地盘，毁了城市，减了物质，就是负数。

什么是败？孙子在《地形篇》中归纳了“兵有六败”：“故兵有走者，有弛者，有陷者，有崩者，有乱者，有北者。凡此六者，非天之灾，将之过也。”

军队打败仗有“走”“弛”“陷”“崩”“乱”“北”六种情况。地势均同的情况下，以一击十而导致失败的，叫作“走”；士卒强悍，军官懦弱而造成失败的，叫作“弛”；将帅强悍，士卒懦弱而失败的，叫作“陷”；偏将怨仇不服从指挥，遇到敌人擅自出战，主将又不了解他们的能力，因而失败的，叫作“崩”；将帅懦弱缺乏威严，治军没有章法，官兵关系混乱紧张，列兵布阵杂乱无常，因此而致败的，叫作“乱”；将帅不能正确判断敌情，以少击众，以弱击强，作战又没有精锐先锋部队，因而落败的，叫作“北”。

以上六种情况的发生，不是天时地理的灾害，而是将帅自身的过错，是将帅的重大责任之所在，是不可不认真考察研究的。

世界上没有真正的常胜将军，但有不败将军。在中国的军史上，有一位不败将军叫韩信，他率军出陈仓、定三秦、擒魏、破代、灭赵、降燕、伐齐，直至垓下全歼楚军，无一败绩，天下未有敢与之相争者。

霍去病也称得上是不败将军，他用机动作战一口气干掉了匈奴号称15

万人口的两大部族，而且没有打过一次败仗，这在中国对外战争史上很了不起。

据中国军事科学院原战略研究部部长姚有志考证，毛泽东一生指挥的战役和重要战斗，土地革命战争、抗日战争和解放战争，还不包括后来的抗美援朝战争，指挥战争的数量，有据可查的，世界上任何的军事统帅都没法儿和他相比拟。

西方世界几千年有四大军事巨人之说，古希腊的亚历山大、古罗马的恺撒和迦太基的汉尼拔，还有近代的拿破仑，其中拿破仑为西方军事巨人之首。为什么拿破仑是之首呢，有两点，一是指挥的战役比较多，60多次；二是他善于以少胜多，战法比较灵活。

拿破仑和毛泽东相比就比下去了。在数量上，毛泽东在22年当中重要的战斗和战役就有239次，数量上不可比。在胜负上，拿破仑指挥的60多次重要的战役战斗，胜率在80%以上，但是他两次关键性的战役失败了，并且两次当了俘虏。而毛泽东在239次重要战役战斗指挥中，只有一次算失败的，那是四渡赤水的第一战——土城之战。毛泽东指挥的其他战役和战斗，没有失败的记录。

第16节　全数与缺数

全数，顾名思义，是完备、完整、齐全、不缺少的数，是完全彻底的数，旧称“十”是“全数”。缺数是残数，是剩余的、不全的数。在军事上，全数与缺数是全与破的关系，全胜、完胜就是全数，破国、破军就是缺数。

孙子在《谋攻篇》中说：“凡用兵之法，全国为上，破国次之；全军为上，破军次之；全旅为上，破旅次之；全卒为上，破卒次之；全伍为上，破伍次之。”

孙子所说的全，就是全数，完整的数，破即缺，残缺的数。孙子用五个“全”字，依次由大到小，通过“国、军、旅、卒、伍”五个层面，具体分析，证明“全”是上上策，“破”是下下策。

何谓“全”，就是全部，总体；何谓“破”，即部分、局部。孙子所说的“全”是保全，“破”是用武力破城破敌。孙子还在《军形篇》中说：“自保而全胜。”孙子的全胜思想是关于以万全之策力争用最小的代价获取全局胜利的理论，“全胜”谋略是贯穿《孙子兵法》的总指导思想。它的核心思想是决策者正确把握全与破的辩证关系，谋全局，懂全破，定全策。

《三国志·魏书·郭嘉传》是毛泽东爱读的一篇人物传记。郭嘉是东汉末历史上智慧的佼佼者，以他的“十胜论”和三次大的战略决策闻名于世。

郭嘉向曹操进言，论断曹操十个方面胜于袁绍：“袁绍礼仪繁多，常为形式所困；公从实际出发，体任自然，此道胜一也。袁绍割据一方，逆历史潮流而动；公顺应统一大势，奉天子以率天下，此义胜二也。东汉灭亡在于对待豪强过于宽纵，袁绍以宽济宽，不能整饬危局；公拨乱反正，以严治政，上下皆循法度，此治胜三也。袁绍外表宽宏大量，内心量小忌贤，所任用者唯其亲戚子弟；公外表简单严肃，内心机智英明，用人不问远近、唯才是举，此度胜四也。袁绍多谋少决，往往事后才能意识到应当采取的策略；公谋定即行，应变无穷，此谋胜五也。袁绍沽名钓誉，喜欢听奉承话，那些能言善辩外表上看德才兼备而干不了实事的人多归之；公以诚待人，不务虚名，以俭率下，有功必赏，那些有远见灼识、真才实学的人都愿意为公所用，此德胜六也。袁绍见到饥寒之人怜悯益于颜色，却不考虑那些从未见到的贫困百姓，谋划救国辅民的大计；公对眼前小事时有忽略，对待大事从不含糊，思虑所及不限于直接接触的人，恩德加于四海，此仁胜七也。袁绍不会用人，大臣之间争权夺利，疑惑丛生；公用人得法，使人各尽其力，不能相互倾轧，此明胜八也。袁绍以亲疏定是非，赏罚不明；公是非分明，赏罚有道，此文胜九也。袁绍声众势强，但不懂用兵要领；公精通兵法，能以少胜众，用兵如神，此武胜十也。"

郭嘉的道胜、义胜、治胜、度胜、谋胜、德胜、仁胜、明胜、文胜、武胜，这"十胜论"演绎了孙子全胜之道的三国版。曹操曾说，"使我成大业者，必此人也！"

孙子的理想境界在于一个"全"字，其思维确切含义是不仅全己全敌，还应全天全地。不能把"全"字解释为"完全""彻底"，把"破"字解释为"打垮""击碎"，也就是说，不打则已，要打就要大获全胜，就要把敌人彻底消灭。这种解释并不符合孙子"全胜"的思想。孙子的"全胜"思想，包含着更为深刻的文化内涵，是高层次的全胜哲学。《孙子兵法》的应用应该是化破坏为生产，兵略并非一味破坏。孙子提出"不战而屈人之兵"，才是最高明、最节约资源的全胜战略。

我们身处21世纪自然生态破坏严重的环境，破天破地，迟早会招致人类对大自然造成严重破坏。只有全天全地，才能避免战争或把战争的灾难降到最低，这种全胜的数学观和制胜观十分符合今天的世界。

第17节　虚数与实数

数学把人们带进一个虚实交加的奇妙世界，虚实结合是数学最有魅力的部分。数学中有实数、虚数和纯虚数，还有实函数和虚函数。虚实结合的数学智慧，藏在这些变幻莫测的公式和数字里，等着你拨开迷雾。

虚数这个名词是17世纪著名数学家笛卡尔创立，称虚数的本意就是指它是虚假的，是真实不存在的数字；莱布尼茨则认为“虚数是美妙而奇异的神灵隐蔽所，它几乎是既存在又不存在的两栖物”。欧拉尽管在许多地方用了虚数，但说：“它们纯属虚幻。”直到19世纪初，虚数与实数共同构成复数后才逐步得以通行，并且在水利学、地图学、航空学等领域应用十分广泛。

实数是与虚数相对应的，因虚数概念的引入，为加以区别而称作“实数”，意即“实实在在存在的数”。实数具有封闭性、有序性、传递性、稠密性和完备性，是有理数和无理数的集合。

在军事上，虚数与实数是虚假与真实的关系，不符合真实战况的数据就是虚数，符合真实战况的数据就是实数。无者为虚，有者为实；空者为虚，坚者为实；无凭为虚，有据为实；主观为虚，客观为实；隐者为虚，显者为实；传言为虚，行动为实；未知为虚，已知为实；未来为虚，当前为实。

《孙子兵法·虚实篇》论述虚实相生，虚实相间，虚实相换，妙趣无穷。书中所列举数字，如“三军”“十万之师”“事者七十万家”“带甲十万，千里馈粮”“百里而争利，则擒三将军”“积水于千仞之溪”，等等，都为虚数。

孙子在《兵势篇》中说：“兵之所加，如以碫投卵者，虚实是也。”《虚实篇》示形虚数，深隐实数。孙子的虚实是指敌我双方兵力的大小、众寡，士气的高低、凝散，军队的治乱、劳逸，兵势的锐钝、勇怯，部署的主次、坚瑕等。识虚的目的是为了击虚；击虚是指打击敌人虚弱而要害之处。

如何把握战争活动中“虚”与“实”的关系？在战争中，无论如何都会存在虚实，敌人强于己方的地方便是实，而敌人弱于己方的地方则是虚。而我们要做的则是准确地分辨出真假，然后避实而击虚，在虚实之间操控全局，甚至想方设法让敌人的实转变为虚，将己方的虚变化成实，针对敌人制定好策略，从而获得最终的胜利。

虚实不是说敌人是虚，我是实。敌人有实有虚，我也有实有虚。因此，要虚实结合。

己之实，让敌人看起来以为是虚。当己兵力雄厚的情况下，故意做出空虚的样子，虚晃一枪，麻痹对方，引诱敌人来攻。己之虚，让敌人看起来以为是实。当己方在处于不利形势时，要故意伪装成实力雄厚的样子，虚张声势，威慑对手，使其不敢贸然进攻。敌之实，我能调动他让他变虚。敌之虚，我能看出他不实。总之让敌人看不出我之虚实，我却能对敌的虚实了如指掌。

我能找到敌人的虚，就乘虚而入，或以实击虚，他声势在东，我防他在西；我要攻他的时候，他不知道该守哪儿；我要防他的时候，他不知道该攻哪儿。

古代“虚实”又作“实虚”，如银雀山汉墓竹简本《虚实》篇的篇名即作“实虚”。古代“输人不输阵”的阵势，充满了虚实。要在战场上先声夺人，首先在气势上压倒一切，这就需要造虚，所谓“向壁虚造”“虚晃一枪”，以此夸大自己的军事实力，使得敌军先闻风丧胆，这是一种极其有效的心理战术。

孙权是何等响当当的英雄豪杰，占据江东一带肥沃辽阔的领土，拥有精锐水师，旗下幕僚众多。但当他面对曹操声称的百万雄师之时，却无法决定是战是降。其主要原因就是被曹操“虚张声势”给唬住了。

事实上，曹操的大军充其量也就83万，到100万还有17万之量，就整个一直接奔了四舍五入法。问题是曹操这83万兵马是否属实也是个未确定数。诸葛亮的分析也就大概十数万人马。但孙权在赤壁之战前，听信张昭的战前分析，宁可信其有，不可信其无，这是主张投降曹操的原因。

古往今来，以假乱真，以虚为实，不胜枚举。将军虚报自己军队的兵马数量，吓唬对手，还确实是屡屡见效。

古代的所谓10万、数十万甚至于上百万人马出战，大多是虚数而不是实数，是兵法谋略之一的先声夺人，虚张声势。因为古代任何一个王朝都无力征集训练数量如此人多势众的军队，并且真正能打仗的军队有十数万就已经足矣。

现代战争中，充满了各种虚数、虚假、虚设、虚拟、虚幻、虚影、虚渺，虚实变得更加扑朔迷离，难以捉摸。虚实不只是静态的虚实，而且是动态的虚实。指挥一场现代战争，如何利用好虚实结合、虚实转换就显得更加重要了，这也成为决定胜负的主要因素了。

美国著名战略理论家理查德·劳伦斯在阐述《空地一体战——纵深进攻》时，认为这一作战原则所根据的原理是《孙子兵法》的“奇正之变”和“避实击虚”。

2015年美国出版了一本畅销军事题材科幻小说《幽灵舰队》，两位作者都是美国资深防务安全研究员，是一本对未来战争的预言书。这本书不仅入选美国军队的推荐书，而且为白宫国家安全委员会提供决策参考、军内研究、讲座引用的参考资料。书中作战理念以“空海一体战”为主，夺取“主动权”，在太空领域致盲、远程突袭、前线作战等设想无不应和《孙子兵法》的“分数、形名，奇正、虚实”思想，反映出《孙子兵法》穿越历史时空的现实价值。

第18节　常数与变数

在数学上，常数指规定的数量与数字，是在运算过程中始终保持不变的数字或字母，用于代替数字或字符串，其值从不改变。常数又称定数，是指一个数值古代不变的常量。与之相反的是变量的数，叫作变数。

军事上的常数与变数，用“以不变应万变”诠释，不变是常数，万变是变数。按常规出牌墨守成规是常数，不按常规出牌灵活多变就是变数。

孙子在《虚实篇》中说：“夫兵形象水，水之形，避高而趋下，兵之形，避实而击虚。水因地而制流，兵因敌而制胜。故兵无常势，水无常形，能因敌变化而取胜者，谓之神。”孙子论虚实变化，至于神微，达到了极致。能够随着敌情发展变化而灵活采取变数而取得胜利的人，称之为神人。

指挥作战最重要的法则是要能够适应变化的情况，制定相应的对敌策略，克敌制胜。战争和自然事物一样，都是不断地发展变着的，不可能一成不变，也没有固定模式。所以，这就要求将帅在复杂多变的战争中，善于依据客观实际，根据变化的敌情，采取灵活多变的作战策略，使用优势以对应敌人的战法，争取胜利，才称得上神妙之极。

冷兵器时代，常规阵法通常用的都是常数。在部落时代，人类战争表现为部落战争，战法简单，毫无变化。进入奴隶制社会后，出现了职业化军队，并采用一定的队形作战，这就是最原始的阵法。随着骑兵的规模出现和冶炼技术的进步，战争形式发生了极大的变化，阵法也随之开始逐渐演变。

方阵是古代中国最常见的基本队形，从基础的一兵、一伍、一列开始。通常排兵布阵只要确定单一矩阵的常数，就可以确定军队规模。双方摆开阵势，两阵鸣锣击鼓，三军摇旗呐喊，阵势就会出现变数。如战国时期《孙膑兵法》将春秋以前的古阵总结为“十阵”，都是在常数基础上的变数，变出许多阵法来。

明代戚继光研读过《孙子兵法》，写成中国实战版《孙子兵法》——《纪效新书》和《练兵实纪》。他创造了自成体系的阵法，充满变数。阵形变化灵活，变幻无常，可以根据战场情况和作战需要变纵队为横队，变一阵为左右两小阵或左中右三小阵，时称“两才阵”“三才阵”，最出名的是“变鸳鸯阵”。此阵运用灵活机动，正好抑制住了倭寇优势的发挥，对倭寇进行了毁灭性的打击。

抗日战争时期，八路军创造了许多游击战战法，如破袭战、地道战、地雷战、“麻雀战”、伏击战、围困战等，用的都是变数。解放战争中解放军的创新战法，如运动战、炮火步炮协同战、土工作业战法、打地堡战术等，用的也都是变数。

朝鲜战争，志愿军创造迂回、包抄、奔袭、奇袭、诱击、伏击、游击等各种战法，还有“零敲牛皮糖”战法、“点穴战”“瘫痪战”，连兵书上都没有的新战法。美军俘虏曾不服气地责问志愿军副司令员洪学智，美军进攻先飞机轰炸，接着火炮覆盖，然后坦克开道，最后部队跟进，都是常规战法。志愿军打的是什么仗？违反了战法。洪学智回答，志愿军战法多样，变幻莫测，什么战法能赢就用什么战法，这是中国古代的孙子教的。

数学与战争结合之妙就是将常数演绎成变数，世界上几乎没有一场战争是按预案打下来的。战场瞬息万变，战机稍纵即逝，机会来自一刹那的变化。将者应有很好的应变能力，因敌而变，敌变我变，变中求胜。

在航母和核生化时代的现代战争中，光靠航母是难以应对复杂多变的战争态势，夺得现代战争主动权的。因为影响战争进程的因素变幻莫测、更难预料，战场的变数更大、更难把握，所以更不能按常规战争的常规思维打仗，按常理（数）出牌。

第19节　有理数与无理数

在数学上，“有理数”这个词来源于古希腊，其英文词根为ratio，就是比率的意思，就是整数的“比”。与之相对，“无理数”就是不能精确表示为两个整数之比的数。

有理数和无理数都写成小数形式时，有理数能写成有限小数和无限循环小数，无理数只能写成无限不循环小数。无限循环小数可以把小数转化为分数，而无限不循环小数无法转化为分数。无限循环小数从小数点后某一位开始，不断地重复出现前一个或前一节数码的十进制无限小数。

在军事上，有理数与无理数是“有限”与“无限”的关系，也是“固定”与“循环”的关系。《孙子兵法》讲的是在有限的条件下达到无限，兵法应该是超限的，甚至能超越极限，不能用有限的思维去运筹无限的战场。

孙子在《兵势篇》中说：“奇正相生，如循环之无端，孰能穷之？”王皙注：“奇正者，用兵之钤键，制胜之枢机也。临敌运变，循环不穷，穷则败也。”张预注：“奇亦为正，正亦为奇，变化相生，若循环之无本末，谁能穷诘？”

《孙子兵法》深刻揭示了战争的规律，讲的是无限循环，开始到结束，结束又开始，像日月起落一样周而复始。死而复生，像四季更替一样循环往复。就像无限循环的小数，是没有穷尽的。从计划、判断、决策到行动，整个流程循环往复，周而复始，去而复来，没有首尾，奇正转换。

古代中国，推行的是旧秩序下的程式化战争。早在春秋时代，讲求师出有名，诸侯间打仗前，敬告苍穹，祭祀占卜，战争非常遵守礼仪，严格按照规程战斗。因此，争霸大战旷日持久，循环往复周期很长。

孙子谆谆告诫人们，兵法是死的，用兵法的人是活的，战争的过程是有限的，用兵的谋略是无限的。要善于把握循环，不能习用固定作战模式。

从战国时期到秦始皇一统六国，各国政客为了变法图强、合纵连横，不断奔走，兵者诡道，兵贵神速，打仗更具现实主义，尽管战争流程仍然循环往复，但两军间的拼杀周期大为缩短。

千百年来，战争没有穷尽。历史有多久，战争就有多久。在一场场战争结束之后往往准备和发起又一场场的战争，如此循环往复。

据瑞典、印度学者统计，从公元前3200年到公元1964年这5164年中，世界上共发生战争14513次，只有329年是和平的。这些战争给人类造成了严重灾难，使36.4亿人丧生。损失的财富折合成黄金，可以铺一条宽150公里、厚10米、环绕地球一周的金带。

千百年来，谋略也没有穷尽，如李筌所注："奇正相依而生，如环团圆，不可穷端倪也。"意为谋略像圆团那样圆转灵活没有穷尽，同样如此循环往复。奇正之数，化为奇正之道。善于运用奇兵谋略的人，他的兵法变化如天地变化一样无穷无尽，如江海奔流一样永不枯竭。

随着现代战争形态向信息化发展，战略空间不断扩大，战争节奏明显加快，奇正之道术，循环之源理，更是无穷无尽。指挥员能够直观、及时地掌握战场态势，上下级指挥机构的决策也可以通过网络系统进行实时互动性的实施，整个指挥决策循环过程加快，从战役指挥者决策到作战一线兵力兵器行动，几乎可以实现"瞬时一体化"，形成连续的指挥决策—控制—再决策—再控制的过程。

20世纪70年代，美国著名军事理论家约翰·博伊德提出了"决策周期论"。他认为，"观察、判断、决策和行动"四个环节是一个决策循环圈，形成相互关联、相互重叠的循环周期，构成了人类一切活动的基础，在战争中谁能够更快地完成这一循环，并打乱敌人的循环，谁就能赢得主动和胜利。这一理论不仅被写入美军联合指挥控制条令，还在伊拉克战争中得到全面运用。

海湾战争中，美军计划部门快速完成循环，充分发挥决策的实时互动性，每天完成2700多架飞机第二天攻击行动的决策，并在此基础上形成长达100多页的空中任务指令。

第20节　已知数与未知数

已知数，顾名思义，就是已经知道的数。代数式或方程中，数值已经知道的数，如$x+y=5$中，5是已知数。未知数与之相反，就是还不知道的数。代数式或方程中，数值需要经过运算才能确定的数。如$3x+6=27$中，x是未知数。

在军事上，已知数与未知数的关系就是“已知”与“未知”、“先知”与“后知”的关系。《孙子兵法》总共只有6000余字，其中“知”字共出现了79次，而“知彼知己”成为举世公认的最重要军事原则。

孙子在《谋攻篇》中说：“知彼知己者，百战不殆；不知彼而知己，一胜一负；不知彼，不知己，每战必殆。”用现在的话来说，就是了解敌人又了解自己，百战都不会失败；不了解敌人而了解自己，胜败的可能各占一半；既不了解敌人，又不了解自己，每战都会失败。

“知彼知己”，离不开“已知数”与“未知数”。打仗前必须先搞清楚已知什么，未知什么，如敌人有多少兵力，使用什么武器装备，粮食药品是否充足，是否有援军，距离我军多少距离，开进需要多少时间，天气如何，地形如何，敌方指挥官是谁，他善用什么战略战术，何时何地发起进攻，作战规模有多大，战争会持续多久，敌方的优势有哪些，劣势有哪些，等等。这是最起码的“已知数”，战场上需要的“已知数”远远不止这些。如果仍是“未知数”，这仗是根本没法打的，打了也必输无疑。

打仗前的“已知数”，既要知道敌方，也要知道己方，把双方的“已知数”进行对比分析，即力量的对比、优劣的对比，才能做出准确的判断，这仗能否打得赢，要不要打？如果打仗前仍有许多“未知数”，尤其是决定战争胜负的关键性的“未知数”，这仗就不能盲目开打，有时往往一个“未知数”会影响整个战局。因此，要及时通过侦察（包括火力侦察）和情报收集，让“未知数”变成“已知数”。

“知彼知己，百战不殆”是《孙子兵法》的精髓，它概括性地描述了孙武对战争中敌我双方势力的认识。古往今来，历代军事学家推崇备至，都在运用这一具有普遍意义的基本规律。

毛泽东在他的军事著作中，曾三次引用“知彼知己，百战不殆”这一千古不朽的军事格言，给予很高的评价，并从辩证唯物主义的高度进一步赋予这个命题以新的更深刻的含义。

标志毛泽东兵法体系形成的不朽军事名著《中国革命战争的战略问题》一文中，在第一章第四节“重要的问题在善于学习”中，引用了孙子“知彼知己，百战不殆”，说明对待战争规律包括学习和使用两个阶段。毛泽东说：有一种人，明于知己，暗于知彼，又有一种人，明于知彼，暗于知己，他们都是不能解决战争规律的学习和使用的问题的。中国古代大军事学家孙武这句“知彼知己，百战不殆”，是包括学习和使用两个阶段而说的，包括从认识客观实际中的发展规律，并按照这些规律去决定自己行动克服当前敌人而说的；我们不要看轻这句话。

无论是明于知己，暗于知彼，还是明于知彼，暗于知己，前者是“已知数”，后者是“未知数”。

1949年5月2日，毛泽东邀约柳亚子同游颐和园。当时，解放军百万大军突破长江天险，解放了国民党政府的首府南京。两人放谈时，柳亚子说：“共产党要胜利，这是肯定的。共产党的路线和政策正确，合乎民意，人民拥护支持，这是胜利的基础。但是，我们没有想到胜利会这么快。人民解放军很快渡江成功，并且占领了南京，我们不知道毛主席用的是什么妙计。”

柳亚子所说的“共产党要胜利，这是肯定的”，这是“已知数”；“没有想到胜利会这么快”，这是“未知数”。

毛泽东笑了笑说：“打仗没有什么妙计，如果说有妙计的话，那就是知己知彼，根据实际情况，做出正确的决策。还有，就是先生说的，人民的支持是最大的妙计。一百万军队要渡江，又没有兵舰轮船，如果没有人民的大力支持，是不能成功的。靠人民用土办法造木船、木排划子，在漫长的江面上，几万只木船一齐出动直奔对岸，加上我们有很多大炮掩护，很快就渡过江30万军队。你能说这是妙计吗？这是一般的常识。但是，像这样一个普通的常识，蒋介石是不知道的。他想的是长江天险，是美帝国主义的援助……”

毛泽东说有人民的“大力支持”，说蒋介石只知道靠长江“天险”、靠美帝“援助”，这是“已知数”。毛泽东战略决策的妙计，绝不会定在“未知数”上。毛泽东在《论持久战》中说：战争不是神物，仍是世间的一种必然运动，因此，孙子的规律，“知彼知己，百战不殆”，仍是科学的真理。

毛泽东所评价的科学的真理，是包括数学在内的科学。

第21节　最大公约数与最小公倍数

数学上的最大公约数，也称最大公因数、最大公因子，指两个或多个整数共有约数中最大的一个。与最大公约数相对应的概念是最小公倍数。

在军事上，最大公约数与最小公倍数的关系是“利益”与“代价”的关系。最大公约数理念要求最大限度地寻求共同的利益；寻求最大公约数的过程就是求“慎战”“不战”“和合”的过程；寻求最大公约数的方法与兵法的理念高度契合，都旨在以最小的代价换取最大的利益。

孙子在《谋攻篇》中说：“故上兵伐谋，其次伐交，其次伐兵，其下攻城。攻城之法，为不得已。”“故善用兵者，屈人之兵而非战也，拔人之城而非攻也，毁人之国而非久也，必以全争于天下，故兵不顿，而利可全，此谋攻之法也。”

在孙子看来，“上兵伐谋”是最大公约数，“其次伐交”是最大公约数，“不攻城”是最大公约数，“不战而屈人之兵”是最大公约数，“全争于天下”是最大公约数，“兵不顿而利可全”是最大公约数。

“上兵伐谋”之所以是最大公约数，因为兵贵权谋是中国兵学发展的主流，中国的兵法史实际上是一部谋略的创造史和运用史。中国人信奉“谋事在人，成事在天”；“人谋”在前，“天成”在后；先有“人谋”，后有“天成”；没有“人谋”，绝无“天成”。“不谋万世者，不足谋一时；不谋全局者，不足谋一域。”

“其次伐交”之所以是最大公约数，因为它通过政治的、经济的、文化的而非军事战争的途径，即和平手段达到战略目的，有助于全世界和平外交，也有助于全人类的和平与稳定。这个理念被世界普遍接受，已成为众多国家为实现其对外政策，在各种外交活动中所采用的智谋和策略，尤其是正在被一些国家的政府首脑运用。

"不攻城"之所以是最大公约数，因为拔人之城，毁人之国，攻城略地，生灵涂炭，攻城给很多城市的人民带来了巨大的灾难。孙子不主张攻城，就是为了寻求城市存亡与人民安危的最大公约数。因此，不到万不得已，不要去攻城。

"不战而屈人之兵"之所以是最大公约数，因为它在战略上谋求以最小的代价换取最大的胜利，这已经包含了非暴力的和平思想。孙子主张将战争限制在一定的范围之内，反对穷兵黩武，这是用兵的最高境界，当然也是最大公约数。

"全争于天下"之所以是最大公约数，因为争锋天下，逐鹿中原，非一城一池之得失，亦非杀伤、俘虏、掠夺为善。孙子指出"必以全争于天下"，这里的"必"，意为必须、力求。他主张用"全国""全军"，即保全国家、保全军队的策略在天下竞争。对敌方来说，会使反抗降低到最小限度；对己方来说，损失最小；对人民来说，灾难也最小。

"兵不顿而利可全"之所以是最大公约数，因为孙子追求的是圆满。"兵力"不受挫、损失，利益可完全获得，这就是谋攻的最完美的方法。张预注："故无顿兵血刃之害，而有国富兵强之利。"对世界来说，获益最大。通过非暴力的手段解决争端，人民得以休养生息，国家利于和平发展，这无疑将改变世界的最大公约数。

数学上求最大公约数有多种方法，常见的有质因数分解法、短除法、辗转相除法、更相减损法。辗转相除法曾分别被中国人和印度人独立发现，在中国，《孙子算经》中出现了此算法的一个特例——中国剩余定理。更相减损法，也叫更相减损术，是出自中国《九章算术》的一种求最大公约数的算法。

在军事上，求最大公约数也适用短除法、辗转相除法和更相减损法。短除法就是"兵贵胜，不贵久"。战争成本很高，如果不能速战速决，及时转化胜利成果，那么必然导致国库空虚、百姓贫穷，再富强的国家也会被战争拖垮而积贫积弱。辗转相除法和更相减损法，就是通过反复不定、交互替换等艰难途径和各种方法，尽量减少损失，把战争灾难降到最低程度。

在当今纷繁复杂的国际背景下，求最大公约数就是求最大同心圆，即和平共存，合作共赢。以“互相尊重主权和领土完整、互不侵犯、互不干涉内政、平等互利、和平共处”为内容的和平共处五项原则，是处理国际关系的最大公约数。

自古知兵非好战。中国自古以来是一个爱好和平的国家，不管是各民族之间，还是国与国之间，都把和平共处作为重要的原则之一。和平而不是战争，合作而不是对抗，才是人类社会进步的最大公约数。

第22节　基数与对应

在数学上，所谓基数，是集合论中刻画任意集合大小的一个概念，两个能够建立元素间一一对应的集合称为互相对等集合。所谓对应，即把两个集合的元素一对一地排列起来，用相同的方法可比较任意集合，包括无穷集合的大小。

基数同时又是一个军事术语，是对于不同武器的不同规定，如对于枪械来说，一般一个基数是200发步枪子弹或者300发冲锋枪子弹。除了武器弹药外，油料、后勤物资都可以用基数来记录。当然，这是根据相关数据统筹而来的。

而在兵法上，基数与对应的关系是“聚合”与“分散”的关系。把军队集中一处，兵力自然也就聚合；把军队分散多处，兵力会随之分散。

孙子《虚实篇》讲的是如何通过分散集结、包围迂回，造成预定会战地点上的我强敌劣，以少胜多。孙子《九地篇》中说：“为兵之事，在于顺详敌之意，并敌一向，千里杀将，此谓巧能成事者也。”所谓“并敌一向，千里杀将”，就是讲“集合”与“对应”。

孙子《九地篇》中还说：“所谓古之善用兵者，能使敌人前后不相及，众寡不相恃，贵贱不相救，上下不相收，卒离而不集，兵合而不齐。”意思是，大部队与小部队无法相依恃，官与兵无法相救援，上下级无法相统属，士卒离散而不能集合，即使集合也无法统一行动，讲的也是“集合”与“对应”。

孙子的后代、战国齐将孙膑在其兵法著作中对此也有高明的见解。他在《积疏》中明确指出：“积胜疏，盈胜虚，众胜寡。”就是说，士卒密集的能胜稀疏的，实力充盈的能胜空虚的，人数众多的能胜寡少的。孙膑论道：“积疏相为变，盈虚相为变，众寡相为变”；“敌积故可疏，盈故可虚，众故可寡。”就是要想方设法让“聚合”的敌人兵力“分散”。

孙膑指出：“能分人之兵，能按人之兵，则锱铢而有余；不能分人之兵，不能按人之兵，则数倍而不足。”（《客主人分》）“善者，敌人军□人众，能使分离而不相救也，受敌而不相知也。”（《善者》）孙膑经常强调，对敌人须“规（聚合）而离之”（《十问》），要“分其众”（《略甲》）。孙膑强调的“积变为疏”“盈变为虚”“众变为寡”“聚合离之”“分人之兵”，就是兵法上的“集合”与“对应”。

基数是数学中常用的概念，使用了各种各样的名字，如称有相同映射的两个集合为“等势”“均势”。“等势”具有“相等的势”，两个集合具有相同基数；“均势”具有“平均的势”，指力量相当或力量平衡的态势。

在军事上，敌我双方也具有力量相等的“等势”，力量平衡的“均势”。在战争中，拥有强大实力的大国会采取“均势战略”或“均势外交”，削弱对方，在军事力量和军事部署上保持均衡态势的战略目标，造成有利于己的国际力量对比，以实现其霸权地位。而小国和弱国往往是列强谋取“均势”的筹码。

基数在数学上可以比较大小，也可以进行运算；在军事上，是弹药供应的一种计算单位；在兵法上，可以比较敌我双方武器装备的优劣、部队战斗力的强弱，也可以通过基数计算战争的成本以及胜负的条件。

在数学上，基数排序是一种非比较型整数排序算法，其原理是将整数按位数切割成不同的数字，然后按每个位数分别比较。在兵法上，基数也就是战场上的基本数据，排序的算法可以用在排兵布阵上。

伟大的数学家大卫·希尔伯特讲述了一个旅馆的故事，借此引出了数学上“可列无穷大”的概念：一个拥有无穷多间房屋的旅馆已经客满，每个房间都有人居住，现在又来了无穷多位旅客希望住店。对于有限间房屋的旅馆来说，客满后肯定无法容纳其他旅客了。但是对于这个有无穷多间房屋的旅馆来说却没有问题，掌柜的可以让1号房间的客人搬到2号房间，

2号房间的客人搬到4号房间，3号房间的客人搬到6号房间，……这样搬完后，原来的每个旅客仍然有房间居住，同时腾出了全部奇数号房间可以容纳新来的无穷多位旅客。

这个神奇诡异的希尔伯特无限旅馆的故事，同样可以用在排兵布阵上：一个拥有无穷多坑道的阵地已经饱和，每个坑道里都布满士兵，现在又增兵，无穷多位士兵要进入坑道。对于有限数量坑道的阵地来说，满员后肯定无法容纳其他士兵了。但是对于这个有无穷多个坑道的阵地来说却没有问题，指挥员可以让1号坑道的士兵调整到2号坑道，2号坑道的士兵调整到4号坑道，3号坑道的士兵调整到6号坑道，……这样调整完后，原来的每个士兵仍然都有坑道，同时腾出了全部奇数号坑道可以容纳新来的无穷多位士兵。

这就是无限大的基数，无穷尽地对应。

第23节　数量与质量

在数学上，数量亦称“无向量”“标量”，指只具有数值大小而没有方向的量，这些量之间的运算遵循一般的代数法则。数学质量为物体的重量，一般用克或者千克作为单位。

数量与质量是密不可分的两个重要属性，是对立统一的矛盾关系。事物的质是通过量来体现的，没有一定的数量就没有一定的质量。但是，数量不等于质量。假如只有数量，没有质量，数量再多不仅毫无价值，甚至造成资源的极大浪费和危害。

在军事上，军队的数量体现并保障着军队的质量，在其他条件相同的情况下，拥有众多兵力和兵器装备在战争中固然能展现出排山倒海的震慑性优势，以多胜少；但同时质量较高的军队往往能展现兵强马壮的压倒性优势，以少胜多。军队的数量与质量相互补充，相互转化。一般来讲，数量上的优势可以相对弥补质量上的缺陷，而质量上的优势又可以弥补数量上的不足。

用兵之要，在精而不在多。两军的较量不是简单的数值计算，不是比谁的数字大，谁就能获得胜利。如果说精算师是数学方面的超级数学家的话，那么精于用兵的指挥员就是超级军事家。

孙子在《行军篇》里告诫道：“兵非多益。”早在2500多年前孙子就已经意识到兵不在多而在精，要走精兵之路，采取质量建军原则，打造精锐之师，这是十分有远见的。

宋本十一家注《孙子·行军》：“兵非益多也，惟无武进，足以并力、料敌、取人而已。”意思是说，用兵并不是数量越多越好，只要不专恃武力，不轻举妄动，能够集中兵力，正确判断敌情，任用优秀的将帅就可以了。

战国兵家人物尉缭认为，用兵必须精减，把那些老弱病残、贪生怕死、违反纪律者都精减掉，就能提高部队的战斗力。能精减一半的，可以“威立海内”；精减十分之三的，可以“力加诸侯”；精减十分之一的，可以“令行士卒”。

明朝冯梦龙《喻世明言·第二十一卷》董昌问道：“此行用兵几何？”钱镠答道：“将在谋不在勇，兵贵精不贵多。愿得二钟为助，兵三百人足矣。”

中国近代军事教育家蒋百里一针见血地指出：“兵在精，不在多，斯言至矣。盖谓兵力之大小，不在其数量，尤其在品质也。”

“兵非多益”反映了孙子重质量建军的思想。在孙子看来，军队强弱是由政治素质、将帅才能、武器装备、训练水平、组织编制、军法军纪等多种因素决定的，而不单纯取决于数量的多少。数量适度、素质优良的威武之师，靠分合之变，灵活指挥，在关键时刻和地点形成相对的兵力优势，往往比冗杂乌合的庞大武装更容易取得胜利，也不会给国家的经济发展和财政支出造成灾难性损失。

在战场上，作战人数的多少仅是衡量实力强弱的因素之一，不仅不是唯一的因素，甚至不是最主要的因素。战争是极其残酷而复杂的，庞大的军队既带来了充足的人力，也给后勤和指挥带来了更大压力。

在世界军事史上有个有趣的现象，中国古代和近代乃至现代战争中打胜仗的常常是以少胜多，如长平之战、赤壁之战、官渡之战等。历史上但凡超过10万人以上的大军投入会战的，几乎没有打胜仗的先例，因为古代的技术水平，要想协调10万人以上的大兵团作战，几乎不可能，人多只能使其指挥系统混乱，自乱阵脚，这也就是古代战争中以少胜多的例子不在少数的原因了。

“兵仙”韩信说自己带兵是多多益善，但是说刘邦只能带10万兵，为什么？因为超过10万兵马，刘邦就驾驭不了，管不过来了。如果碰上韩信这样的精锐师，那就麻烦了，十倍于敌的数量优势也不一定会获胜。

“破釜沉舟，百二秦关终属楚”；“卧薪尝胆，三千越甲可吞吴。”这集中体现了中国人独有的智慧，灵活运用了以《孙子兵法》为代表的中国兵法。

中国历史上最早的战役——牧野之战，也叫“武王伐纣”，发生在公元前11世纪。周武王姬发在大器晚成的姜子牙的辅佐下，誓师伐纣，周朝只有不到10万人，而纣王仓促之间组织了70万奴隶抵抗，无奈奴隶早就恨透了纣王，中途纷纷倒戈，周军一路杀到商朝都城朝歌，纣王自杀，商朝灭亡。

淝水之战，拥有绝对数量优势的前秦败给了东晋，国家开始衰败最终灭亡，双方力量对比，东晋仅以8万军力大胜80余万前秦军。

努尔哈赤的确优秀，当时他只有8万军队，和明朝的47万军队比不足挂齿，但就是这8万军队最后灭了明朝。

彭城一战，刘邦遭到自起兵以来最大的惨败，楚军依靠项羽的指挥，在半日之内以3万之师击溃汉军56万之众，歼灭刘邦主力，创造了古代战争中速决战的典范。

八路军在太行山上有一句战斗口号：“百发一中的兵百个，不如一发一中的兵一个。”

淮海战役中国人民解放军以伤亡13.4万余人的代价，歼灭国民党军五个兵团、22个军、56个师，共计55.5万余人，创造了战争史上以少胜多的奇迹。

在西方世界，率领普鲁士王国完成德意志统一的“铁血宰相”俾斯麦就认识到“兵贵精不贵多”，精兵战略至今已经成为被广泛认可的军事共识。

加强质量建设，走精兵之路，并不排斥要保持一定的数量和规模的常规军。但必须清醒地看到，由于世界军事变革潮流的蓬勃发展，争夺军队质量优势，已成为当今世界各主要国家军队建设的一个重要发展趋势。

第24节 时间与空间

时间是物理概念，是物质的运动、变化的持续性、顺序性的表现。在数学上，时间概念包含时刻和时段，涉及时间的换算和分解、时间的将来时和过去时、不同时区之间的换算等。用实数表示的为即实时间，用虚数表示的为即虚时间。

物与物的位置差异度量称之为“空间”，位置的变化则由“时间”度量。空间由长度、宽度、高度、大小表现出来，通常指四方（方向）上下。空间包括宇宙空间、物理空间、网络空间、数字空间等。

培根说：“数学是打开科学大门的钥匙。”任何军事行动都是一定数量的物质在一定时间和空间的运动，这种运动必然以数字形式反映出来，可以运用各种数学方法来描述与分析。

在军事上，时间是指军事运动的持续性和顺序性，包括军事事物发展的过程、阶段、时机和先后次序；空间是指军事运动所涉及的空间范围，被称为“最终的高地”。军事时间和军事空间共同构成了军事运动的基本形式。

孙子很重视时间，战场上时间就是生命、就是胜负。他在《作战篇》中提出“兵贵胜，不贵久”；“故兵闻拙速，未睹巧之久也，夫兵而国利者，未之有也。”意思是，用兵的战术贵在能取胜，贵在速战速决。所以，听说有拙于用兵而获胜的，没有见过方法巧妙的却要长久作战。长时间打仗的国家，对自己有利的，从来没有过。

孙子在《九地篇》中说：“兵之情主速，乘人之不及。”孙子认为，用兵的道理就是要迅速，趁敌人还来不及准备的时候出击。

东汉末期的虎豹骑作为曹操的“王牌军”，是骑兵中精锐的精锐，善于快速反应，长途奔袭后攻击，曾追击刘备时“一昼夜行三百里”，令人闻风丧胆。

唐太宗李世民认为“兵法尚权，权在于速”，他在柏壁击败宋金刚后，有人劝他待部队休整后再追击敌人，他说“必乘此势取之”，一直追敌至雀鼠谷，一日八战。他本人两天没吃饭，三日没解甲，终于将其歼灭。

13世纪初，成吉思汗统领的骑兵部队，是一支令人生畏的旋风部队，可以说相当于现代的装甲部队，一昼夜可以机动100公里，快速机动，速战速决，使得当时蒙古人所向披靡，天下无敌。美国海斯·穆恩·韦兰在他所著的《世界史》上称其为“蒙古旋风”，即战场范围广，“千里杀敌”；战斗力强，“速不及防”或“措手不及”。

据《苏联军事百科全书》统计，五年以上的战争，17世纪占40%，18世纪占34%，19世纪占25%，20世纪占15%。尤其是20世纪末以来，一些高技术条件下的局部战争，其持续时间大多比较短暂。1983年美国入侵格林纳达的主要战争，四天就结束了。1991年的海湾战争和1999年的科索沃战争规模虽然比较大，但持续时间也不过分别为42天和78天；2003年爆发的伊拉克战争，主要战事所用的时间只有44天。

在未来的作战中，“以快制慢”的时间要素地位大大提升，指挥员只有准确把握时间要素在过程、阶段、时机和次序等的发展趋势，精确利用时间才能赢得未来作战胜利。

孙子也很重视空间，战场上空间就是生存点、制胜点。他在《军形篇》中提出“善守者藏于九地之下，善攻者动于九天之上”，这是空间立体几何思维，从最高的天空到平面的陆地，再到最深的地下，奠定了立体化空间战争的雏形。

孙子认为，善于防守的人，幽深隐微，让人深不可知，使敌人不知如何攻击；善于攻击的人，能掌握战略制高点，形兵无形，让人不知如何守，在不知不觉中打败敌人。有了深不可知的防守能力，高不可测的攻击能力，所以能在战斗中保全自己实力不受损，并大获全胜。一个善于用兵的人，不但能守，而且能攻；非但如此，还能掌握时机，在攻守之间空间互作转换。

空间是与时间相对的一种物质客观存在形式，但两者密不可分。爱因斯坦在相对论中提出：不能把时间、空间、物质三者分开解释。时间与空间一起组成四维时空，构成宇宙的基本结构。

军事上有“空间换时间”，就是运用“全面战术”，不守一点一线，不计一城一地之得失，在广大地区同敌人周旋，以广泛之空间换取整备战力之时间，以达到消耗敌力获得最后决胜之目的。

孙子把战争放进时间与空间的坐标系，注重战役中的时间点、时间段、制高点和地利观，以“空间换时间”“空间换生存”，在正确的时间、正确的地点，打一场正确的战争。

未来作战空间将向多维拓展的新型作战样式，进一步向生物空间、纳米空间、智能空间、网络空间拓展。未来孙子的时间与空间的思想仍有重要的指导思想。

第25节　距离与路程

在数学上，距离指连接两个地点而成的直线段的长度，也是泛函分析中最基本的概念之一。从直观上看，如果将数列看成实数轴上的一列点，任意两点间的距离等于两点差的绝对值。路程指从一个地点到另一个地点所经过路线的长度，也就是从空间的一个位置运动到另一个位置，这一运动过程所通过的轨迹。

在军事上，距离与路程是远近与曲直的关系。从出发点至到达点要测量距离，交战双方所处的位置要测量距离，枪炮射击要测算距离，军队行军要测算路线和路程。

孙子在《军争篇》所说的："日夜不处，倍道兼行，百里而争利，则擒三将军，劲者先，疲者后，其法十一而至；五十里而争利，则蹶上将军，其法半至；三十里而争利，则三分之二至。"在《虚实篇》中所说的："远者数十里，近者数里乎？"讲的就是距离与路程。

距离不等于路程，路程所经过的路线可能是直线的，也可能是曲线的。直线的路程与距离相等，曲线的路程或大于或小于距离。选择直线或曲线，距离、中距离或远距离，要从兵法上考量。

孙子在《始计篇》中说："近而示之远，远而示之近。"意思是，本来要攻打近处的敌人，却故意摆出要攻打远方的架势；本来要攻打远处的敌人，却故意摆出要攻打近方的架势。

孙子的"近而示之远，远而示之近"数学与哲学思维，对后世影响相当深远。

秦国丞相范雎提出"远交近攻"策略，主张先联络和秦国比较远的国家，攻击和秦国接壤的国家，逐步消灭对手，破了东方诸侯国的"合纵"

之策，为秦逐个兼并六国和一统天下奠定了战略基础。

成吉思汗创造联远攻近、远程奇袭、运动中歼敌等战法，史称“深沉有大略，用兵如神”。

抗日战争中，八路军、新四军创造了近战与夜战、近战与远战相结合的战术，出其不意地歼灭或击退敌人；中国远征军胜利完成了迂回缅北的千里大奔袭等，都是应用了孙子的“远近之道”。

毛泽东也是践行“近而示之远，远而示之近”的高手。中国共产党的诞生地在上海，国民党政权和财阀也都盘踞在大城市。建党初期，多次城市武装起义都宣告失败，在国民党统治的地区武装夺取政权困难重重。为了实现解放全中国的远大总战略，毛泽东来到远离大城市的井冈山，走农村包围城市，最后夺取全国胜利的革命道路。这在全世界无产阶级革命战争史上是仅有的。

首先，在离敌人较远的偏僻山区、统治力量比较薄弱的农村，发动农民武装起义，建立人民军队，建立革命根据地，把武装斗争、土地革命、建立政权结合起来，使之建成支持长期革命战争的战略基地。

随着根据地的扩大，人民武装随之扩大，并由游击队向正规军发展，从而解决了由游击战向运动战、正规战发展的问题。随着革命战争的发展，逐步造成农村包围城市的战略态势，最后夺取全国胜利。

长征是人类历史上从未有过的伟大战略远征，中央红军共经过14个省，翻越18座大山，跨过24条大江大河，翻越数座终年积雪的雪山，穿越人迹罕至的草地，通过数十个少数民族居住区，行程二万五千里，进行大小战役、战斗近600次，攻占县城100余座，冲破国民党军的围追堵截，最终会师陕北，完成中国革命大本营奠基大西北的伟大战略转移。

毛泽东农村包围城市这一战略原则和他指挥的长征，起源于中国古代兵书《孙子兵法》，不过，这一战略原则却远远超出了兵学的范畴，还包含了运筹学、哲学、数学和地缘经济等科学体系。

第26节　几何与地形

在数学上，几何是研究空间结构及性质的一门学科，研究物体的形状、大小和位置及它们的相互关系。几何思想是数学中最重要的一类思想。几何有另一种译名——形学。地形是地物形状和地貌的总称，指地表以上分布的固定物体所共同呈现出的高低起伏的各种状态。

在军事上，几何与地形关系十分密切，自然起伏地形的几何呈现与作战形态的关联性。军事地形学作为军事上研究和利用地形的一门学科，主要研究地形对战斗行动影响的规律，军用地形图测绘方法等，而地形研究和地图测绘都离不开几何。

《孙子兵法》十三篇中，“地形”“九地”和“行军”占了三篇，专门论述了地形与军事之间的关系。它结合作战中可能出现的敌我态势，提出了相应的作战方法和处置要领，同时提出了“夫地形者，兵之助也”，“知此而用战者必胜，不知此而用战者必败”的观点。

在这三个篇章中，孙子为我们绘制了三张古代中国军事地形图和军事地理图。

第一张军事地形图：孙子在《行军篇》绘制出了“绝山依谷，视生处高”的山地行军，“绝水必远水，客绝水而来”的水地行军，“地势宽广而低下，防守无所依靠”的盐碱沼泽地行军，“平陆处易，而右背高”的平原开阔地行军。这些行军地形都呈立体性，包含了几何的三维空间思维，是对不同行军地形的形状、大小、远近、深度、方向等特性的正确把握。

孙子在此地形图中还标出了六种危险地形：“绝涧、天井、天牢、天罗、天陷、天隙”，包含了几何的弯曲空间原理。空间是变化的、跳跃的、交集的，要通过考察物体在这种空间里的运动方式，来确定这种空间的几何形态。如果空间是“平坦的”，各种物体就会走直线从这个空间中通过，如果空间是“弯曲的”，各种物体就会走出弯曲的路线来。

曹操注解：“山深水大者为绝涧。”杜牧注解：“地形坳下，大水所及，谓之天井。”梅尧臣注解：“三面环绝，易入难出”，为天牢；“草木蒙密，锋镝莫施”为天罗；“卑下泥泞，车骑不通”为天陷；“两山相向，洞道狭恶”，为天隙。注孙子的十一家，不仅精通兵法，也颇懂数学几何。

第二张军事地形图：孙子的《地形篇》重点绘制出了“通形、挂形、支形、隘形、险形和远形”六种地形，都离不开平面上坐标空间的位置和数值。军事地形学有两个坐标体系，一是地理坐标，二是平面直角坐标。坐标系确定平面上坐标空间中某点的位置的有次序的一组数值，称为该点的坐标。地形图是根据地理坐标和平面直角坐标的经纬度来测的。

地形作战的关键，首要的是勘察地形。古代作战，没有卫星地图什么的，所有行军路线经过的地形都要派兵先去勘察，翔实了解各种山川险要、地形山貌。战国时期的名将基本上都会亲自去勘探地形，而勘察地形必须具备几何常识。孙子能写出《地形篇》，无疑是兵法与数学几何结合的结晶。

第三张是军事地理图：《九地篇》分门别类地把有关地理问题加以区分，把地分为九种：散地、轻地、争地、交地、衢地、重地、圮地、围地、死地。在这九种属于战场的自然地理，无一不融合古代的几何原理。

《孙子兵法逸文》辑录了孙武追随吴王为将之后，与吴王有关军事问题的问对，共14篇。其中，散地战、轻地战、争地战、交地战、衢地战、重地战、圮地战、围地战、反围攻与围攻、死地战、山地战11篇录自唐人杜佑《通典》，论述了在不同条件、环境下的作战原则和方针。这不同的地理条件和环境都是受几何原理制约的。

孙子关于作战地理、地形、地貌的论述，是受中国古代尤其是西周至春秋军事地形学初创时期的影响，当时几何原理开始融入作战地形地貌、战斗区域和地图绘制。与《孙子兵法》同一时期，军事地形图已达到一定水平。《管子·地图》篇称："凡兵主者，必先审知地图。"只有首先研究地图，"然后可以行军袭邑，举错知先后，不失地利，此地图之常也"。

早在《孙子兵法》诞生的春秋战国时期，人们的数学知识已经相当丰富，山东临淄郎家庄遗址出土的公元前500—前400年的漆器上有各种几何花纹。1978年在河北省平山县出土的"兆域图"，以实物证实了战国时期已能按比例尺绘制地图。公元前239年，中国出现了标有军事要素的木版地图。这两件文物出土，印证了至迟在战国时期，军事地形理论已在中国初步形成，并已与几何完美结合。

第27节 排列与组合

在数学上，排列组合是组合学最基本的概念。所谓排列，就是指从给定个数的元素中取出指定个数的元素进行排序；所谓组合，则是指从给定个数的元素中仅仅取出指定个数的元素，不考虑排序。

在军事上，排列与组合是排兵与布阵的关系，也是单兵作战与协同作战的关系。中国古代作战是非常讲究阵法即作战队形的，称之为“布阵”。布阵得法就能充分发挥军队的战斗力，克敌制胜，大有“阵法在手，天下我有”之势。

孙子在《兵势篇》中说：“纷纷纭纭，斗乱而不可乱也；浑浑沌沌，形圆而不可败也。”孙子所设计的这种阵法，看上去“纷纷纭纭”，在战斗中乱作一团，但实际上它有一定的变化法则，因而“不可乱也”；表面上“浑浑沌沌”，似乎没有什么战斗力，但由于它“形圆”严密，互相配合，无隙可乘，因而在战斗中“不可败也”。

孙子在《九地篇》中说：“善用兵者，譬如率然；率然者，恒山之蛇也。击其首则尾至，击其尾则首至，击其中身则首尾俱至。”这种阵法，首尾呼应，连成一体，能攻善守，使敌人无所适从。孙子还特别强调，在布阵中要利用组织指挥、地理特点等各种条件，使各部间互相团结，协同作战。

孙子在《九地篇》中还说：“故善用兵者，携手若使一人，不得已也。”意思是，善于用兵打仗的人，提挈三军就像使用一个人那样，这是把士卒置于不得已的境地而造成的。孙子说的是军队各部之间互相照应，互相配合，形成排兵布阵的整体力量。

孙子非常注重作战时布阵的方法。所谓“阵”，就是从基础的一兵、一伍、一列开始，一直到全军，都做到“立兵伍，定行列，正纵横”。换句话说，阵就是各种战斗队形的排列和组合。所谓布阵，就是在一支军队中，人员之间的排列、方向、间隔、运动如何布置。排兵布阵是为了强化己方的作战方阵，打乱敌方的布兵方阵。

《易经》中用十个天干和十二个地支以六十为周期来记载月和年，以及在《河图洛书》中关于幻方的记载，是人们至今所了解的最早发现的组合问题甚或是架构语境学。而《易经》与《孙子兵法》是相通的，以易言兵，奥妙无穷。

阵法在孙子所处的春秋时代的战争中，已很有讲究。公元前541年，晋与狄人战于大原。晋人毁战车而为步兵，“为五陈以相离：两于前，伍于后，专为右角，参为左角，偏为前拒，以诱之”(《左传·昭公元年》)。

这里的“五陈”:“两”是两个伍，十人;“伍”是一伍或五伍，五人或二十五人;“专”是一伍，五人;“参”是三伍，十五人;“偏”是五十人。晋人以这样的“五陈”去进攻敌人而“大败之”。孙子在兵法中论述的“不可乱”“不可败”和“如率然”的阵法，是春秋争霸中总结出来的，并有创造性地发展。

中国古代依据数字逐项表述的有十大阵法：一字长蛇阵，二龙出水阵，天地三才阵，四门斗底阵，五虎群羊阵，六宇连方阵，七星北斗阵，八门金锁阵，九父星观阵，十面埋伏阵。

随着兵器的发展和战斗规模的扩大，战斗队形由简单的方阵向多种阵形演变，方阵中分成“奇”“正”“游兵”等单位。冷兵器时代的战阵虽几经变化，但多是集团的密集队形。

战国时期的《孙膑兵法》集古代兵法之大成，总结先人经验，系统完整地将“阵”分为十种阵形，即方阵、圆阵、疏阵、数阵、锥形阵、雁形阵、钩形阵、玄襄阵、水阵、火阵。后两种是特殊战法情况下才使用，一般以方、圆、锥为主。前三种是在阵容强大的阵时才用，依兵力、兵士的战斗力、战车的数量不同而定，并没有多少玄机可言，只要队列整齐即可。

孙膑特别强调，“用阵三分，每阵有锋，每阵有后，皆待令而动。斗一，守二。以一侵敌，以二收”（《八阵》）。这就是说，用三分之一的兵力去冲垮敌人的阵势，三分之二的大部队则伺机待命，聚歼敌人。孙膑发展了孙子用阵攻敌的战法，论述相当全面周密。

在八卦中，亦运用到了数学的排列组合。“奇门遁甲”中的八门方位、星象、地形等因素所制定用于古代战场上的战阵，诸葛亮根据“奇门遁甲”的使用方法进行改良，而编绘出完整的“八阵图”。

第28节　直线与曲线

在数学上，计算直线的长度比计算一条曲线的长度要容易得多。为了求得一条曲线的长度，把这条曲线无限细分，细分成若干条细小的直线，再把这些直线的长度加起来，这就求得了曲线的长度。这个思想就是高等数学里的微积分。

这个数学原理用在军事上，行军走直线同样要比走曲线容易得多。“两点之间，直线最短”，但走直线往往事与愿违，遇到的阻碍不少，欲速则不达，倒不如“弯路超车”更方便快捷。

孙子在《军争篇》中说：“军争之难者，以迂为直，以患为利。”“此知迂直之计者也。”意思是，“军争”中最困难的地方就在于以迂回进军的方式实现更快到达预定战场的目的，把看似不利的条件变为有利的条件。能这么做，就是知道迂直之计的人。

迂直的本意是绕弯路和走直路，后来被引申为间接手段和直接手段。在孙子的观念里，想要把迂回的弯路变成直路，把患害变为便利。这种迂直的方式表面上看是在绕圈子，但事实更加的有效。为什么走迂远之路的人可以比走近直之路胜利的概率更高呢?

迂和直这对矛盾并不是一成不变的，在一定条件下，它们可以相互转化。比如直路上险阻多，敌人重兵防守，我通过的时间反而会长。迂远之路险阻少、敌人少，我通过的时间反而可能短。绕弯路可以出其不意、攻其不备，所以往往能够胜过走直路的人。

孙子感悟到迂和直这一转化规律，因此才提出了以迂为直这一深刻哲理，使之成为战争指导的一个重要原则。古人掌握了这一原理，常用间接手段达到直接手段不能达到的目的。

大迂回战略是成吉思汗及其子孙们在长期的征战中所形成的作战韬略之一，创造了战争奇观。成吉思汗凭借骑兵的持久耐力和快速机动能力，出其不意地向敌人的深远纵深大胆穿插、分割，并与下面进攻部队相配合，四面包围，迫使对方迅速瓦解。

成吉思汗的蒙古骑兵不仅战术迂回，而且是大迂回，战略迂回，对战争或战役起着决定性的作用。例如，成吉思汗第二次进攻中都时，金人恃居庸关之塞，守以精锐，不易攻克。因此蒙古军由居庸关迂回至紫禁关，在五回岭大败金军。然后，哲别率一部骑兵占领南口后夺取居庸关；西征花剌子模时，成吉思汗率主力通过基库姆（红沙漠）大沙漠，对撒麻耳干实施战略迂回；忽必烈远征川滇时经3000里行程迂回大西南，渡大渡河南下。这些迂回包围都取得了极大的成功。

历史穿越到1949年，人民解放军百万雄师以排山倒海之势，渡过长江。雄才大略的毛泽东果断地提出了对敌实施大迂回作战的决策，同样实施了双层大包围圈，而战争空间则更为广阔。从穷追猛打辅以近距离迂回包围，到大迂回、大包围辅以远距离奔袭追击，再加上政治争取的解决方法，是毛泽东确定的人民解放军战略追击的作战方针，最终汇成一股摧枯拉朽的狂飙席卷千军。蒋介石划江而治和偏安一隅的最后梦想彻底破灭，毛泽东和他的战友们在礼炮声中登上天安门城楼，宣告新中国的诞生。

英国军事理论家利德尔·哈特的间接路线战略，就是因为受到孙子以迂为直这一理论的启示而提出来的。他分析了大量战争当中一些战略运筹的战例，发现在这些战例当中，成功的这些战例，90%都是运用间接路线，都不是正面对抗，而是采取迂回的办法。他说，在战略上，最漫长的迂回道路，常常是达到目的的最短距离。最远最弯曲的路线，常常也是一条真正的捷径。

海湾战争中，联军陆战部队和空降师避开伊拉克正面防线，迂回到伊拉克集结在科威特部队的侧后，并将他们迅速包围，他们称之为打“左勾拳”，也是对以迂为直思想的成功运用。可见以迂为直这一思想在今天仍有重要价值。

第29节　度量衡与度量法

在数学上，度量衡是计量物体的长度、容积和重量的标准的总称。度是计量长度，量是计量容积，衡是计量重量。在军事上，度量衡是精准评估战斗力的“数字标尺”。

孙子在《军形篇》中说：“兵法：一曰度，二曰量，三曰数，四曰称，五曰胜。地生度，度生量，量生数，数生称，称生胜。”对于孙子所论述的“度、量、数、称、胜”这个中国传统兵学中引人关注的度量法，历代多从数学概念加以注解。

度：《礼记·明堂位》载：“度为丈尺、高卑、广狭也。”贾林曰：“度，土地也。”此言土地幅员。

量：《汉书·律历志》载：“量者，龠、合、升、斗、斛也，所以量多少也。”此言物资多少。

数：贾林注曰：“算数也。以数推之，则众寡可知，虚实可见。”王皙曰：“百千也。”此言部队实力的强弱、兵员的多寡。

称：《楚辞·惜誓》载：“苦称量之不审兮”，王逸注：“称所以知轻重。”杜牧注：“称，校也。”此言衡量双方实力之对比的状况。

胜：指胜负优劣的情实。曹操曰：“胜败之政，用兵之法，当以此五事称量，知敌之情。”

孙子说的意思是，兵法：一是度，即估算土地的面积，敌我双方土地面积不相等，就产生幅员大小不同的“度”；二是量，即推算物质资源的容量，幅员大小不同，就产生物质资源多少不同的“量”；三是数，个、十、百、千之数，指敌我双方投入的兵力数量，物质资源多少不同，就产生兵力众寡不同的“数”；四是称，衡量轻重，指敌对双方军事综合实力衡量对比，兵力众寡不同，就产生军事力量对比的“称”；五是胜，敌我军事实力强弱的“称”的不同，军事力量对比的差异，最终决定战争的胜负成败。

孙子把“度、量、数、称、胜”数学概念引入军事领域，是一种军事运筹学方式，通过双方对比计算，进行战争胜负的预测分析。

“地生度，度生量，量生数，数生称，称生胜。”孙子为什么这样排列，为什么不是直接的“地生胜”？因为中间的“度、量、数、称”是必不可少的计算环节。“度”是战场的评估，“量”是精确的定量计算，“数”指度量后的结果，“称”是衡量比较，“胜”是胜负结果。

孙子强调“度、量、数、称、胜”这五个要素，其核心则是“称”，即强调发展军备必须统筹兼顾，要从本国土地面积的大小、物产的数量、人口的众寡等数据测算出发，使几个环节都要相称，这样才具有取胜的实力基础。在这五个环节中，每一个前项都是后项的必要条件，因而就递次形成了“地生度，度生量，量生数，数生称，称生胜”的逻辑。

土地作为一个国家得以存在的前提条件，在不同的地域，土地的形状、大小也各不相同，这必然会使不同土地上的人口及自然资源产生明显的差别。

人口与资源作为国家存在和发展的基础，直接影响到国家的综合国力，而战争所需大量的人力、物力、财力，都需要由国家来承担，因此，人口与资源的多少对于国家军事实力的强弱起到决定性的作用。

战争是交战双方共同参与的活动，战争的胜负是二者之间较量的结果，敌我双方的胜败都是相对而言的，因此，双方军事实力的强弱差别，直接关系到战争的结果。

“度、量、数、称、胜”可以称为孙子评估胜负的“度量法”，看似简单，却蕴含了丰富的数学思维。春秋战国时期，战争实践还没有完全摆脱占卜、鬼神等神秘主义的影响，孙子却指出战争“不取于鬼神”，而把战争决策建立在数学与兵学融合的基础之上，使战争预测有了科学的基础。

度量法为初始的数字化战争奠定了理论，它所进行的系统分析，度、量、数、称等构成国家综合实力和军事实力的因素，是一个大的数字化信息系统，各个要素之间会相互影响。因此，进行战争分析和决策，要从数字化信息系统的角度进行综合分析判断。

孙子所谓“称胜”，意为敌我军事实力的综合衡量比较，而军事实力的高低，在很大程度上取决于一个国家的物质基础。孙子正是从国家的物质基础入手，通过数字化信息系统分析了一国国情在不同层面上的相互关系，从而找到了决定战争胜败的因素。

第30节　统计学与军事统计

统计学是一门很古老的科学，通过搜索、整理、分析、描述数据等手段，以达到推断所测对象的本质，甚至预测对象未来的一门综合性科学。统计学用到了大量的数学及其他学科的专业知识，其应用范围几乎覆盖了包括军事科学在内的社会科学和自然科学的各个领域。

军事统计学，是研究军事经济能力、武装力量的组织与保障、战争准备、战争过程、战争规模与发展速度、战争结局与后果等现象和过程的数量指标与质量指标、数量质量两者互相联系、互相依存的辩证关系，及其在具体历史条件下的规律性的一门学科。

春秋战国时期，是由封建领主制向封建地主制过渡的时期，政治上群雄争霸，学术上百家争鸣。这一时期的统计思想空前活跃，孙子是其中的代表，他出色的军事统计思想对后世产生了很大的影响。

《孙子兵法》从开篇《始计篇》到最后一篇《用间篇》，自始至终论述了信息和数据的搜索、整理、分析和应用。孙子的军事思想和理论很大程度建立在统计的基础上，在春秋时期普遍求助于神灵的历史条件下，闪烁着朴素的唯物论战争观光芒。

孙子在《始计篇》中说："兵者，国之大事，死生之地，存亡之道，不可不察也。"孙子所说的"察"，是指调查研究，他认为战争是国家的大事，关系国家的生死存亡，必须要调查研究，慎重进行。

孙子主张从实际出发，事先向了解敌情者作调查。孙子在《始计篇》中接着提出"故经之以五事，校之以计而索其情"。孙子所说的"五事"——道、天、地、将、法，就是调查研究的五个方面数据；孙子所说的"校"，是对获得的信息数据进行比较、校正；孙子所说的"计"，就是制订科学而周密的作战计划；孙子所说的“索”，就是全面索取和掌握信息和数据，探索未战先胜的科学决策；孙子所说的“情”就是客观情况。也就是说，任何作战计划的最终形成，必须以客观情况为依据，做到“知彼知己，百战不殆”。因此，孙子在《始计篇》不仅强调计算、计谋、计划，而且凸显了统计。

孙子的用兵之道离不开统计，孙子特别强调在“未战”前举行作战会议，进行数据分析，主要分析客观和主观的条件。数据分析是一种严密的逻辑推理，也是一项复杂的战前准备工作，需要相信数据分析，从数据的角度定量考虑问题，减少主观臆断。经过缜密地分析，然后制订作战计划。

孙子的统计思想注重通过数据分析而权衡利害关系。他在《九变篇》中说：“是故智者之虑，必杂于利害，杂于利而务可信也；杂于害，而患可解也。”即明智的将帅研究问题，总是兼顾利害两个方面。在有利条件下考虑到不利的方面，事情便可以顺利进行；在不利情况下考虑到有利的方面，祸患就可以避免。

统计学与情报学也有密切的关系。情报学是研究情报的产生、传递、利用规律和用现代化信息技术与手段，是情报流通过程、情报系统保持最佳效能状态的一门科学。孙子《用间篇》是世界最早的情报理论著作，形成了一整套成系统的情报理论，在孙子兵学理论体系构建中占有举足轻重的地位，内容丰富、体系严密，为现代情报学和军事统计学理论奠定了基础。

孙子在《用间篇》中说：“故明君贤将，所以动而胜人，成功出于众者，先知也。先知者，不可取于鬼神，不可象于事，不可验于度，必取于人知敌之情者。”这就是说：明君贤将之所以一出兵就能战胜，其主要原因就在于他能事先调查、了解敌情。先知者，要事先了解敌情，不可用求神问卜去取得，不可靠过去相似的事情作类比，也不可用观察日月星辰的运行位置来验证，一定要从了解敌情的人那里去调查。

孙子的军事统计思想，在一定程度上对统计分析理论的形成和发展有着直接的贡献，到现在仍是科学的真理，经得起历史的检验，并对中国的统计理论有一定的指导意义。

第31节　概率论与胜算概率

在数学上，概率论是从数量侧面研究随机现象规律性的数学学科。数学家为了解释支配机遇的一般法则进行了长期的研究，逐渐形成了概率论的框架。

在军事上，概率论就是胜算概率。战争充满了偶然性，几乎所有的军事行动都要受到偶然因素的影响。因此，军事行动充满了随机性。概率论与胜算概率的结合，就是利用科学的数学理论在军事行动中做出科学的抉择。

孙子在《始计篇》中就说："夫未战而庙算胜者，得算多也；未战而庙算不胜者，得算少也。多算胜，少算不胜，而况于无算乎！吾以此观之，胜负见矣。"

"夫未战而庙算"，就是概率论在兵法胜算概率上的妙用。《孙子兵法》讲的是最基本的战略原则和战术要点，其本质是通过计算获得胜算概率，然后再做决策。没有准备的仗坚决不打，没有胜算的战坚决不战。

夏商时期，战争是很神圣的事。国家凡遇战事，都要告于祖庙，议于庙堂，然后占卜，假托神明的旨意发动战争。这是"庙算"的原始形态。后来，"庙算"逐渐成为战前会议，即作战将领在战前对当前各种形式的分析，以及对即将发生的战争的谋划。

到了春秋战国时期，这是中国古代军事理论的大发展时期，也形成了比较系统的战略理论，其重要标志就是《孙子兵法》的问世，它提出了中国古代最早的战略概念，即胜算概率——"庙算"，指在战争开始之前，对关系战争全局的重大问题进行战略筹划和决策的一系列活动及其结果。胜算概率高不高，取决于战前"庙算"妙不妙。

在这个时期，以信天命和先祖崇拜相结合的宗教观受到冲击，“庙算”已发生了革命性的变革。当中国古代兵家把“庙算”作为战略概念使用的时候，已经没有丝毫香火气了，而成为一次战略理论的升华。

孙子把“庙算”问题放在第一篇《始计篇》中来探讨，一是因为“庙算”在战争活动的时间顺序上排在首位，二是“庙算”在战争指导中占据至关重要的地位，是对战争的顶层设计，因而应该给予特别重视。“庙算”二字揭示了概率论在战略决策中的精髓，在后世被战争指导者广泛应用，成为中国军事史上一个十分重要的理论概念。

先谋划于庙堂，后决胜于疆场，正如刘邦所说的“运筹于帷幄之中，决胜于千里之外”。古人又有“庙算千里，帷幄之奇；百战百胜，黄帝之师”之说法。曹操在注《孙子》时说：“选将、量敌、度地、料卒、远近、险易。计于庙堂也。”

公元199年，曹操和袁绍这两个昔日朋友和盟友走向决裂，兵戎相见势所难免。中原大地也被他们雷霆万钧的声势所震慑，黄河流域的两大霸主不可避免地要有一场决战，而这场战役必将是以“天下”作为赌注，谁胜谁负，就看概率。

曹操在官渡率两万部众与袁绍近10万大军画地而守，双方僵持两个月。冬十月，袁绍谋士许攸投靠曹操，并告知袁军后方东北40里的屯粮重地乌巢戒备疏忽。曹操当机立断，选精锐步骑五千偷袭乌巢，一把火烧掉了袁绍数万人马的粮草。

紧接着，张郃、高览率众投降曹操。曹军全线出击，袁军顷刻崩溃，袁绍和袁谭单骑渡河而逃。曹操坑杀袁军降卒7万人。官渡之战曹操大获全胜，以弱胜强，奠定了统一黄河流域的基础，为曹魏打下坚实根基。袁绍一蹶不振，公元202年，他在惶恐和悲伤中死去。其子夺嗣，自相残杀，终于在公元207年被曹操彻底消灭。

过去一直评价，中国历史上以少胜多的著名战例官渡之战，是乌巢烧粮决定了胜负。其实官渡对峙，袁绍已经上了曹操“庙算”的当。

官渡之战前，曹操已做了两年准备，灭吕布，败袁术，破刘备，收张绣，刘表坐观成败，孙策保守江东，一切如战前“庙算”，曹操精心计划，步步为营。

曹操谋定而后动：入青州，占领齐、北海、东安，牵制袁绍，巩固右翼；进据冀州黎阳，守黄河南岸重要渡口，扼守白马，阻滞袁军渡河和长驱南下，以主力在官渡一带筑垒固守，以阻挡袁绍从正面进攻；镇抚关中，拉拢凉州，以稳定翼侧。

曹操“庙算”做出的战略谋划，不是分兵把守黄河南岸，而是集中兵力，扼守要隘，以逸待劳，后发制人。此战曹操择人任势，善择良策，攻守相济，屡出奇兵，对提高胜算概率起了重大作用。

诸葛亮在《隆中对》提道：“曹操比于袁绍，则名微而众寡。然操遂能克绍，以弱为强者，非惟天时，抑亦人谋也。”诸葛亮所说的“人谋”，就是“未战而庙算胜”。曹孟德确实是千古名将，以其非凡的才智和勇气，写下了他军事生涯最辉煌的一页。

第三章 《孙子兵法》十三篇的数学思维

数学思维是打开兵法之门的一把「钥匙」，用数学的思维和方法来解读兵法，一些难点就会迎刃而解。数学打破思维定式，把兵法引入多向思维。

第32节　数学整体思维

数学思维与数学计算相比，显然重要得多。在军事上，有些难以理解的知识点和数学思维息息相关。数学思维是打开兵法之门的一把“钥匙”，如果用数学的思想和方法来解读兵法，一些难点就会迎刃而解。

整体意识是一种数学思维形态，指全面地、从全局上考虑问题的习惯，着重对事物的各种类型的联系和结构的研究。这是数学中很重要也很常用的一种思维方式，在很多情况下运用这种思维方式解题可以简化解题步骤，加快解题速度。

《孙子兵法》十三篇是一个完整的思想体系，具有整体思维、兼收百家的特点。每篇分开来既是一个独立的整体，又相互保持密切的联系，合起来是一个大谋略之战——整体战，其思维的整体性在世界兵书中是罕见的。

数学整体思维关乎培养整体意识，不能仅强调一个整体，还要强调整体与局部的关系，整体与局部的相对性，整体与结构的关系，有助于发展人的系统思想，培养人的思维的广阔性。

《孙子兵法》自上而下，循序渐进，整体思维表达得充分、完整、全面，达到全局性与局部性的有机联系和高度统一，在整个思维层次上远高于西方的兵学理论。比如孙子提出的“道、天、地、将、法”，是对应中国文化中自上而下的五个层级宇宙观的，即第一层级“道”、第二层级“天”、第三层级“地”、第四层级“人”、第五层级“物或事”，而且要求都要全部整体考虑，不可或缺。

《孙子兵法》十三篇的次序是 :《始计篇》为计划决策，因而领头为开篇 ; 其后有《作战篇》《谋攻篇》《军形篇》三篇为准备，分别讲物质准备、思想准备、组织准备，故而依次排列在第二、第三、第四的位置；其后有三个单元，第一个单元用《兵势篇》《虚实篇》《军争篇》三篇讲战时管理，第二个单元用《九变篇》《行军篇》《地形篇》三篇讲战地管理，第三个单元用《九地篇》《火攻篇》《用间篇》三篇讲绩效管理。此三个单元计九篇为执行，故而结尾，乃因执行为终。这就是《孙子兵法》有序、全面、完整的一整套军事作业流程。

整体思维在《始计篇》中体现得最为全面，其要义是统领十三篇。孙子的核心思想胜战都在这篇里，主要论述战争准备，通过对决定战争胜负的各项基本条件的计算，估算战事胜负的可能性，并制订作战计划，做出战略决策。

孙子在构思此篇时，通过整体思维产生了大谋略。从“五事七计”到“十二诡道”，从“庙算”到“攻其无备，出其不意”，从君王到民众，从将军到士兵，从局部到全局，把国家作为一个整体，各个关键要素全部囊括在内。

孙子思维的整体性，主要表现为把安国全军作为根本性、全局性目标。《孙子兵法》永远讲的是要关注战争的整体性，把握战争的全局。“兵者，国之大事”，孙子考量排在第一同时也是考量最多的是国家的整体利益，首先看大局、大势、大方向上是否具备了胜算的先决条件，事关人民生死，国家存亡，“不可不察也”。

数学整体思维的解题方法，一是全局整体法，把所有问题看成一个整体来考虑；二是局部整体法，把问题的某一部分看作一个整体来考虑。

《孙子兵法》从整体性思维出发，反对战争的单因素制胜论。孙子认为，战争的胜利是战争一方通过多要素整体性优势达成的优势，而不是单要素能克敌制胜的。孙子既把所有问题看成一个整体来考虑，同时把问题的某一部分看作一个整体来考虑，阐述竞争学的方方面面，不仅阐述了战略，同时列举了一些战术上重要的指导思想。整体思维使得《孙子兵法》对战争制胜因素的分析进一步趋于完善。

数学整体思维不是着眼于问题的各个组成部分，而是有意识地放大考察问题的“视角”，将需要解决的问题看作一个整体，这样通过研究问题的整体形式、整体结构或做种种整体处理后，达到顺利而又简洁地处理问题的目的。

《孙子兵法》站在整体思维的高度，把解决的战争问题看成是一个整体。在探究兵道于兵事之外，把兵事放大“视角”考量，纳入人类生存的更深广的时空框架来思考，从而开阔了思维视野，增加了思维的广度，保证了思维的完整性。

孙子的整体思维既受数学整体思维的影响，也受中国数千年的道家思维的影响，它让人从整体上来认识、理解和把握包括战争在内的宇宙万事万物，这是中国传统文化的基因。

西方文化是远道的文化，思维最高层级也就到达系统思维，而系统思维离真正的整体思维还差一大截。西方兵学也想通过复杂性科学来完成整体思维的突破，但终因文化基因而难以超越《孙子兵法》。

第33节　数学逻辑思维

数学是用数量关系（包括空间形式）反映客观世界的一门学科，逻辑性很强，很严密。数学逻辑是用数学方法研究逻辑或形式逻辑的学科，类似数理逻辑，又称符号逻辑、理论逻辑。它既是数学的一个分支，也是逻辑学的一个分支。

逻辑思维是思维的一种高级形式，常称它为“抽象思维”或“闭上眼睛的思维”。诚然，一般性的规律因为其极高的抽象性是很难在包括军事领域在内的相应领域实际应用，但流传几千年的兵学圣典《孙子兵法》却创造了抽象与具象的美妙结合，这与“孙子那种非凡的逻辑思维能力”是分不开的。

在世界军事史上，孙子第一个成功地运用归纳推理的逻辑方法把军事知识概括为系统的理论。《孙子兵法》内容博大精深，逻辑思维缜密。

从逻辑结构上，《孙子兵法》可以分为四个部分：

第一部分，《始计篇》《作战篇》《谋攻篇》，主要讲作战谋略，可以看作“谋略学”，代表兵贵权谋的中国兵学发展的主流和孙子全胜思想的精华。

第二部分，《军形篇》《兵势篇》《虚实篇》《军争篇》《九变篇》，主要讲作战艺术，可以看作“战役学”。“战争的艺术”是《孙子兵法》在西方的代名词，是军事指挥艺术的精华。

第三部分，《行军篇》《地形篇》《九地篇》《火攻篇》，这部分主要讲作战环境，可以看作“战术学”，探讨了战争观与自然环境及辅助条件，是兵法体系构成的精华。

第四部分，《用间篇》，主要讲作战情报，论述了一整套成系统的间谍理论，是世界上最早的间谍理论精华。

逻辑思维是一种确定的，前后一贯的，有条理、有根据的思维。孙子十三篇布局，全书从计划开始，以情报结束，情报又是计划的开始，形成了一个闭环，逻辑上也比较连贯，形成了一般性原则和数学上的精确性、逻辑上的连贯性。

从逻辑推理上，《孙子兵法》归纳出最普遍的战争规律。

数学思维使用形式逻辑的方法，主要是归纳推理的方法。可以说，人们获得任何结论都是逻辑推理的结果。

孙子在深入研究以往战史，特别是他所生活的春秋时期的众多战例后，采用逻辑推理的方法，概括归纳出许多军事斗争中最普遍的规律和最基本的原则。

孙子在兵学上，首创了一系列抽象的但又是具象的概念，其中“形势”“虚实”“奇正”三个范畴构成了孙子战术思想的三大支柱，源自逻辑推理。

孙子用“兵无常势，水无常形”推理出“形势之道”，“兵形象水”，“水因地而制流，兵因敌而制胜”。对兵形的掌握运用，其规律就像水的流动一样；水根据地势来决定流向，军队应根据敌情变化采取制胜方略。由此孙子得出结论：“能因敌变化而取胜者，谓之神。”这句话历来被称为灵活指挥战争的名言。

孙子用“以正合，以奇胜”推理出“奇正之道”，“正”指常规战术，“奇”指不同于常态，根据具体情况制定战术，从而得出“奇正相生，不可胜穷”的结论。

孙子用“出其不意，攻其不备”推理出“虚实之道”，也就是攻打敌人没有任何防备的地方，从敌人意想不到的地方进攻。它的核心就是在敌人意想不到的情况下，对敌人发起突然袭击，打敌人一个措手不及。由于对方没有防备，故成功的概率相当高，这是超出常人的准确判断和逻辑推理。

《孙子兵法》自下而上的认识路线和归纳、推理的思维形式，不仅提出了对一般性作战原则的具体应用，而且说明了抽象的逻辑推理如何能艺术般地应用到实战之中。

从逻辑思维上，《孙子兵法》展现出“知性”与“理性”的完美统一。

按照学术界的一般看法，逻辑思维源自数学，数学的逻辑思维促进了人类思想的逻辑化进程。思想家把逻辑思维融入理性思维，演变成理性逻辑，即从感性具体到抽象思维，再从抽象思维到思维具体的发展，构成了科学的理性精神。

作为揭示竞争规律的顶尖之作《孙子兵法》，最具备理性精神，并展现出“知性逻辑”与“理性逻辑”的完美统一，引领人们走进了理性世界的大门。

孙子认为，战争规律是可知的，也就是“知性逻辑”思维方式；人具有认识战争规律的能力，也就是“理性逻辑”思维能力，并力求寻找战争的一般规律，闪耀着科学理性的思想光辉。

第34节　数学辩证思维

在数学上，充满对立统一的辩证思维。有理数与无理数，无穷大与无穷小，有限与无限，常量与变量，微分与积分，直观与抽象，连续与离散，精确与近似，数与形，动与静，直与曲，等等。

在军事上，西方军事学的理论基础是逻辑思维，西方的军事术语是以概念元素的分解与综合为特征的。而中国传统兵学的理论基础是哲学，是以朴素的唯物论为主体的辩证思维方式，比西方兵学更胜一筹。

在逻辑思维中，事物一般是“非此即彼”“非真即假”，而在辩证思维中，事物可以在同一时间里“亦此亦彼”“可此可彼”“亦真亦假”而无碍思维活动的正常进行。而此彼、真假在兵法中演绎为“知彼知己”“隐真示假”，成为《孙子兵法》辩证思维的经典。

中华民族在先秦时期就已经形成了辩证思维等思维方式，对《孙子兵法》理论体系的构筑起了指导性作用。孙子十三篇中，对立统一的辩证思维多达100多个，可以说，辩证法是《孙子兵法》的灵魂。

诸如：存亡、生死、攻守、奇正、虚实、迂直、强弱、胜败、巧拙、予取、利害、易难、分合、患利、敌我、众寡、劳逸、饥饱、安动、治乱、远近、进退、速久、得失、方圆、阴阳、文武、安危、险夷、首尾、刚柔、静幽、勇怯、赏罚，等等，不胜枚举。孙子主张从正反两方面辩证地研究战争问题。

数学充满了辩证法，如解代数方程，解出未知数就是变“未知”为“已知”。孙子的金句“知彼知己”讲的是全面的、辩证的观点。既要知彼，又要知己，两者缺一不可。孙子认为，观察一切战争都要了解作战的双方，比较、分析双方的“五事”“七计”，这是观察问题的全面性，是辩证思维最起码、最基本的要求。

数学辩证思维中有时“以退求进”，有时“先进后退”，有时“进退互化”，把握“进与退”是一种常用的解题策略。对于《九地篇》中浅近不能深入的轻地，用数学中的辩证思维分析，进退互用，正难则反，倒顺相通，故孙子采取“以退求进”的策略，不宜停留，以退为进。

孙子在《谋攻篇》中说：“故君之所以患于军者三：不知军之不可以进而谓之进，不知军之不可以退而谓之退，是谓縻军。”调动敌人而不被敌人所调动，这是孙子知进退的辩证思维。所谓进退自如，孙子认为，每一次进退自如的出奇制胜，都不是简单地重复，而是适应不同的情况，变化无穷。

数学不仅变量与变量之间相互依存，就是常量与变量之间也往往是相伴而生、相互依存、相互制约的。变量在自己变化中，常要受到某些“限制”，正是由于有了这“限制”才使得函数变化千姿百态。

孙子在《九变篇》中说：“故将通于九变之地利者，知用兵矣；将不通于九变之利者，虽知地形，不得地之利矣。治兵不知九变之术，虽知五利，不能得人之用矣。”

《九变篇》主要论述战场上变化与变通的辩证思维。战场上的变化与变通也是相伴而生、相互依存、相互制约的。世界上几乎没有一场战争是按预案打下来的，战场瞬息万变，将者应有很好的应变能力，审时度势，因敌而变，敌变我变，应对战场的千变万化。

数学辩证思维的“内隐”与“外显”，“内隐”就是内部隐藏，隐性的，“外显”则是显性的。用数学中的迭代重复、递归、分形、归并来阐述如何利用折叠与展开、分与合来揭示“内隐”的模式，让“内隐”还原或凸显。

孙子在《军形篇》中说：“善守者，藏于九地之下，善攻者，动于九天之上。”这是“动”与“藏”的辩证思维。意思是，善于防守的，隐蔽自己的兵力如同深藏于地底，使敌人无形可窥；善于进攻的，展开自己的兵力如同神兵天降。

数学解方程过程中未知数升次与降次的转化，更折射出数学辩证思维“升”与“降”的对立统一，升是为了“解”，降是为了“求”。

孙子在《谋攻篇》中说：“全卒为上，破卒次之；全伍为上，破伍次之。”这是“杀”与“降”的辩证思维。意思是，能使敌人一卒官兵全员降服为上策，击溃一卒兵众就差一等了；能使敌人一伍士卒全员降服为上策，击溃一伍士卒就差一等了。

孙子所处的中国春秋时期，战争为了“解”敌人之“屈服”，而不以消灭对方为目的。只要能“求”得“盟主”地位，我就可以“全”你的国，“全”你的军，你还可以继续做你的国王，继续当你的诸侯。

数学概念不仅充满了辩证法，数学中解决问题的方法也充满了辩证思想，如研究变速运动的瞬时速度，速度是讲运动的快慢。而《孙子兵法》是一部兵书，但它又不仅仅是一部兵书，而且是一部哲学书籍，是一个方法论，一个辩证看问题的集大成者。

第35节　数学公理思维

所谓公理，必须反映数学实体对象最单纯的本质和客观关系，而不是人们自有意志的随意创造。公理都是用来推导其他命题的起点。公理不证自明，而所有其他的断言则都必须借助这些基本假设才能被证明。

公理化思维简单来说就是以公理或“第一性原理”为根基，它是经过无数次实践确定和巩固起来的无需证明的道理、规则（即公理）进行思维活动，从而得出思维成果的思维方法。包括军事科学等诸多领域以及人类生活和工作，只要沿用公理化思维，就能找到正确的高层次的思维导航。

公理化思维是人类理性思维的顶级智慧，而《孙子兵法》是人类谋略思维的顶级智慧。孙子十分注重战争的公理，并非常善于运用公理思维方法，《孙子兵法》就是一部彻头彻尾的公理化思维典籍。

“战争道德”是《孙子兵法》公理化思维之一。一般人都认为，战略研究是如何通过战争暴力赢取胜利，尤其是西方国家。这是西方兵家文化的公理，而中国兵家文化的公理是“道胜”，不是霸道，而是王道。中国的先人早就知道“国虽大，好战必亡”。中华民族的血液中没有侵略他人、称霸世界的基因，中国人民不接受“国强必霸”的逻辑。 作为一部兵学圣典，《孙子兵法》同时可以说是一部军事仁学，朴素的人道主义精神则是其重要的内核，强调战争道德是其精彩部分之一。孙子所推崇的战争道德观主要体现在把国家和民众的生死存亡问题放在战争指导的首位，关注敌对双方的生存权和发展权。

“有备无患”是《孙子兵法》公理化思维之二。战争已经无法避免，打仗打的是实力，这是全世界都明白的公理。孙子始于对战争的忧患，创造了不朽的战争艺术，在血与火的洗涤中彰显了战争的公理。孙子在《始计篇》中提出的诡道十二法“实而备之”，在《九变篇》中提出“无恃其不攻，恃吾有所不可攻；无恃其不来，恃吾有所不可待也”。说的是对付实力雄厚之敌，需严加防备，不能麻痹大意，事先有准备，就可以避免祸患。

“善战制胜”是《孙子兵法》公理化思维之三。“胜者为王，败者为寇”是人们普遍接受的公理。孙子在《军形篇》中说：“故善战者，立于不败之地，而不失敌之败也。”意思是说，善于打仗的人，不但使自己始终处于不被战胜的境地，也绝不会放过任何可以击败敌人的机会。孙子用兵求“善”，是追求最高军事境界的理想终点，也是独树一帜的公理化思维。《孙子兵法》中的“善”字有两层含义。第一，“擅长”或“善于”的意思；第二，孙子的“善”字，也有美好、完美之意。孙子在兵法里，喜欢用“非善之善者也”。《孙子兵法》是一部“胜之兵法”，它教人知胜、先胜、速胜、全胜，一句话，就是教你如何打胜仗，永远立于不败之地。用现在的话说，就是召之即来，来之能战，战之能胜。

“慎战不战”是《孙子兵法》公理化思维之四。2500多年后的今天，当人类社会的列车驶入一个新的千年纪元之际，战争仍然是一个最使人忧心的严肃话题。孙子提出“不战而屈人之兵”，这已经包含了非暴力的和平思想。战争并非为了杀戮而是为了实现政治目的。孙子主张理性认识和控制战争，尽量避免和控制战争或把战争的灾难降到最低程度，这是一种极高境界的人本主义思想和公理化思维，十分符合今天的世界。孙子倡导的“伐交”思想，是和平解决国际争端的有效方法，有利于促进世界和平发展和人类共同繁荣，已被全世界普遍接受。

“趋利避害”是《孙子兵法》公理化思维之五。为利益而战，早已成为战争的公理。可以将兵法看成一个函数，有输入才有输出，故兵以知为本，以利而动。孙子在《作战篇》说：“故不尽知用兵之害者，则不能尽知用兵之利也。”孙子在《九变篇》说：“是故智者之虑，必杂于利害。杂于利，而务可信也；杂于害，而患可解也。”孙子在《火攻篇》说：“合于利而动，不合于利而止。”孙子还提出“非利不动，非得不用，非危不战”。孙子从公理化思维上揭示利害的矛盾两方面研究战争的问题，强调作战指挥要灵活机变，趋利避害。最有效的“趋利避害”原则，或者说趋利避害的理性方法和原则，如利或利益最大化，害或危害的最小化原则。理性原则主要体现在：两害相权取其轻、两益相权取其重。

我们从《孙子兵法》能得到许多公理化思维的有益启示，如公理如何战胜强权，弱者如何转劣为优。纵观古今中外历史，大国、强国为全争“天下”，无不以“天下”为棋盘，所以自古便是大国博弈，小国受制，从未将小国放在棋盘的平面直角坐标系，因缺少一个“欧几里得”，棋盘就没有了“公理化”。

孙子提出的公理思维方法，还可以从公认的军事真理、军事原则中，预测未来战争的发展趋势，未来仗怎么打，兵就怎么练。

第36节　数学运筹思维

运筹学是指以应用数学和形式科学的跨领域研究，利用统计学、数学模型和算法等方法，对问题进行定量分析，揭示各种系统的结构、功能及其运行规律，为决策提供数量依据的一种科学方法。

运筹学与数学和兵学关系密切，尤其是军事运筹学是应用数学工具和现代计算技术对军事问题进行定量分析，而计算是运筹的基础，没有计算就无法运筹。

军事运筹学的基本理论，是依据战略、战役、战术的基本原则，运用现代数学和建立数学模型的理论和方法来研究军事问题中的数量关系，以求衡量目标的准则达到极值（极大或极小）的一整套择优化理论。它通过描述问题—提出假设—评估假设—使假设最优化，反映出假设条件下军事问题本质过程的规律。

作为当今时代新兴的应用十分广泛的一门运筹学科，虽然是第二次世界大战期间为适应战争需要而发展起来的，但运筹学思想的应用却源远流长，起源于中国古代的传统兵家思想。早在孙膑之前的孙武，应该是历史记载中最早的运筹思维的开创者。

孙子较早地认识到运筹的重要作用，《孙子兵法》研究和阐述如何"运筹帷幄之中，决胜千里之外"的兵法谋略，可以说是中国古代运筹思想最早的典籍，而孙子是军事运筹学的鼻祖。

《孙子兵法》十三篇涵盖了极其丰富的军事运筹思维。如在《始计篇》提出如何合理地筹划作战计划；在《作战篇》提出如何合理做好战争前的准备和筹划；在《谋攻篇》提出如何合理运用"上兵伐谋，其次伐交，其次伐兵，其下攻城"四策，先谋而后动，以最小的伤亡获得胜利；在《军形篇》中提出如何合理进行进攻与防守；等等。

孙子不但深刻地指出了军事运筹的重要性，同时指出了军事运筹所必须具备的条件，更重要的是对正确进行军事运筹的方法作了科学的阐述。

最优化计算是运筹学的一部分，或者说是运筹学的一个方法论，运筹学大部分情况下追求最优化。军事运筹学的主要任务是为决策优化提供相应理论和方法，其目的就是要实现决策的优化。

作为中国古代运筹思想的先行者和实践者，孙子的军事思想蕴含了最优化方案的选择与决策的思想，善用运筹优化的方法达到以最小的代价换取最大的胜利。

《孙子兵法》是以“智”为基础，以“计”为核心，以“谋”为最高境界，形成了最优化的智慧谋略。孙子采用最优化的定量分析方法谋划战争，运用最优化原则进行科学决策，无一不是运筹思想的体现。

《孙子兵法》最优化的谋略就是“全胜”思维，是孙子运筹韬略的灵魂。“全胜”就是运用最优化的全部作战手段，追求最优化的全面战争效益，创造最优化的完美战争结局。“善战”是最优化的夺取战争的胜利方法，“不战而屈人之兵”是最优化的战争结果。

《孙子兵法》提到想要打赢一场战争需要具备“天时、地利、人和”，具备“五事七计”，具备“为将五德”，具备“静幽正治”，具备“上下同欲”，这是优化的资源配置，搭建了最优化的战略、组织和运营结构。

《孙子兵法》最优化的应变策略是因敌变化而取胜，孙子在《虚实篇》中“谓之神”。孙子在《九地篇》提出“践墨随敌，以决战事”，避免墨守成规，要随敌情变化来决定作战方案。《九变篇》中提到“途有所不由，军有所不击，城有所不攻，地有所不争，君命有所不受”，这五个“有所不”的原则是要求将军要通晓九变，指挥作战一定要懂得随机应变。

孙子注重优化和增强自己的实力，蓄积力量，苦练内功，发展壮大，等待时机，努力形成敌我双方实力对比“以镒称铢”，务求稳操胜券，打则必胜，一击得手，一招制敌。

《孙子兵法》中提出了许多关于军事决策和策略优劣的准则，以及解决军事决策优化问题的最佳方案。如孙子提出了各种兵力对比条件下的最佳作战方案：“十则围之，五则攻之，倍则分之，敌则能战之，少则能逃之，不若则能避之。”

《孙子兵法》中的战略情报思维是指导战争中寻求并实现某种最优化预定目标和最佳方案的高级思维活动，属于军事决策的最高层次。

战略情报运筹思维离不开数据综合分析，孙子运筹的“妙算”靠的是数据和情报。《用间篇》说：“明君贤将，所以动而胜人，成功出于众者，先知也。”所谓知者，乃数据也，数据要“未卜先知”。

在现代化战争中，孙子倡导的军事运筹学仍大放异彩。

第37节　数学博弈思维

博弈思维是研究具有斗争或竞争性质现象的数学理论和方法。著名科学家、计算机之父冯·诺依曼证明了博弈论定理。普林斯顿数学系教授约翰·福布斯·纳什，通过不动点原理证明了均衡点的存在，并且提出了著名的纳什均衡理论，被广泛应用于经济学、管理学、社会学、政治学和军事科学等领域，从而确立了他博弈论大师的地位。

美国杜克大学和加州理工学院学者用博弈论来解读《孙子兵法》，把孙子思想与博弈论作了生动说明。他们认为，2500多年前孙武在其所著的《孙子兵法》中，试图对战争与冲突中的普遍性策略特点进行系统解释，并据此就如何在军事冲突中获胜提出实际建议。孙子的智谋极大地影响了日本军事和商业实践，也影响了毛泽东对冲突和革命的看法。

孙子思想与博弈思维其实是同出一脉，《孙子兵法》甚至可以称得上是最早的博弈论著作。而与西方重于数理逻辑推理不同的是，《孙子兵法》不仅具有严密的逻辑性，还具有非常广泛、独特的哲学思想。这些思想是西方纯粹理论所不具备的，而且具有非常强的指导性。

《孙子兵法》是世界上最强的博弈论，其博弈思想是非常系统和超前的。它包括博弈全局和博弈局部，博弈战略和博弈战术。可以说，孙子提出的军事原则，很多可以上升到博弈思维的高度。其主要思想包括以下11条：

一是“先知”思想。指在博弈活动中，“先知”是博弈决策的前提和依据。孙子在《用间篇》提出“故明君贤将，所以动而胜人，成果出于众者，先知也”。先知，乃未卜先知的意思，是孙子建立在博弈思想的基础上提出的科学战争规律，尽可能多地获取博弈本体和博弈环境的信息情报。

二是“料敌”思想。料敌是取得博弈胜利的保证。孙子在《地形篇》中说：“料敌制胜，计险厄远近，上将之道也。知此而用战者必胜，不知此而用战者必败。”孙子提出“料敌”与“先知”有共同之处，也有不同之处。共同之处都是预先，不同之处在于，“先知”已经预先知道或者预先基本知道，“料敌”预先并不知道或并不完全知道。料敌制胜的关键是富有预料的能力，高明的博弈者往往料事如神。

三是“攻守”思想。进攻与防守是敌我双方博弈的主要方式。孙子在《虚实篇》中提出“故善攻者，敌不知其所守；善守者，敌不知其所攻”。意思是，所以善于进攻的，能做到使敌方不知道在哪防守，不知道怎样防守。而善于防守的，使敌人不知道从哪进攻，不知怎样进攻。攻守是作战的基本方式。孙子既强调进攻，又注意防守，从而形成了较为完整的攻守博弈理论。

四是“集兵”思想。集中兵力打击博弈对手，已被证明是最有效的博弈方法。孙子在《九地篇》提出“并敌一向，千里杀将”，是指集中兵力，攻敌一部，长驱千里，擒杀敌将。孙子的博弈思维是：战场上切忌面面俱到，平分兵力，必须选择主攻方向，集中优势兵力，伤其十指不如断其一指。

五是“击弱”思想。避实击虚，避开敌人的主力，找敌人的弱点进攻，是与对手博弈的有效战法。孙子在《军争篇》提出“避其锐气，击其惰归”，意思是说善博弈的人避强打弱，在运动战中避开敌人的精锐部队而专拣疲弱的打，避开敌人初来时的凶猛气焰，等待敌人疲劳松懈想要退兵的时候，再给予其弱点以致命打击。

六是“主动”思想。牢牢掌握主动权是博弈者时刻追求而唯恐失去的博弈状态。孙子在《虚实篇》提出“善战者，致人而不致于人”。任何情况下，无论优势、劣势都要掌握战局的主动性，不能被敌人牵着鼻子走。两军博弈，谁掌握了主动，谁就运兵自如，能应付各种复杂的局面；谁失去了主动，谁就有失败的危险。主动权是战争博弈胜负的关键。

七是“造势”思想。人为地创造出有利于我必胜的博弈环境。孙子在《兵势篇》提出“善战者，求之于势，不责于人”。战场上真正的博弈高手，一定是从势上去下功夫，去研究势，并利用势，顺势而为，而不是苛求自己的团队，以苦战取胜，这就把“势”提到战争博弈艺术的最高峰。

八是“时机”思想。不失时机，捕捉战机是获得博弈成功的关键。孙子在《军形篇》中说：“胜可知，而不可为。不可胜者，守也；可胜者，攻也。”意思是说，敌人无可乘之机，不能被战胜，且防守以待之；敌人有可乘之机，能够被战胜，则出奇攻而取之。孙子强调用兵作战应遵循等待时机，相机破敌，争取博弈胜利的基本原则。

九是“动敌”思想。善于调动对手按己方意志行事，是博弈的巧妙战术。孙子在《兵势篇》中提出“善动敌者……以利动之，以卒待之”。这是孙子讲述博弈的最基本的规律和技巧的名言，博弈一定要调动敌人，运用一切“动敌”手段，让敌人动起来，把敌人引到便于打击的位置，或在运动中歼灭敌人。

十是“出奇”思想。出奇制胜一直是军事家争胜的法宝，也是博弈活动的绝招。孙子在《兵势篇》中提出“凡战者，以正合，以奇胜”。但凡作战，都是用“正”兵迎敌，用“奇”兵取胜。《孙子兵法》最早完整地提出了奇正博弈理论，一直被兵家视为至圣的妙谛。奇正的精髓是“奇正相生”，即以奇为正，以正为奇，变化无穷，使敌莫测。

十一是“善战”思想。能征善战是博弈的重要条件。孙子在《军形篇》中一口气说了13个“善”，孙子十分强调“善”，提出将帅谋划“战胜”的博弈思维能力是“善战”的命题，将帅在博弈思维的目标取向上违背了任何一个方面，都无法达到“善之善者”的最高博弈的思维境界。

博弈论是运筹学的一个重要分支，是研究战争等带有竞赛、对抗或竞争性质现象的数学理论和方法，因此也是竞争思维。战争博弈是一种最强的竞争形态，《孙子兵法》所揭示的就是竞争中基本的取胜法则，基本的竞争方法论。

博弈的最高境界是超越博弈，竞争的最高境界是超越竞争。《孙子兵法》作为揭示竞争规律的顶尖之作，将竞争导入理性约束范围之内，引导人们从残酷、暴力、破坏等“非理性”对抗中走出来，散发出“理性之光”，是一种更符合人类理性博弈思维的竞争。因此，《孙子兵法》不仅属于兵学和博弈学，而且以其精辟的思想成为人类发展各个领域都可受启迪的竞争学。

第38节　数学聚合思维

数学的聚合思维是指从已知信息中产生逻辑结论，从现成资料中寻求正确答案的一种有方向、有条理的思维方式。聚合思维又称为集中思维、求同思维、同一思维、辐合思维和收敛性思维等。

聚合思维法是把广阔的思路聚集成一个焦点的方法，即把问题所提供的各种信息聚合起来，与发散思维相对应。聚合思维从不同来源、不同材料、不同层次出发，用数学合并同类项的解题方式，朝着同一个方向，探求出一个正确答案的思维方法。因此，聚合思维对于从众多可能性的结果中迅速做出判断，得出结论是最重要的。

《孙子兵法》聚合思维特色十分明显，汲取了诸子百家之精华，聚合了中华优秀文化之大成，围绕战争既定的核心进行全方位的思考，运用比较、排除、综合、概括等方法，最终确定一个又一个解决问题的最佳方案。

孙子在《九变篇》提出“凡用兵之法，将受命于君，合军聚合”。孙子所说的“合军聚合”就是军队的聚合思维，包括“为将五德”“知胜有五”“治兵五利”等用将用兵的标准，都包含聚合性思维。

《孙子兵法》聚合了国家战略、经济战略、国防战略和情报战略等战略至上的思维。在战略定位上运用集中思维法；在战略评估上运用求同思维法；在战争众多可能性上运用辐合思维法；在战略战术选择上运用同一思维法；在战争结论判断上运用收敛性思维法。

1. 集中思维。人类在激烈的政治斗争和战争竞争中逐渐形成了战略。对于什么是战略这个问题的定位，众说纷纭，莫衷一是。中国古代典籍将战略称为“谋”“猷”“韬略”“方略”和“兵略”等。《孙子兵法》把战略聚合成“谋略”，谋定而后动，“谋”好了，战争就“略”了。

孙子在论述战争危害等方面时，都聚合了一个核心问题：国家存亡，人民生死。孙子把战争聚焦在国家和民族存亡绝续，社会政治经济文化能否延续发展的高度来思考，其战略格局谋划力求以“不战”而达成战争目的，表现出其具有高于同时代先贤哲人与西方兵学的思维的聚焦性。

2. 求同思维。对两种事物进行对比，相同与不同的部分可以用求同归纳的思维，得到通用的方法。如《孙子兵法》和《战争论》是东西方古代军事理论的两座高峰，堪称世界兵学领域的两朵奇葩。这两部巨著都谈到了政治对战争的影响，这一原则应该就是军事学的核心原则，是相同的。

不同的是，克劳塞维茨推崇“残酷战争”，是讲摧毁，扩大战争的恶果；而孙子主张“谋略战争”，是讲方法，尽量减少损失。这就是西方的《战争论》与东方的《孙子兵法》最大的不同点。以克劳塞维茨为代表的西方军事思想家以毁灭为目标，毁灭就是孙子所说的“破”。所以，在孙子的观点看来，克劳塞维茨这种以毁灭对方为目标的理想即使能完全实现，也还只能算是“次之”。

3. 同一思维。孙子在《九变篇》中的“故将有五危，必死可杀，必生可虏，忿速可侮，廉洁可辱，爱民可烦。凡此五者，将之过也，用兵之灾也。覆军杀将，必以五危，不可不察也”。孙子分析战争失败主要责任在将领，导致将军失败有众多可能性。如将领有五种致命的弱点：坚持死拼硬打，可能招致杀身之祸；临阵畏缩，贪生怕死，则可能被俘；性情暴躁易怒，可能受敌轻侮而失去理智；过分洁身自好，珍惜声名，可能会被羞辱引发冲动；由于爱护民众，受不了敌方的扰民行动而不能采取相应的对敌行动。所有这五种情况，都是将领最容易有的过失，是用兵的灾难。军队覆没，将领牺牲，必定是因为这五种危害，因此一定要认识到这五种危害的严重性。孙子运用同一思维，精练地概括了除了战术战略等客观因素之外，将军导致战争失败的主观原因，而这五个大忌在历史上无数败仗中都能找到相同的实例对照。

4. 辐合思维。在选择战争“四策”上，“伐谋”是以谋略取胜，“伐交”是以外交取胜，“伐兵”是用兵取胜，“攻城”就是攻打城池取胜。这既是一个按照损失和消耗排列的顺序，也是一个战争手段多元性的过程。孙子运用辐合思维，认为最好的方式是“上兵伐谋”，以谋略取胜。

当然，“伐谋”和“伐交”，“伐交”与“伐兵”往往一同使用，边谋边交，边打边谈，在战争中屡见不鲜。

5. 收敛思维。《孙子兵法》强调收敛情绪比什么都重要，指挥员一定要慎重地对待战争，如若不收敛、不慎重，结果会输得很惨。“怒而挠之”是孙子诡道十二法之一，意谓对于易怒的敌将，要用挑逗的办法激怒他，使他失去理智而轻举妄动。这是古代兵家所推崇的制敌之法。孙子在《火攻篇》告诫说：“主不可以怒而兴师，将不可以愠而致战。”孙子强调，国君不可凭一时的恼怒而兴兵打仗，将帅不可凭一时的怨恨而与敌交战。

如遇到《九地篇》中的争地，这是敌我双方利益具有共同点的地区，用聚合思维法考量，这是一种收敛性思维方式，比较在这个争地上是争有利还是不争有利，或等待时机再争有利，不要勉强去攻。

第39节　数学发散思维

数学上，发散思维也称扩散思维、辐射思维、放射思维，是一种创造性思维，指思维沿着多种方向展开，以获得不同的思维结果。发散思维是多向的、立体的和开放性思维，具有联系性、广阔性、求异性等发散特性。在数学中一题多变，一题多解，一题多问，一式多用，不足为奇，证明勾股定理的解法就有400多种，无不凝聚发散思维的智慧。

《孙子兵法》是发散思维的杰作，不仅具有扩散思维、辐射思维、放射思维，更具有创造性思维。孙子的思维突破常规思维的界限，以超常规甚至反常规的方法和视角去思考战争问题，提出解决问题的方法，既别出心裁又合乎实际，既超乎寻常又广泛适用，令人叫绝。

孙子的创造性思维贯穿兵学思想体系的始终。可以说，孙子是中国最早的创意大师，《孙子兵法》是他创作的最杰出的创意产品，是中国古代集军事“思维创新”“观念创新”“战法创新”之大成的杰出成果。

首先是“思维创新”。发散性思维，是整个创造性思维的基础和核心。它追求思维的广阔性，大跨度地进行联想，思维发散过程需要张扬知识和想象力。

孙子的创造性思维、跳跃式思维，让人驰骋在思维空间。因为打仗要死人的，所以孙子在更高更广阔的思维层面给出了解题思路。在孙子看来，打仗的重点不在于“打”，而在于“赢”。而解决如何“赢”的问题不能只有一种方向、一种模式。

孙子在《始计篇》所说的“为将五德”第一条“智”，应该是一种开放的、发散的思维状态。不管是冷兵器时代还是新形态，战争的特点都是体现在智斗上，现代化战争显得尤为突出。不能把赢得战争的希望完全寄托在现代化武器装备上，建立在固定的战略模式上或者成功的战争经验上，这正与《孙子兵法》的创新思维契合。

孙子是大智大慧之人，十三篇“智”字出现了72次之多，充满了“重智色彩”,《孙子兵法》发散出智慧的光芒，成为全世界的“智慧之法”。孙子把智慧放在第一位，把勇放在第四位，是有别于其他兵家的。为什么孙子要把“智”放第一位呢?

战争是你死我活的攻击杀戮，是最极端、最血腥的暴力手段，也是人类最恐怖、最残忍的死亡游戏。为了保持自己，消灭敌人，光有匹夫之勇是远远不够的，必须斗智斗勇、智勇双全，而“智”无疑是排在第一位的。因为战争是敌我双方智慧的较量，谋略的博弈，足智多谋是将帅首要素质。将领如果没有智慧和谋略，只能是一介武夫，不是一个会指挥打仗的优秀将领。

其次是“观念创新”。孙子总结了一系列创新理论，诸如“兵家之胜，不可先传”，“战胜不复，应形于无穷”，“施无法之赏，悬无正之令”，“兵之情主速，乘人之不及，由不虞之道，攻其所不戒也”，“掠乡分众，廓地分利，悬权而动”，等等。孙子通贯古今、惊世骇俗的观点，为后世留下了独特而丰富的创新理念和创新思想。

孙子提出“不战而屈人之兵”，而不是“屈敌之兵”，是有讲究的。“人”和“敌人”是有区别的，孙子不是着眼于“敌”，而是强调“人”，是一种人本思想。一个高明的战略家，不能树敌太多，不能把所有对手都视为敌人，“不战而屈人之兵”才能达到战争艺术的巅峰。

再次是“战法创新”。孙子所说的“兵者，诡道也”，就是发散思维。东方人的“诈”有着深层次、高层次的内涵，“兵不厌诈”，说的是高层次的谋略和智慧，而不是低层次的欺诈。战争面对的是一个活动着的甚至是诡异莫测的变数。因此战争的过程，是一种以诡道破诡道的智谋和实力的较量。

如果要进入《九变篇》所说的“衢地”，可用发散思维分析。战争几乎都兼有伐谋、伐交的成分，衢地则合交，如何结交诸侯，以外交手段配合军事斗争，以联盟或外援达成战争目标。于是，可以把“战法”创新为“不战之法”。透过《孙子兵法》中战法战策的形成，可以看到其中蕴含着创新思维。

《孙子兵法》之所以被全世界推崇，主要是它具有独创性，创造性地总结、集成了军事上的谋略、技巧和思路，在世界兵学史上独树一帜；具有奇特性，产生与众不同的新奇思想的能力，化腐朽为神奇；具有灵活性，多方向、多角度思考问题的灵活程度，给人类的理性思维能力和创新精神以启迪意义。

孙子的创新思维深深影响了美国五角大楼和白宫的战略决策，提出了“大战略概念”和著名的“孙子核战略”。美军运用孙子的战略思维，提出“空地一体战”并制定了《作战纲要》。美国国际科技公司根据孙子的战略思维制定了孙子科技发展战。美国军事理论家还从孙武吴宫教战、怒杀吴王宠姬而纪律整肃的记载受到启发，进而创立“震慑”理论。这些高于和广于军事战略的大战略思维，都是从孙子思维发散出来的。

第40节　数学的逆向思维

数学的逆向思维方法是与顺向思维方法相对而言的。在分析、解答应用题时，顺向思维方法是按照条件出现的先后顺序用固定的模式进行思考的；而逆向思维方法不是按照条件出现的先后顺序，而是运用分析法、反证法，从反方向（或从结果）进行逆转推理的一种思维方法。

逆向思维也叫求异思维，它是对司空见惯的似乎已成定论的事物或观点反过来思考的一种思维方式。要敢于“反其道而思之”，让常规性思维向对立面的方向发展，从问题的相反面深入地进行探索。

在中国古代战争中，数学中的逆向思维方式得到非常高明的运用。例如，背水结阵乃兵家大忌，但项羽破釜沉舟，韩信背水一战，收到出其不意的效果，成为传世的经典战例。“陷之死地而后生，置之亡地而后存”，《孙子兵法》朴素的辩证思想，为逆向思维点亮了智谋的火花。

兵法是用兵法则，但法则是人制定的，也是被人打破的。战争有规则，也没规则。东方有东方兵法规则，西方有西方兵法规则。东方兵法主张先礼后兵，留有余地，先谈再打；西方兵法一味追求血腥暴力，往死里打，打不赢再谈。因此，兵法有顺向思维，也有逆向思维。

柏举之战是春秋末期一次规模宏大、影响深远的战役，也是孙武创造的以少胜多的经典战例，以3万兵力在柏举一举重创20万楚军，大获全胜。孙武这场漂亮之战的精彩之处在于，以逆向思维的方式，以表面看来深远追击、舍近求远的方法，绕开问题的表面现象，从事物的本源上去解决问题，从而取得一招制胜的神奇效果，以其鲜明的战役特征而载入史册。战国时期的军事家尉缭子评价：“有提三万之众，而天下莫当者谁？曰武子也。”

孙子在《军争篇》中说："故用兵之法：高陵勿向，背丘勿逆，佯北勿从，锐卒勿攻，饵兵勿食，归师勿遏，围师遗阙，穷寇勿迫，此用兵之法也。"孙子这"用兵八勿"，就是逆向思维。

"高陵勿向"。诸葛亮曰："山陵之战，不仰其高。敌从高而来，不可迎之，势不顺也。引至平地，然后合战。"这就是高与低的逆向思维。居于高陵的敌方具有居高临下的高位优势，而己方处于低位劣势，切勿向上仰攻他。否则，低位必遭击败而伤亡惨重。

"背丘勿逆"。孟氏注："敌背丘陵为陈，无有后患，则当引军平地，勿迎击之。"这就是背与面的逆向思维。背靠丘山的敌人具有地利的条件，对手从山丘上下来，不可以逆袭。在这种地形下，不可贸然正面进攻，应当采取打其侧翼或后侧的方式。

"佯北勿从"。贾林注："敌未衰忽然奔北，必有奇伏，要击我兵，谨勒将士，勿令逐追。"这就是败北与获胜的逆向思维。假装败北的敌人一定埋有伏兵，要审慎地对待失败之敌，尤其是假装败北的敌人，不盲目予以追击。

"锐卒勿攻"。李筌注："避强气也。"陈皞注："此说是避敌所长，非锐卒勿攻之旨也。盖言士卒轻锐，且勿攻之。待其懈惰，然后击之。所谓'千里远斗，其锋莫当'，盖近之耳。"这就是精锐与迟钝的逆向思维。精锐的部队在武器装备、人员素质上都处于优势，有较强的战斗力，切勿贸然进攻。

"饵兵勿食"。张预注："《三略》曰：'香饵之下，必有悬鱼。'言鱼贪饵，则为钓者所得；兵贪利，则为敌人所败。"这就是利与害的逆向思维。敌方作为诱饵的小部队，必有陷阱，敌人下饵诱你，你千万不要咬钩。

"归师勿遏"。李筌注："士卒思归，志不可遏也。"张预注："兵之在外，人人思归，当路邀之，必致死战。"这就是思归与挡路的逆向思维。正在向其本国归去的敌军，归心似箭，急于回家，必能勇战，切勿去拦截。

“围师遗阙”。张预注：“围其三面，开其一角，示以生路，使不坚战。”这就是拼死与逃生的逆向思维。被包围的敌军知道自己没有出路就会决一死战，而给他留个缺口，“围三阙一”，会给敌方一线生机使其有溃逃的想法，让其丧失死战到底的决心。这样不仅可以轻易达到己方战略目的，而且还降低了作战人员的伤亡。

“穷寇勿迫”。陈皞注：“鸟穷则搏，兽穷则噬也。”梅尧臣注：“困兽犹斗，物理然也。”这就是狗急与跳墙的逆向思维。狗急了要跳墙，陷于绝境的敌人追得急了会殊死反扑，不要过分地逼迫他。而要给对方一定的回旋余地，以降低双方交战激烈程度，避免造成不必要的伤亡。

兵法的核心在于挑战规则，唯一的规则就是没有规则；兵法是谋略，谋略不是小花招，而是大智慧。学兵法最高境界是善于打破常规，创造新的神奇。

第41节　数学对应思维

对应思维是一种重要的数学思维，所谓对应是人们对两个集合元素之间直接联系的思维方法。比较常见的是一般对应，如两个量或多个量的和差倍之间的对应关系及量率对应。

《孙子兵法》把对应思维作为重要的战争思维方法，整篇都洋溢着对应思维的智慧魅力。在每一个相对的关系中，都能找到两者近似可视作能互相对换与替代，或互相对照与参照，并针对特定的集合元素，采取对应措施、对应方法和对应行动。

在《孙子兵法》十三篇整体结构和内在联系上，开篇《始计篇》与末篇《用间篇》相对应，讲的是庙算计划与情报来源之间的对应关系，承上启下，有始有终；《作战篇》与《军争篇》相对应，算的都是战争成本和国家利益，教人懂得“军争为利，军争为危”，不该争的千万别争；《谋攻篇》与《火攻篇》相对应，标题虽然写了攻，其实讲的都是慎战，教人尽量不要攻城，不要火攻；《军形篇》与《兵势篇》相对应，“形”是运动的物质，讲的是客观物质力量的积聚，而“势”是物质的运动，讲的是主观能动作用的发挥，这两篇是紧密联系不可分割的姊妹篇；《虚实篇》与《九变篇》相对应，讲的都是战争的虚实变化；《地形篇》与《九地篇》《行军篇》相对应，讲的都是战争地利、地形和各种地形条件下的扎营、处军和相敌方法。

在《孙子兵法》的谋划上，“五事”与“七计”相对应。“五事”决定战争胜负的五大战略要素，“七计”是决定战争胜负的重要条件，从内容上看是相对应的。比如，“七计”中的前三项“主孰有道”“将孰有能”“天地孰得”，分别可以与“五事”中“道天地将”相对应；“七计”

中的后四项“法令孰行”“兵众孰强”“士卒孰练”“赏罚孰明”，则可全部与“五事”中的“法”相对应。

在战争谋划上，孙子还提出“备战”与“实力”的对应关系。孙子告诫要“实而备之”，是指对付实力雄厚之敌，需严加防备，不能麻痹大意，事先有准备，就可以避免祸患。孙子指出“无恃其不来，恃吾有以待也；无恃其不攻，恃吾有所不可攻也”。意为不要侥幸于敌之不来，而要倚仗有充分的准备；不可侥幸敌之不攻，而要依赖具备敌无从进攻且不敢进攻的实力。造就实力是备战的重要事项，也是备战的根本任务。

在作战指挥上，孙子提出“先为不可胜”与“以待敌之可胜”的对应关系。这也是从备战的角度出发，强调“先胜后战”的思想，善于用兵的人，总是先创造条件，使自已不被敌人战胜，然后等待和寻找有利的机会同敌作战。

孙子还提出“不可胜在已”与“可胜在敌”的对应关系。只有形成不被敌战胜的条件，才能等待战胜敌人的机会。能否形成“不可胜”的实力，主动权在已，而能否出现胜敌的机会，则要看敌人是否出现失误。只有精心备战，形成“不可胜”的实力，才有可能抓住敌人可能出现的失误，果断出击，战胜敌人。如果实力未能形成，即使机会来临，也可能抓不住。

最后，孙子提出“胜可知”与“不可为”的对应关系，胜利与否可以由我们来推导，但是决定胜利的因素却不是我们所能左右的，也就是胜利可以预测，却不能强求。

在作战指挥上，孙子还提出“不尽知用兵之害”与“不尽知用兵之利”的对应关系。如果不能完全了解用兵的害处，也就不能完全了解如何用兵才会有利。世界万物，莫不生利害。国之利害，君之利害，军之利害，将之利害，兵之利害，民之利害，利与害相辅相成，休戚相关。孙子从兵家哲学思想和对应思维上，揭示利害的矛盾两方面研究战争的问题，强调作战指挥要趋利避害。

孙子论对应，多用对联句式，形象生动，富有哲理，妙趣横生。如“主不可怒而兴师”与“将不可愠而致战”相对应；“亡国不可以复存”与“死者不可以复生”相对应；“能而示之不能”与“用而示之不用”相对应；“近而示之远”与“远而示之近”相对应；“合于利而动”与“不合于利而止”相对应；“胜兵先胜后求战”与“败兵先战而后求胜”相对应；“辞卑而益备者，进也”与“辞强而进驱者，退也”相对应；“求之于势”与“不责于人”相对应；“杂于利”与“杂于害”相对应；“进不求名”与“退不避罪”相对应；“投之亡地然后存，陷之死地然后生”，对联公正，对应巧妙。

在数学里，映射或者射影是个术语，指两个元素的集之间相互“对应”的关系。《孙子兵法》以映射为对应，用得炉火纯青。如“动于九天之上”与“藏于九地之下”相对应；“拔人之城非攻也”与“毁人之国非久也”相对应；“象于事”与“验于度”相对应；“静以幽”与“正以治”相对应。如此等等，不一而足。

第42节　数学假设思维

假设思维是对事物产生的原因和发展规律作假定性的设想，这也是人们探求真理的一种思维方法。在科学探索中由于各种条件的限制，人们不可能一下子达到对客观规律的理性认识，而往往要借助于假设。数学的反证法就是运用假设思维：先假设相反的方向，再推论此方向上命题矛盾，得原方向命题成立。

假设的问题所涉及的都应当是与事实相反的情况，是暂时不可能的或是现实不存在的事物对象和状态。由假设推测法得出的结论可能不成立，这并不重要，重要的是有些假设在经过转换后，可以成为合理的有用的思维。

战争这个词听起来离人们很远，但是也很近。假如发生战争，谁是发动战争的假设敌？国家如何调动战争资源？军队如何快速应战？普通百姓如何求得生存？这就是对战争的假设。战争可能在相当长的时间内、在特定的国家和地区不会发生，也可能突然发生。没有假设，就不能做到有备无患，战争一旦发生就会被动挨打，甚至亡国灭种。

《孙子兵法》的假设思维独辟蹊径，是以失败作为前提假设的，首先是假设这场战争可能会失败。孙子之所以成为中国古代最伟大的军事家，是因为他真正思考过国家利益，关心百姓疾苦，珍惜生命价值，所以通过假设思维，假设战争带来最大的毁灭、破坏，以最坏的打算，从根本原则上极力主张避免战争给人民带来的损失和灾难。

孙子教人打仗前先假设，假设战争的高额成本，战争的花费包括车马、粮草、使节、维修费用，等等，每天耗费巨大。日费千金，10万大军才能出动。这样就会出现人力耗尽，财力枯竭，国内十室九空的局面，百姓的财产，十成要耗去七成，国家的财力，也会因为车辆的维修，马匹的疲惫，盔甲弩箭，战戟盾牌，车蔽大橹，丘牛大车的补充，十成要耗去六成。

孙子还假设战争的巨大风险，假如这场仗打赢了，杀敌一千而自损八百，不一定有多大好处；假如这场仗失败了会怎样？国破家亡，命也没有了，更是得不偿失。这个假设可能会成立，可能永远不会成立，不成立无关大局，一旦成立后果不堪设想，将留下永远无法弥补的伤痛。

然后，孙子对战争前准备的所有定性定量的分析，所有判断、谋划、决策，所有的科学、严谨、细致的推理，都围绕这个假设开始。因为战场态势通常带有不确定性，或者称模糊性和随机性，对战场态势要素的发展变化及其不确定性的估计，就构成了战场态势的假设思维。孙子最为关注的是如何避免失败，减少代价，先让自己立于不败之地，然后再想办法取得胜利。

孙子通过“五事七计”分析比较，判断出谁胜谁负。他说，假如听从我的意见，用兵作战就会取胜，我就留下来；假如不从，打仗就会失败，我将会离开这里。我的军事思想您认为能够接受，再从外交上造成大好形势作为辅助条件，就掌握了主动权。

然而，“胜可知而不可为”。也就是说，必胜不可知，必败是可知的。世界上没有必胜，只有不败。《孙子兵法》的核心不是教你赢，而是教你不要输。

孙子在《军形篇》中的假设思维是：假如要不被敌人战胜，必须先做好防守工作；假如能战胜敌人，就要进攻。采取防守，是因为条件不充分；进攻敌人，是因为时机成熟。

战场上复杂多变，会出现多种可能性，在遇到捉摸不定的时候，不要急着去制订作战方案，可以先在草纸上从容地列出几种可能的假设情况，准备几种作战方案或备用方案。当然，这些假设一定得基于现实，符合常理和实际。事实证明，假设思维总是会在战争的实践中发挥出巨大的实用性。

孙子在《谋攻篇》中提出用兵打仗的一般法则用了假设思维：假如我十倍于敌，就围而歼之；五倍于敌，则攻而取之；两倍于敌，亦可战而胜之；假如与对方势均力敌，就分而削弱他，使之处于劣势；假如兵力少于敌人，就坚壁固守；假如实力弱于敌人，就避免与之决战。所以，弱小的军队，假如不自量力而与敌硬拼，那就必然成为强大敌人的俘虏。

孙子在《兵势篇》中假设，善于调动敌军的人，假如向敌军展示一种或真或假的军情，敌军必然据此判断而跟从；假如给予敌军一点实际利益作为诱饵，敌军必然趋利而来，从而听我调动。

假设随作战目标改变而变化，甚至在一个作战目标下的不同作战阶段或时节都存在差异。因此，对战场态势予以准确估计与合理假设，是检验一个指挥员的态势判断能力和作战指挥能力的重要条件。合理地运用假设思维，可以帮助指挥员成功突破思维定式，具有应对战争的前瞻性。

第43节　数学直觉思维

数学中的直觉思维，是一种直接反映数学对象结构关系的心智活动形式，是人脑对于数学对象事物的某种直接的领悟或洞察。要在很短时间内进行敏锐的分析、推理和判断，并能迅速发现解决最重要的问题。

直觉思维对一个问题未经逐步分析，仅依据内因的感知迅速地对问题答案作出判断、猜想、设想，或者在对疑难百思不得其解之中。数学的发现时常表现为顿悟，甚至对未来事物的结果有"预感""预言"等，而其特征则为"简洁、突然和直接可靠"。

直觉思维既可以让战场指挥员做出正确决断，也可以做出错误选择。因此研究直觉思维，对于提高决策能力具有重要意义。尤其对于作战决策而言，直觉敌我的力量更是不能忽视。在时间紧迫、态势多变的战场上，来不及认真分析思考，很多决策都来自指挥员本能的直觉。

"战争云雾"严重影响指挥员决策的准确性和有效性，这就要求指挥员不仅要具备分析决策能力，而且要具备直觉思维决策能力，才能拨开重重迷雾，从复杂而混乱的战争中大胆猜想、设想和描述，在短时间内针对战场态势随机应变、迅速做出决策。

《孙子兵法》除了讲理性的分析思维，也讲感性的直觉思维。在特定的情况下，指挥员可以凭借直觉思维的"顿悟""预感""预言"，突发奇想，出奇制胜，就能在战争中实现"微乎微乎，至于无形；神乎神乎，至于无声，故能为敌之司命"，达到"因形而措胜于众，众不能知"的神奇效果。

"全能的数学家"庞加莱说：逻辑用于证明，直觉用于发明。

孙子提出"料敌制胜"，就是对直觉思维的发明。"料敌制胜"是战前决策思想，强调准确"预料"敌情，能在事情发生之前就料到，才有可能正确地把握战场形势。

“料敌制胜”关键是富有“预料”的能力，这就需要运用直觉思维，敏锐地洞察，迅速地发现，直接地领悟，预见事态的发展趋势。

孙子在《虚实篇》中指出：能预料同敌交战的地点，能预料同敌人交战的时间，就是跋涉千里也可同敌人交战，如果既不能预料交战的地点，又不能预料交战的日期，就会左不能救右，右不能救左，前不能救后，后不能救前，何况远到几十里，近的也有好几里呢！

直觉思维的基础是经验。“数学王子”高斯就多次说过，自己的数学发现多半是来自经验，证明只是补行的手续。《孙子兵法》是对春秋时代及其以前战争经验的总结，反映了当时政治、经济和军事行动的一些特点，主要有：一是战争性质多为争霸战争，二是速战速决的作战主张，三是主张攻城，四是车战为主。

对于决策者而言，仅仅依靠经验是不够的，还需将经验转化为知识与智慧。指挥员的直觉是以综合军事素养、战争特别是战役战术准备为基础的。《孙子兵法》是世界的“兵学圣典”，“将”的综合素质是其至关重要的主题。

孙子在《行军篇》中的32种观察敌情法，大多来自直觉思维：如树林里很多树木摇动的，是敌军向我袭来；在草丛中设有许多遮蔽物的，是敌人企图迷惑我；鸟儿突然飞起，是下面有伏兵；走兽受惊猛跑，是敌人大举来袭。飞尘高而尖的，是敌人战车向我开来；飞尘低而广的，是敌人步卒向我开来；飞尘分散而细长的，是敌人在打柴；飞尘少而时起时落的，是敌军察看地形，准备设营……

孙子注重直觉思维与分析思维有机结合，相得益彰。孙子在《虚实篇》中洞察：出兵要指向敌人无法救援的地方，行动要在敌人意料不到的方向。行军千里而不疲困的，是因为行进在没有敌人及其没有设防的地区。进攻必然得手的，是因为攻击敌人不注意防守或不易守住的地方；防守必然巩固的，是因为扼守敌人不敢攻或不易攻破的地方。所以，善于进攻的，能使敌人不知怎样防守；善于防御的，敌人不知道怎样进攻。

孙子称赞这种直觉思维与分析思维：微妙呀！微妙到看不出一点形迹；神奇呀！神奇到听不出一点声息。这样，就能主宰敌人的命运。

直觉思维是一种心理现象，它在创造性思维活动的关键阶段起着极为重要的作用。《孙子兵法》是世界上最先阐述“心理学”的军事著作，也是心理战的奠基之作。孙子十三篇处处可见心理学的智慧和关于心理战术的精妙论述，可以说是最古老且最实用的心理学应用之作。

《孙子兵法》蕴含了丰富的战场心理学。一名优秀的军事指挥员一定是受过良好训练的心理学家，具备良好的心理素质。一场战争的胜负，有时往往取决于心理因素。若解释凭直觉要发生的事情，一个合格的军事指挥员一定会通过观察到的现象解释战场的形势；若凭直觉预测将要发生的事情，一个合格的军事指挥员一定能对未来的军事行为做出精确的预测。

第44节 数学灵感思维

数学中的灵感思维，具有突发性、偶然性和模糊性，更具有创造性。灵感的迸发几乎都由偶然事件刺激大脑，引发相关联想，然后才能闪现，寻找诱发灵感。

直觉思维与灵感思维的区别是，直觉思维是靠平时累积的知识与经验所产生的对眼前事物的一种判断，而灵感思维是直觉思维的一种提升。

“神乎神乎”的灵感思维，不但是军事领域中最需要的思维方法，也是其他各个领域中最需要的思维方法。战略思维活动，更需要灵感思维作支撑。

军事领域思维活动中的灵感思维，是指在进行军事战略思维时，通过对客体的本质和规律的直接迅速的理解和敏锐的判断选择，从而制定战略决策和实施军事战略指导的思维方法。在军事领域中，灵感思维方法同样是不可或缺的重要思维方法。

《孙子兵法》绝对是不可多得的灵感思维杰作，孙子绝对是出类拔萃的灵感思维大师。这部“天下第一兵书”充满灵气、灵活、灵动和灵感。

孙子从木石中获得灵感：“木石之性，安则静，危则动，方则止，圆则行。故善战人之势，如转圆石于千仞之山者，势也。”意思是，木石的性情是处于平坦地势上就静止不动，处于陡峭的斜坡上就滚动，方形容易静止，圆形容易滚动。所以，善于指挥打仗的人所造就的“势”，就像让圆石从极高极陡的山上滚下来一样，这就是所谓的“势”。

孙子从阴阳五行中获得灵感：“五行无常胜，四时无常位；日有短长，月有死生。”意思是，用兵的规律就像自然现象一样，“五行”相生相克，四季依次交替，白天有短有长，月亮有缺有圆，永远处于变化之中。从而得出用兵无常法，只有各种方法变化无穷才能制胜的结论。

孙子从摇篮里的婴儿获得灵感："视卒如婴儿，故可与之赴深溪；视卒如爱子，故可与之俱死。厚而不能使，爱而不能令，乱而不能治，譬若骄子，不可用也。"意思是，将帅对士卒能像对待婴儿一样体贴，士卒就可以跟随将帅赴汤蹈火；将帅对士卒能像对待自己的爱子一样，士卒就可以与将帅同生共死。但是，对士卒如果过分厚养而不能使用，一味溺爱而不能驱使，违反了纪律也不能严肃处理，这样的军队，就好比骄子一样，也是不能用来打仗的。

孙子从常山之蛇获得灵感："故善用兵者，譬如率然。率然者，常山之蛇也。击其首则尾至，击其尾则首至，击其中则首尾俱至。"意思是，善于用兵打仗的人，能使部队像"率然"一样。所谓"率然"，乃像常山的一种蛇那样灵敏灵动，首尾呼应，前后联动。打它的头，尾巴就来救应，打它的尾，头就来救应，打它的中部，头尾都来救应。

孙子从处子和脱兔获得灵感："是故始如处女，敌人开户，后如脱兔，敌不及拒。"意思是，战争开始要像处女一样沉静，不露声色，使敌放松戒备，战争展开之后，要像脱兔一样迅速行动，使敌人来不及抵抗。

灵活机动的战略战术，就是灵感思维的最好写照。孙子在《虚实篇》中所说的"进而不可御者，冲其虚也；退而不可追者，速而不可及也。故我欲战，敌虽高垒深沟，不得不与我战者，攻其所必救也；我不欲战，虽画地而守之，敌不得与我战者，乖其所之也"。这就是灵活用兵的精髓。

古往今来，多少军事家的军事才能都来自于《孙子兵法》，多少军事灵感也都源自这部智慧宝典，确实给后世带来了巨大的影响，也给很多军事家带来克敌制胜的灵感。

据说美军"震慑"理论是从《孙子兵法》中获得灵感的。曾经出版了《石油战争》《粮食危机》《霸权背后》等畅销书的美国著名作家威廉·恩道尔讲述其书背后的故事时，称自己写作这些书的过程中还曾从《孙子兵法》寻找灵感。

全世界企业家从《孙子兵法》中寻找灵感和智慧。日本“经营之神”松下幸之助多次表示“孙子是天下第一神灵，我公司职员必须顶礼膜拜，认真背诵，灵活运用，公司才能兴旺发达”。

沃尔沃大中国区总裁兼首席执行官吴瑜章称，他从《孙子兵法》中获得商战灵感。在分析对手后，确定要打什么仗，这取决于你在山上处于什么位置。你自己以为你是领导，实际你是小不点，所以不要轻易去跟大的打，要从敌人最意想不到的地方拼命攻上去。

有人认为，《孙子兵法》高超的谋略属于情急生智之类的灵感性思维。其实不尽然，孙子的制胜之道主要是多向思维与战争实践联动的过程和结果，既揭示了战争或作战行动的简要过程，也总结了克敌制胜的一般规律和经验方法。

第45节　数学形象思维

数学形象思维是指用直观形象的表象，解决问题的思维方法。表象是形象思维的基本形式，其中表象又是数学形象思维的基本元素，表达的工具和手段为图形、图象、图式和形象性的符号；想象是形象思维的高级形式，它的主要方法是猜想与联想，观察与实验，创造出新表象的思维方式。

形象思维所反映的对象是事物的形象，思维形式是意象、直感、想象等形象性的观念。《孙子兵法》中多处运用想象、比拟化的方式表达思想，用形象化的思维方式思考问题、认识问题和解决问题，这在《兵势篇》里集中体现得淋漓尽致。

在论证什么是“势”这一重要兵法概念时，孙子把复杂的内涵外延概念界定比拟化地表达出来，把“势”形容为“势如彍弩，节如发机”，即所造成的态势是险峻的，所掌握的行动节奏是短促而猛烈的。这种态势像张满的弓弩；这种节奏犹如触发弩机。从而简要而形象化地勾勒出“势”在两军对垒中对敌方关键环节和重要部位的威慑性价值，让人们虽然能体会到什么是孙子所说的“势”，但不能言传，只可意会。

孙子形容：“故善出奇者，无穷如天地，不竭如江海。终而复始，日月是也。死而更生，四时是也。”意思是，善于运用奇兵的人，其战法的变化就像天地运行一样无穷无尽，像江海一样永不枯竭。像日月运行一样，终而复始；与四季更迭一样，去而复来。

孙子联想：“声不过五，五声之变，不可胜听也；色不过五，五色之变，不可胜观也；味不过五，五味之变，不可胜尝也；战势不过奇正，奇正之变，不可胜穷也。奇正相生，如循环之无端，孰能穷之哉。”意思是，宫、商、角、徵、羽不过五音，然而五音的组合变化，永远也听不完；红、黄、蓝、白、黑不过五色，但五种色调的组合变化，永远看不完；酸、甜、苦、辣、咸不过五味，而五种味道的组合变化，永远也尝不完。战争中军事实力的运用不过“奇”“正”两种，而“奇”“正”的组合变化，永远无穷无尽。奇正相生、相互转化，就好比圆环旋绕，无始无终，谁能穷尽呢！

孙子观察：“激水之疾，至于漂石者，势也；鸷鸟之疾，至于毁折者，节也。”意思是，湍急的流水所以能漂动大石，是因为使它产生巨大冲击力的势能；猛禽搏击雀鸟，一举可置对手于死地，是因为它掌握了最有利于爆发冲击力的时空位置，节奏迅猛。

孙子比喻：“兵之所加，如以碫投卵者，虚实是也。”意思是，攻击敌军，如同用石头砸鸡蛋一样容易，关键在于以实击虚。

形象思维的形象性使它具有生动性、想象性、直观性和整体性的优点。形象思维始终伴随着形象，是通过“象”来构成思维流程的，就是所谓的神与物游。形象思维始终伴随着感情形象思维，离不开想象和联想。《孙子兵法》含有一种“超常”的形象思维，这种思维，要求指挥员既要有科学的态度，又要有丰富的想象和联想。

例如，孙子在《军争篇》中的“风林火山阴雷”，是对军队作战的形象比喻：“其疾如风，其徐如林，侵掠如火，不动如山，难知如阴，动如雷震。”意思是，部队行动迅速时，如狂风飞旋；行进从容时，如森林徐徐展开；攻城略地时，如烈火迅猛；驻守防御时，如大山岿然；军情隐蔽时，如乌云蔽日；大军出动时，如雷霆万钧。这种比喻，既贴切又形象，既生动又直观，极富想象力和联想力。

又如，孙子在《军形篇》中形象比喻：“见胜不过众人之所知，非善之善者也；战胜而天下曰善，非善之善者也。故举秋毫不为多力，见日月不为明目，闻雷霆不为聪耳。”预见胜利不超过一般人的见识，不算高明中最高明的。打败敌人而普天下都说好，也不算是高明中最高明的。这就好像举起秋毫不算力大，看见太阳、月亮不算眼明，听见雷霆不算耳聪一样。孙子竟然用秋毫、雷霆、太阳、月亮来作为陪衬，这些宇宙的神灵，都算不上力大、耳聪、目明，说明高明人的智商有多高，善战者力有多大。

孙子在《军形篇》中还形象比喻："胜者之战民也，若决积水于千仞之溪者，形也。"意思是，高明的指挥员领兵作战，就像在万丈悬崖决开山涧的积水一样，这就是军事实力中的"形"。用千仞之溪的积水比喻军形，这支军队是一种什么样的形象？

再如，孙子在《虚实篇》中形象描述"夫兵形象水，水之形避高而趋下，兵之形避实而击虚；水因地而制流，兵因敌而制胜。故兵无常势，水无常形"。意思是，用兵的规律像水，水流动的规律是避开高处而向低处奔流，用兵的规律是避开敌人坚实之处而攻击其虚弱的地方。水困地势的高下而制约其流向，作战则根据敌情而决定取胜的方针。所以，作战没有固定不变的方式方法，就像水流没有固定的形态一样。

数学形象思维成为形象化的符号，《孙子兵法》也成为中国传统文化的符号。

第46节　数学类比思维

数学类比思维是指根据事物之间某些相似性质，将陌生的、不熟悉的问题与熟悉的问题或其他事物进行比较，发现知识的共性，找到其本质，从而解决问题的思维方法。

类比是根据两个或多个对象内部属性、关系的某些方面相似，而推出它们在其他方面也可能相似的推理。简单地说，类比就是由此去发现彼，或由彼去发现此。

《孙子兵法》中大量使用了类比思维。在孙子看来，任何一场战争的输赢绝不仅仅是战场的兵力相比，更是一场综合敌我双方国力的较量，只有对上至政治、经济下至自然条件等诸多因素进行类比，才能真正做到“知彼知己，百战不殆”。

孙子在开篇《始计篇》就着眼于类比思维，这场仗该不该打，能不能打胜，首先要通过对敌我双方五个方面的情况进行综合类比，来探讨战争胜负的情形：一是政治，二是天时，三是地势，四是将领，五是制度。政治，就是要让民众和君主的意愿一致，战时他们才会为君主去死，不存二心。天时，就是指昼夜、晴雨、寒冷、炎热、季节气候的变化。地势，就是指高陵洼地、路途远近、险隘平坦、进退方便等条件。将领，就是指挥者所具备的智慧、诚信、仁爱、勇猛、严明等素质。制度，就是军制、军法、军需的制定和管理。凡属这五个方面的情况，将领都不能不知。充分了解这些情况的就能取胜，相反就会作战失败。

此外，还要通过敌我双方七个方面比较双方的具体条件进行类比，进一步探究战争胜负的情形：即双方君主哪一方施政清明，哪一方将帅更有才能，哪一方拥有更好的天时、地利，哪一方军纪严明，哪一方兵力强大，哪一方士卒训练有素，哪一方赏罚分明。通过这些分析比较就能够判断这仗该打不该打，谁胜谁负了。

孙子在第二篇《作战篇》用“长途运输”与“因粮于敌”进行类比：古代战争运输成本高昂。战士在战场上吃掉的粮食，只是战争所耗费粮食的很小一部分，60%以上的粮食成为运输到前线的成本。长途运输会造成百姓的贫困，距离军队近的地方物价飞涨，导致国家财力的枯竭，加紧向百姓征收赋役，这样就会出现人力耗尽，财力枯竭，国内十室九空的局面，百姓的财产十成要耗去七成，国家的财力，也会因为车辆的维修，马匹的疲惫，盔甲弩箭，战戟盾牌，车蔽大橹，丘牛大车的补充，十成要耗去六成。而在敌国筹集补充粮草，消耗敌国一钟粮食，相当于从本国调运的二十钟，消耗敌国一石杆草，相当于从本国调运的二十石。“因粮于敌”，就是从对手处获得资源，从敌人那里求得补给。这是《孙子兵法》一个重要的战略思想，也是类比思维。孙子给出了解决方法，就地补充可以有效降低金钱成本，要取之于敌、胜之于敌，以战养战。

孙子在第三篇《谋攻篇》用“上兵伐谋”与“其下攻城”进行类比：用兵打仗，其策之上者，是在未战之前就挫败敌人的计谋：能使敌人屈服而不依靠对垒交兵，拔取敌人的城邑而不依靠强攻，毁灭敌人的国家而不必旷日持久。而攻城的办法，是不得已而为之的。修造用以攻城的楼橹和准备如飞楼、云梯之类的攻城器械，需要数月的时间才能完成；构筑攻城的土山，又要花费数月的时间才能竣工。将帅控制不住自己的愤怒情绪，而下令缘梯而上，蚁附乱进。结果，士卒伤亡三分之一，而城邑仍未攻破，这就是强攻城池所招致的灾难。

孙子在《兵势篇》用“大军团”与“小部队”进行类比：“凡治众如治寡，分数是也；斗众如斗寡，形名是也。”意思是，治理大军团就像治理小部队一样有效，是依靠合理的组织、结构、编制；指挥大军团作战就像指挥小部队作战一样到位，其共性与本质都是依靠明确、高效的信号指挥系统。如仪仗队与阅兵式，仪仗队人数虽少，但威武雄壮，士气高昂；

阅兵式人数众多，则排山倒海，气势磅礴。两者所产生的气势和管理功能是一样的。管很多人跟管很少的人一样，是因为有“分数”，就是编制；指挥一支大军作战，跟指挥一个小分队一样，靠什么呢？靠“形名”，就是信号。

孙子在末篇《用间篇》对因间、内间、反间、死间、生间五种间谍进行反复类比，最终得出结论：真正懂得用间策略的，必须懂得反间的重要性。因为反间隐藏最深，知情最多。有效地利用反间，就能保证其他四间很好地完成使命。通过反间，了解敌方的情报，因间和内间就可以得到有效的使用；通过反间，死间所要完成的诓骗敌人的假情报，就可以传递给敌方；通过反间，生间在完成任务以后，就可以如期返回。所以，对于反间这件事不能不予以重视，不能不下本钱。

第47节　数学转化思维

数学转化思维既是一种方法，也是一种思维。转化思维是指在解决问题的过程中遇到障碍时，通过改变问题的方向，从不同的角度，把问题由一种形式转换成另一种形式，寻求最佳方法，使问题变得更简单、清晰。

《孙子兵法》不是定式思维，而是多向思维，不是单一思维，而是综合思维。各种思维方式在十三篇中光影交错，相辅相成。逻辑思维中包含辩证思维，运筹思维中包含博弈思维，直觉思维中包含灵感思维，形象思维中包含创新思维。

同样，孙子的逆向思维中也包含了转化思维，在反过来思考、反方向推理的同时，“反其道而思之”，寻找一种转换和化归的路径，既转变观念、转变思路，又改变形式、转换方向，将一个问题由难化易、由繁化简、由正化奇、由害化利。

由“以戈止武”转化为“止戈为武”。“以戈止武”是《孙子兵法》的一种境界，但不是最高境界，因其重心在于以战争的手段以力克力，以武止武，以战止战，无疑是战争的艺术。但“以戈止武”是迫不得已，绝非上策。武虽止了，但付出的代价太昂贵了。战争打得昏天黑地，弹尽粮绝，血流成河，尸骨堆山，这个世界上无数的民族和国家由于战争失败而消失了，残酷到你甚至都看不到他们曾经存在过的历史痕迹。

孙子更看重把“以戈止武”转化为“止戈为武”，其重心在于以非战争的手段，以智克力，以和止战，从而消弭战争，化干戈为玉帛，这才能代表孙武的“武”，才是《孙子兵法》的最高境界，是控制战争的艺术，比战争艺术更有艺术性。

在世界军事历史上，“以戈止武”的经典案例不难找到，而“止戈为武”的经典案例则不可多见，这说明要实现孙子“不战而屈人之兵”的最高境界，是难乎其难的。也正是这个缘故，“止戈为武”才变得更加难能可贵，成为人类和平的希望所在。

由“军事思维”转化为“经济思维”。孙子不仅有军事头脑，也有经济头脑。孙子对于战争和经济的理解是：战争不但是军事和政治的竞赛，而且是经济的竞赛。战争必须以国家的经济实力为基础，没有强大的经济实力作为后盾，战争是无法取胜的。同时，战争还会给国家造成经济破坏，给人民造成惨重损失而加重负担。

孙子论述了耗时费钱是战争的两种害处。如果战争拖得很久则军队必然疲惫，挫失锐气；长时间在外作战，就会导致国内经济难以维持，军队的补给就会出现问题；一旦攻城，则兵力将耗尽。因此，战争打的规模越大，拖的时间越久，付出的成本就越高，对于国家发展越不利。战争使得国民一直处于战争状态，不能将全部精力投入发展国家经济，也不利于国家的稳定。如果不能快速取胜，及时转化胜利成果，那么必然导致国库空虚、百姓贫穷，再富强的国家也会被战争拖垮而积贫积弱。

因此，由“军事思维”转化为“经济思维”。孙子给出的解决办法是“兵贵胜，不贵久”，即速战速决，减少战争的时间成本。孙子认为，听说有拙于用兵而获胜的，没有见过巧于作战反而把战争拖得很久的，把战争拖得很久而对国家有利的，是从来没有过的。

由“军争为危”转化为“军争为利”。孙子在《军争篇》中说“军争为利，军争为危”。没有比率先争得制胜的条件更难的事了。军争为了有利，但军争也有危险。孙子把军争“利与危”列为两军相争中极其困难的事情。在常人的眼中，好事就是好事，坏事就是坏事，很难把坏事转换成好事，这就是“利与危”作为转化思维方式的独特之处。

军争是军事资源争夺，军争之所以要争，是为了利；但当遇到危害时千万别争。兵家须明白一个道理：盲目争利是很危险的。真正厉害的人，是最懂利害的。孙子由“军争为危”转化为“军争为利”的思维方式，关键在于促成它的合理转化，使“危”向“利”转化，以达到趋利避危的目的。

由“敌对战线”转化为“统一战线”。孙子在《九地篇》中论述：“夫吴人与越人相恶也，当其同舟而济而遇风，其相救也如左右手。”孙子使用“吴人”和“越人”指代敌对的双方，即“敌对战线”，用“风”来形容两者共同面对的“强大险恶的敌人”，用“左右手”来比喻“吴人”和“越人”之间的团结一致，精诚合作。由此推知，孙子的“同舟而济”中隐含了一种转化思维方式。孙子这种转化思维方式的可贵之处，在于面对险恶的局面时，敢于和昔日的敌人联手，对付另外一个双方共同的更强大的敌人，由“敌对战线”转化为“统一战线”，最终使双方化险为夷，脱离险境。

第48节　数学归零思维

在数学上乘零归零思维，是指任何数不管数值多大，只要乘以“0”，结果仍然是0，这个道理不管是在人类系统还是数学领域都是正确的。

这个思维模型最核心的点是：注意系统中最薄弱的环节，避免乘法系统出现“0”。在某些系统中，在某一领域的一次失败，就能抵消在所有其他领域，尤其是军事领域中创造的成功。就像这个简单的乘法运算表示的那样，修正零点通常要比扩大其他领域的效用大得多。

常言道，百密一疏。智者千虑，必有一失。在军事上，九次胜利不等于十次胜利；99个谨慎抵不过一个疏忽。

《孙子兵法》是“零失败”管理教科书，通篇渗透的核心思想就是归零思维，教你如何不败，如何反败为胜，如何以不败为最终目标，对导致失败的错误实现“零容忍”。因为战争的代价太大，失败的风险太高，后果太严重。

许多人只知道孙子能写兵书，并且写了“天下第一兵书”，并不知道孙子还能指挥打仗，而且打的都是胜仗。孙子说“知彼知己，百战不殆”，他尽管没有身经百战，一生只打过五场仗，但都是“零失败”，也称得上百分之百胜了。

孙子在《军形篇》中说：“故善战者，立于不败之地，而不失敌之败也。”意思是说，善于打仗的人，不但使自己始终处于不被战胜的境地，也绝不会放过任何可以击败敌人的机会。

军中常说的一句话叫：“胜败乃兵家常事。”其实，这句话大多用在安慰别人或自我安慰上。如真要说是兵家常事，小败为了大胜，佯败为了真胜，暂时的失败为了最后的胜利，这叫谋略，是善战者。而失误造成的失败，是兵家所忌讳的，在关键的战役中失败，输掉了历史性战役，是永远也无法弥补的。因此，归零思维就是不败思维。

一败定乾坤。东汉末期，诸葛亮派关羽镇守荆州，关羽出兵攻打曹操，而孙权又趁机袭击荆州，导致荆州沦陷，这不能不说是关羽的一大失误，是足以致命的失误。这就是因麻痹大意而失败的经典案例“大意失荆州”。关羽的一时大意，不仅失了一块重要的战略要地，也给他自己提前铺了一条通向死亡之路。荆州一失，就决定了刘备在统一天下的竞争中已经出局，因为荆州才是他逐鹿中原的门票。

刘备为桃园三结义的关羽报仇，听不进诸葛亮等人的谏言，决定大举兴兵伐吴，发起了夷陵之战。此战是三国时期蜀汉刘备对东吴发动的大规模战役，也是三国三足鼎立“三大战役”的最后一战。刘备“以怒兴师”，恃强冒进，犯了兵家之大忌，接近10万大军兵力，却大败于东吴大将陆逊。刘备恼羞于夷陵输得一败涂地，一病不起，亡故于白帝城。一失足成千古恨。关羽“大意失荆州”被斩首，直接导致张飞、刘备相继死去。

一败丢江山。清同治三年天京保卫战，是关系太平天国生死存亡的一次关键战役，最著名的一次战役为雨花台战役。最后李秀成率领大军20万，作战为时44天，最后“归零大败”而去。李秀成率精兵10万保卫天京之战，可谓是优势非常明显，兵多将广，武器精锐，差不多五倍于敌，胜利的把握是十分大的。然而，由于战术失误，没有集中兵力，采取分散策略的游击方法，打得一塌糊涂，此次战役就导致天京失守，轰轰烈烈14年，占领中国半壁江山的太平天国覆灭。天国也就真的上天了。真可谓胜者为王败者寇。

一败输精光。在西方的滑铁卢战场，短短半天之内，拿破仑20万大军之中就有5万人阵亡，一场震荡整个欧洲的战役就此结束，不可一世的拿破仑在滑铁卢“归零”，输得精光，这位传奇人物纵横欧洲的历史也宣告结束。

一败破神话。美国自1776年独立建国到朝鲜战争的170多年间，在对外战争中保持着全胜的纪录。抗美援朝一战，由于麦克阿瑟的狂妄和误判，这个称霸世界半个多世纪的超级大国，世界公认最强大的陆海空三军联合作战，居然被一个贫穷国家装备原始的陆军打败。美军不可战胜的神话从此被打破，这是美国政府和美国军队永远抚不平的疮疤，也是不堪回首的“被遗忘的战争”。

第四章 《孙子兵法》十三篇的数学之道

中国传统数学科学是万物之理、无敌之道，《孙子兵法》讲的就是『道』，即制胜之道。数学在孙子的操盘下，成就了一个个运筹帷幄、决胜千里的经典战例，创造了一个个神奇无比的战争奇迹。

第49节　奇正之道

在数学上，奇数跟偶数是相对的数。在整数中，不能被2整除的数叫作奇数。奇数可以分为正奇数和负奇数。正数即正实数，包括正整数、正分数（含正小数）、正无理数。最早记载正数的是中国古代的数学著作《九章算术》。

在军事上，奇正是古时兵法术语。古代作战以对阵交锋为正，设伏掩袭等为奇。兵法奇正超越数学奇数和正数的定式，是针对人们常规思维所形成的定式，用非常规思维方式取胜的一种谋略。

孙子在《兵势篇》中说："三军之众，可使必受敌而无败者，奇正是也。"意思是，统率三军将士，能使他们一旦遭受敌人的进攻，而不至于失败的，这是奇正运用的问题。

孙子还说："凡战者，以正合，以奇胜。故善出奇者，无穷如天地，不竭如江河。"意思是，大凡作战，都是用"正"兵迎敌，用"奇"兵取胜。所以，善于出奇制胜的将领，他的谋略就像天地那样无穷无尽，像江河之水那样奔腾不竭。

《易经》的妙处可以拓展到军事等领域，书中"征"字出现了18次，这个"征"拆开来就是奇正，因为两个人就会变奇，与孙子提出的奇正之道有明显的共同点。

《孙子兵法》最早完整地提出了奇正理论，这一谋略原则几千年来一直被兵家视为至圣的妙谛。孙子奇正理论的精髓是"奇正相生"，即以奇为正，以正为奇，变化无穷，使敌莫测。

孙子奇胜原则的主要特征是从实际出发，灵活机动，"与敌变化而取胜"，反对墨守成规。如果死守预先规定好的奇正，而不知变化，就会正也不是正，奇也未必奇，因为这本身就违背了奇正原则。

中国隋末至唐初时军事家李靖，世称“李卫公”，著有《六军镜》《卫公兵法》等多部兵书，多已失传。他的舅舅韩擒虎是隋灭南陈的名将，对这个外甥最为赏识。李靖一生征战数十年，为唐王朝的建立及发展立下赫赫战功。

列入“武经七书”的《唐太宗李卫公问对》里，唐太宗李世民与李靖讨论《孙子兵法》，认为奇、正有着丰富的内涵。例如，对敌进行政治声讨是正，进行军事打击是奇；公开出兵是正，奇袭是奇；主攻方向或主要防御方向是正，助攻方向或次要防御方向是奇；前进为正，后退为奇；等等。

《李卫公问对》提出了“正亦胜，奇亦胜”的思想：“善用兵者，无不正，无不奇，使敌莫测。故正亦胜，奇亦胜。”意思是，善于用兵的人，无处不是正，无处不是奇。问题的关键在于怎样运用奇、正，只要运用得巧妙，用正兵也能胜，用奇兵也能胜。

《李卫公问对》还提出，作为将领，“正而无奇，则守将也；奇而无正，则斗将也，奇正皆得，国之辅也”。仅有奇或仅有正，都有偏颇，只有将二者结合起来加以变化，才是完美的。

正兵相持、奇兵袭后的战术进攻思想，是李靖与敌决战时采取的一个重要战术。公元621年，唐平萧铣之战，是唐军攻灭长江中游、江南割据势力萧铣的一次统一战争，是一场著名的江河作战。此战李靖用了奇正术，不按常规出兵。

本来正值汛期，江水泛涨，的确给进军带来很大不利，但李靖认为兵贵神速。越是江水泛涨，对方越是可能疏于戒备，越是容易取得出奇制胜的效果，达到战争初期的突然性。果然，萧铣以为汛期唐军必不敢南下，因而麻痹大意，高枕无忧，很快陷入唐军的合围之中。这是在战争中运用反常思维的一个成功范例。

弃舟不用，退敌援兵，这也是李靖用兵的高妙之处。本来，唐平萧铣之战刚刚揭开序幕，缴获大量舟船，正可补给自己战舰的不足，以应今后江南水战之需，但李靖举大局而不计小利，高人一筹，把舟船弃掉，使其顺流而下，从而阻住敌方的10万援兵，真是以物胜人，绝妙好棋。李靖通过弃舟给对方造成城破的假象，与诸葛亮的空城计有异曲同工之妙。

孙子关于“奇正相生”的原则在现代战争中受到高度重视。如1982年8月 20日美国陆军颁布的新版《作战纲要》，首次提出了“空地一体战”理论。这一理论的四项基本原则是主动、纵深、灵敏和协调。纲要的第二章直接引用了孙子名言 :“攻其无备，出其不意。”这句话的要义就是出奇制胜。

1986年，时任美国国防大学校长理查德 · 劳伦斯到中国国防大学作关于《空地一体战——纵深进攻》的演讲时，也明确指出，这一作战理论所根据的原理就是《孙子兵法》的“奇正之变”和“避实击虚”，这一理论成为美军作战的重要指导思想之一。

第50节　预料之道

数学上的估算，指对事物的数量作大约推算，是一种十分重要的算法，也是计算能力的重要组成部分。在心理学上，估算是根据具体条件及有关知识对事物的数量或算式的结果做出的大概推断或估计。在军事上，估算就是对战争的预料和估算，即料算。

孙子在《地形篇》中说："料敌制胜，计险厄远近，上将之道也。知此而用战者必胜，不知此而用战者必败。"意思是说，正确判明敌情，制订取胜计划，研究地形的险易，计算道路的远近，这些都是将帅的预料之道。懂得这些道理去指导作战的，就必然胜利，不懂得这些道理去指挥作战的，就必然失败。

所谓"料敌"，是指研判敌情。孙子非常注意"料敌"，曾三次提及"料敌"。他在《地形篇》还提出"将不能料敌，以少合众，以弱击强，兵无选锋，曰北"。又在《行军篇》提出"兵非贵益多也，惟无武进，足以并力料敌取人而已"。这种料敌方法除了"庙算之道"外，另有独到的"料敌之道"。

孙子提出"料敌制胜"是战前决策思想，强调准确预料敌情，能在事情发生之前就料到，才有可能正确地把握战场形势。料敌制胜的关键是富有预料的能力。

要"料敌制胜"，第一，必须摸清对方的情况，做到心中有数；第二，必须根据对方的情况，对他们的作战意图做出正确的判断；第三，必须预见事态的发展趋势，像高明的棋手一样，走一步能看到下几步；第四，必须决定正确的对策；第五，必须根据决策实施，以期取得最后的胜利。

李世民认为，“先料敌之心与己之心孰审”，“察敌之气与己之气孰治”。在洛阳、虎牢之战中，当窦建德率军支援王世充时，诸将多为表面现象所迷惑，李世民由于准确料敌，才能力排众议，做出了围城打援、一举两克的正确决策。

李浴日在全民族抗战爆发后的三个月内，以超远的眼光写了《抗战必胜计划》一书。他用孙子战争原理科学分析这场战争，提出举国一致坚持到底＝日本必败，中国必胜。他还提出要与日本打持久战，认为持久战在三年以上，中国有打五至十年的条件。结果，全民族抗日战争打了八年。本书出版后，引起国内朝野的重视，蒋介石曾两次亲自召见他，并请他在全国军委会干训团演讲《从孙子兵法证明抗战必胜》，对激发全国人民的爱国热情，增强将士们抗日斗志做出了很大的贡献。他比蒋介石发表的《抗战必胜的条件与要素》早了四个多月。

人们常用“料敌如神”来形容指挥员的神奇。其实，“料敌”很大程度上就是“料敌之将”，把握住敌将的心理脉搏、思维轨迹，即可达到“如神”的“料敌”效果。诸葛亮之所以敢唱“空城计”，就在于他料知司马懿生性多疑的脾性；雷英夫之所以做出美军将要在仁川登陆的战略判断，关键是他料知麦克阿瑟好战、狂妄的性格，且喜欢玩“蛙跳战术”。

古今中外，那些能打仗的高手，往往是“料敌”的高手。拿破仑说他在打仗时，如果不了解敌军司令官的全部情况，包括他们的脾气、秉性，便食不甘味、寝不安席；蒙哥马利在北非同隆美尔较量时，房间里专门挂着一张隆美尔的相片，不断地研究、揣摩他。我军老一辈军事家更是这样，每次大战之前，都先给对方指挥员“画像”，把研究作战对手作为重要的战前准备，对“知敌将”做到了如指掌。

料敌从宽，则战有备。对敌人的任何预测都应从广泛的角度去做，以确保任何情况下，都能充分预想敌情，对任何敌情始终有万全之策。

料敌从宽，有助于针对极端恶劣情况做出最坏打算。

中国早就料到美国迟早要把南海变成“难海”。预料美国鹰派的思维也有助于中国提前应对，早作准备，有备无患。

于是，中国早就通过一系列周密行动增强在南海的掌控程度，不仅在南沙七座岛礁上升级军事设施建成前哨基地，在渚碧礁长期驻守一艘搜救船，未来还有可能对更多岛礁进行填海建设。中国在南海部署了海上浮动核电站，发射专门卫星来监测海上军事活动。为什么要建浮动核电站？因为中国在南海新建人工岛上设置的那些雷达系统、灯塔、军营、海港和机场需要大量电力，而国家电网很难将电输送到这些几千里以外的地方。于是，政府想出了这个解决方案。

面对云谲波诡的战争局势和战场态势，指挥员对敌情的判断不允许出半点差池，料敌从宽，以宽求全，在战场上充分预测任何可能出现的敌情，即使可能性再小，也应加以考虑，早做防备，确保在战场上的主动性，这是“上将之道”。

第51节　消耗之道

数学损耗率计算方式如下：

1. 损耗率=（损耗量/净用量）×100%

用消耗量表示为：消耗量=净用量×（1+损耗率）

2. 损耗率=（损耗量/消耗量）×100%

用消耗量表示为：消耗量=净耗量÷（1-损耗率）

在军事上，很难用公式计算战争的损耗率。战争是物质与兵力资源消耗战，由于战争的不确定因素很多，消耗只能在战前作预测，战后作统计。

军人是世界上第一等消耗者，军队愈多，消费愈大；战场是世界上第一等消耗场，物质耗费是巨额的，对国家经济的损耗是惊人的，战期愈久，损耗愈巨。正面战场的战斗，即使能够击溃敌军，己方的消耗与损失也是不可避免的。

《孙子兵法·作战篇》论述了“消耗之道”。孙子是春秋时期的兵法大师，也是会计大师。他从不主张打胜负未卜、得不偿失的消耗战，消耗战拼的是谁的资源能够支撑更长的时间，拼的是能否组织更多的资源，并最大限度地消耗对方的资源。

孙子计算好了，战争是要有成本的，是需要消耗物资的，战争是成本与物质消耗最大的军事行为。孙子预测一场战役中所需要消耗的最低成本，所以一定要考虑国家的承受能力，并且要最大限度地在作战中减少各种消耗，达到一个长时间承受消耗的状态，而千方百计让对方消耗，这场战役的胜算对自己才会更大。

孙子在准备战争时，非常务实。他在《作战篇》反复地算账，反复强调战争成本很贵，人很贵，马很贵，粮食很贵，物质很贵，运输很贵。所以“兵贵胜，不贵久”。

孙子算了每天打仗的消耗账：“日费千金，然后十万之师举矣。”就是说，每天耗资都会有千金之巨，然后10万大军才能出动。孙子认为，只有在事先测算好成本问题，觉得这场仗费用能耗得起，才能下决定采取军事行动——出兵！

孙子算了车马等消耗账：“破车罢马，甲胄矢弩，戟楯蔽橹，丘牛大车，十去其六。”就是说，战车损坏、战马疲乏，盔甲、弓箭，各种攻防兵器，辎重车辆，财政消耗，十去其六。

孙子算了运输消耗账：“国之贫于师者远输，远输则百姓贫。”古代的战争，运输粮食主要靠人背、马驮、牛车运输。一路上，运输粮食的士兵、民夫，本身要消耗大量粮食。

孙子告诫：“久暴师则国用不足。”大军一动，日费千金。战争各项开支更有甚于过去，武器弹药，粮食药品，物资运输，燃油燃料，装备保障，等等，无一不在考验着一个国家的经济能力，是否有足够的资金储备来应付一场战事。

历史上许多战争最后都打成了消耗战，而消耗战打的就是钱。

吴王夫差为了霸主虚名而远征齐国、晋国，虽然屡战屡胜，但长年征战，导致国库空虚、百姓贫穷，所以最终亡国。

隋炀帝亲征吐谷浑，三征高句丽，并对突厥发动战争，导致国库空虚，一再增加税赋导致民不聊生，最终各地爆发农民起义，隋朝亡国。

汉武帝对匈奴连年征战，文景之治所积的财富被他消耗殆尽，而后靠不断地增加税赋，横征暴敛来支撑战争，造成民不聊生，人口大量减少，国力倒退，各地爆发了颇具声势的农民起义。迫于各种社会压力，汉武帝下了《轮台罪己诏》，请求百姓原谅，逐步恢复文景时期“休养生息”的治国策略，才避免了亡国的危机。

而李世民致力于维护国家的统一，发展强大的国力。在政治上加强对西域等地区的管辖，在外交上加强与亚洲各国的友好往来，在军事上积极平定四夷，在民族关系上对待少数民族“爱之如一”，对表示臣服的边远少数民族地区，实行羁縻或和亲政策，使这些地区对唐周边敌对势力形成战略牵制或成为唐抗击外来侵略的缓冲地带。贞观年间，唐代版图空前辽阔，超过汉宣帝在位时期，至唐高宗龙朔元年（661年）达到鼎盛。

日本工业强国打中国农业大国，侵华战争费用很高，有很大一部分是希望能靠对中国的掠夺，来支撑出现裂痕的经济。但是从1937年到1941年，尽管英美还没有参战，日本已经揭不开锅了，日本的经济大臣开始慌了，日本人彻底失算了：三个月灭亡不了中国！

长久的战争会大大消耗参战国的国力。日本扩充军备，发展重军事重工业，国力明显不足，相继发生了粮食危机、电力危机和煤炭危机。为了筹措军费，日本采取了增加税收、滥发公债及纸币的做法，造成严重的财政危机。而比财政危机更为可怕、对其侵华战争影响最大的是资源危机。众所周知，日本是一个资源缺乏的国家，大部分资源依赖于从国外进口。

中国的持久战是战略层面的，着眼于当时中日双方人力与各项资源的不均衡，强调消耗日军人力、财力。日本天皇没想到战争会在国库快耗空的时候开始，而又在国力耗尽、一败涂地后投降收场。

第52节　给养之道

给养用数学的符号和语言表达，就是所需物质和食物、饲料、燃料等的储备数量、重量、面积、保质期、仓储、运输等数字统计。在军事上，给养是供给军队人员的主食、副食、燃料和军用牲畜的饲料等的统称，是军队有生力量生存的重要物质基础。

孙子在《作战篇》中说："军无辎重则亡，无粮食则亡，无委积则亡。"意思是：这就是为什么军队没有装备辎重就会被全歼，没有粮食供应就不能生存，没有军用物资的储备就必然失败。这就是孙子的"给养之道"。

孙子所指出的战争对人力、物力、财力的依赖关系，就是军事对后勤的依赖关系。军队粮食匮乏而导致饥饿，就不可能打胜仗。粮食给养是战争赖以进行并且取得胜利的必不可少的首要物质条件。

《百战奇略·粮战篇》："凡与敌垒相对峙，两兵胜负未决，有粮则胜。若我之粮道，必须严加守护，恐为敌人所抄。若敌人饷道，可分遣锐兵以绝之。敌既无粮，其兵必走，击之则胜。"《粮战篇》在继承孙子"给养之道"的基础上，进一步着重阐明了粮食问题对军队生存与作战的深刻意义和重要作用。

在古代战争中，凡属高明的将帅，都十分重视粮食供应对取得作战胜利的重要作用问题，并且千方百计地保护己方的粮源和破坏敌方的粮源。军队一旦粮草断绝，下场通常都是两个字：灭亡！

楚汉战争，刘邦和项羽交战，屡战屡败。但萧何在后方，源源不断地给刘邦提供兵源和粮草，让刘邦总能东山再起。项羽出现了粮草供给不足的情况，双方开始议和，签了"鸿沟和议"，以战国时魏国所修建的运河鸿沟为界，划分天下。

垓下之战刚开战，梁地的彭越对楚兵发起骚扰，先断其粮道。汉军围了楚军近两个月，项羽四面楚歌，为何要抛弃他最后的资本——10万楚军，只带800骑兵逃亡呢？原因是项羽的粮草已被汉军切断，项羽即便不放弃10万楚军，他也没有粮草养活这10万人。

三国时代的兵法谋略家们在“庙算”战争胜负因素时，总是把粮草给养作为头等大事来谋划。粮草给养不仅是决定三国时代战争胜负的主要因素，而且会影响战争的整个进程。

诸葛亮曾指出：“粮谷，军之要最。”诸葛亮当年躬耕于南阳，积备战争粮草。曹操在《孙子注·虚实篇》中，曾认为断敌粮道，乃攻战之要。他指出攻敌的三个要害之处是“绝其粮道，守其归路，攻其君主也”。曹操把切断敌人的补给线摆在首位，他是善于断敌粮道的谋略专家。

官渡之战是中国古代战争史上以少胜多的著名战例，已经被史学家和兵学家研究得很透了，曹操的神机妙算当然生死攸关，而粮草给养作为官渡之战中袁败曹胜的转机，则被忽视了。

曹军方面，曹操考虑到自己粮草不如袁军多，尽量避免同袁军直接决战，将防线撤至许都一带，往后撤退125公里，进一步向补给基地靠拢，完全是从方便运输粮草，缩短补给钱，保障战争物资的角度来考虑的，并千方百计地烧毁了关系10万袁军生存的粮草。

袁军方面，兵多将精，粮草充足。可是，在最后的关键时刻，袁军粮草却不幸连续两次被烧，铸成全军溃败的大错。又由于袁绍的大本营远邺城距官渡前线有200公里之遥，补给线太长，相当于曹军长度的两倍，补给线过长，势必造成运输困难，所以粮草一旦被曹军焚尽，对袁军将是致命的打击。

当曹军袭击乌巢的消息传到袁绍大营时，众谋臣将士议论纷纷，都看出了粮草对袁军生死存亡的重要性，坚决主张火速出兵救援。但袁绍不听，反而派兵直攻曹军大营，曹营坚固不能攻下。这时乌巢被毁的消息传遍袁军，全军将士皆恐惧，因之惊扰大溃，曹军一举扭转战局并赢得了官渡之战的胜利。

“烽火未起思灶先垒。”在现代战争中，不论是空战还是海战，尤为考验运输能力，它是远程战争投放能力的关键所在。隆美尔曾说过：“战斗在第一枪打响之前是由军需官决定的。”这话在信息化战争的今天也一点儿都没错。

二战时期，日军与澳大利亚展开了大规模的战斗，日军倾注了20万左右的兵力。太平洋战场最高指挥官麦克阿瑟采用“蛙跳战术”，切断日军后勤，最后将日军逼到新几内亚的山洞里。因没有粮食，十几万日军竟然在山洞里吃战友的尸体。最后找到日军尸首只有2万具，还有15万具尸体“不翼而飞”。

后勤补给线堪称战场生命线，若没有可靠安全的补给线，后方物资给养再多也是徒劳，无法转化成部队战斗力。摩苏尔战役，伊拉克陆军第九师在摩苏尔城西完全控制了通向泰勒阿费尔的道路。泰勒阿费尔位于摩苏尔以西60公里，这条道路一直被“伊斯兰国”用作人员运输和物资补给线，也是连接摩苏尔和叙利亚拉卡的主要战略走廊。“伊斯兰国”补给线被切断，摩苏尔成围城。

第53节　积蓄之道

数学的积即乘积，由两个数或者两个以上的数相乘所得出的数或量，乘积的概念取决于乘法概念的定义，乘法运算也叫积运算。因此，数学的积要用乘法，而不能用除法，若用除法就不是积累，而是消耗。

蓄，《说文》中曰“积也”，也是用的乘法。

数学储蓄方程：

设上年定期存款x万元，活期（存款数$-x$）万元。

在军事上，实力的积蓄也必须用乘法。实力强弱对一个国家稳定发展至关重要，打仗打的是实力。而军事力量是在经年累月中积蓄起来的，强大的军队是不断发展壮大起来的。在自己的实力尚不足以击败敌人时，要尽量避免与敌直接交战。

《孙子兵法》是一本教你如何变强大的兵书。孙子强调的是以强胜弱，以多胜少。战争指导者首先要充分评估双方的军事实力；然后，实施作战要积蓄军事实力，这是战胜敌人的客观基础和必然条件。在这个基础上，再去寻找战机，战胜敌人。孙子的“积蓄之道”，体现了三种思想。

1. 备战思想。做好军事斗争准备，是孙子军事思想重要内容之一。春秋战国时期，大国争霸，小国图存、图强，战争频繁。生活在那个时代的孙子，提出了必须重视战备的思想。

孙子在《九变篇》告诫人们，“无恃其不来，恃吾有以待也；无恃其不攻，恃吾有所不可以攻也”。孙子强调任何时候都不要寄希望于敌人不会来，不会进攻上面，而要依靠自身实力，准备充分，使敌人无机可乘，做到无懈可击。孙子还非常注重在兵力、器材、辎重、粮食等物资上的准备，提出“有备无患”“有备者胜”。

李牧防匈奴，善于积蓄力量，厚积薄发。他坚壁清野，城门一关，任你如何挑衅，我没准备好，我就不出战。一年没准备好，就一年不战。十年没准备好，就十年不战。哪天准备好了，时机到了，就一战而定天下。

2. 强军思想。孙子在《军形篇》中说："昔之善战者，先为不可胜，以待敌之可胜。"意思是，善于用兵作战的人，总是首先制造不可被敌战胜的条件，并等待可以战胜敌人的机会。我管得了自己，管不了敌人；先武装好自己，再计划作战；先把自己做强，再考虑怎么对付敌人；自己都战胜不了自己，如何战胜敌人；胜利可以预见，但条件不允许都是空欢喜。因此，要苦练内功，积蓄自身实力，先强大自身。

"积水"二字取自《孙子兵法·军形篇》："胜者之战民也，若决积水于千仞之溪者，形也"。意思是，高明的指挥员领兵作战，就像在万丈悬崖决开山涧的积水一样，这就是军事实力中的"形"。善积者则自强，不善御善积者则自伤。军队这个"形"，是靠不断地积蓄起来的，让自己逐渐变得强大。

公元前494年，越王勾践在吴越夫椒之战中一败涂地，他卧薪尝胆，十年生聚，十年教训。回到越国后，勾践重修政制，颁布了一系列法令，发展生产，增殖人口，减缓刑罚，轻徭薄赋，用最快的速度复兴国家。越国国力日益强盛，而吴国却一天天走向衰败。公元前475年，越军攻吴，夫差自杀，越国吞并了吴国，勾践成为春秋末年政坛上显赫一时的风云人物。为此，勾践整整等了十年。

3. 养兵思想。《孙子兵法》"积蓄之道"，包含"养精蓄锐""以逸待劳""以饱待饥""蓄势待发""并气积力""养生处实""军无百疾"，这就是如何增强军队的实力，提高战斗力。

孙子在《军争篇》中说："以近代远，以逸待劳，以饱待饥，此治力者也。"意思是，以自己部队的靠近战场对付敌人的远道而来，以自己部队的安逸休整对付敌人的奔走疲劳，以己饱食之师对饥饿之敌，这是懂得并利用治己之力以困敌人之力。孙子提出"以逸待劳""以饱待饥"，就是积蓄己方的体力，以己饱食之师对饥饿之敌，从而打败敌人，取得胜利。

孙子在《军争篇》中说："掠于饶野，三军足食；谨养而勿劳，并气积力。"意思是，在富饶的地区掠取粮秣，就能保障全军上下的给养；注意军队的休整，不让士卒疲劳，提高士气，以增强战斗力。"三军足食"，"并气积力"，也就是有足够食物的饱食之师，就能积蓄士气与斗志。

孙子在《行军篇》中说："凡军好高而恶下，贵阳而贱阴，养生而处实，军无百疾，是谓必胜。"意思是，一般情况下驻军总是喜欢干燥的高地，厌恶潮湿的洼地；重视向阳之处，轻视阴湿之地。驻扎在便于生活和地势高的地方，将士就不至于发生各种疾病，这是军队制胜的一个重要条件。

孙子在这里提出养兵重在养生，疾病重在防御。良好的身体素质是战争的本钱，军队没有百疾是必胜的保障。要注重选择有利于生存的最佳地方"养兵"，包含生态、环境、地理和风水养生等传统养生的基本内涵，是"积蓄之道"的经典。

第54节 筹借之道

筹，古代计算用具，殷商时发明了“算筹”，算筹是圆形小竹棍，以后有了骨质的、铁质的。以算筹表示数目，有纵、横两种形式。表示多位数时，个位用纵式，十位用横式，百位用纵式，千位用横式，以此类推，遇零则置空。这种计数法遵循一百进位制。

据《孙子算经》记载，算筹记数法则是：凡算之法，先识其位，一纵十横，百立千僵，千十相望，万百相当。《夏阳侯算经》曰：满六以上，五在上方，六不计算，五不单张。筹算逐渐发展，算盘就诞生了。

借，暂时借用别人的财物等。数学上有借位减法，借十法，会计学中有借贷。所谓筹借，即筹划借款。

在军事上，不仅要筹，运筹帷幄，而且要借，借力使力。

孙子在《作战篇》提出“善用兵者，役不再籍，粮不三载，取用于国，因粮于敌，故军食可足也”。意思是，善于用兵打仗的人，兵员不再次征调，粮饷不再三转运，武器装备在国内准备充足，粮草补给在敌国解决，这样军队的军粮就能满足了。

曹操注：“兵甲战具，取用国中，粮食因敌也。”张预注：“器用取于国者，以物轻而易致也；粮食因于敌者，以粟重而难运也。夫千里馈粮，则士有饥色，故因粮则食可足。”这里的“因”，解释为就、依，即就地取用、依靠敌人。

“因粮于敌”，就是从对手处获得资源，从敌人那里求得补给。这是《孙子兵法》一个重要的战略思想，其精髓是取之于敌、胜之于敌，以战养战，动态共存。

孙子还说：“故智将务食于敌。食敌一钟，当吾二十钟；萁秆一石，当吾二十石……而更其旌旗，车杂而乘之，卒善而养之，是谓胜敌而益强。”意思是，长途运输成本高、风险大，所以明智的将军，一定要在敌国解决粮草，从敌国搞到一钟的粮食，就相当于从本国启运时的20钟，在当地取得饲料一石，相当于从本国启运时的20石。更换敌方的战旗，将战车编入本军序列使用，对敌方被俘的人员，要善待教育，为己所用，这就是战胜敌人而又能够使自己不断强大的道理。

在没有机械化的古代，北伐要比南征来的困难。以汉武帝北伐匈奴为例，根据当时的资料，全国军队有100万，但是北伐匈奴的部队始终只有10万人。有人阵亡，可以补充，但不能扩大规模。运输粮草的队伍，来回本身也要消耗粮草，15个人运送粮食，只能养活一个战士。而养活这16个人，需要100个人种田。所以征战三年，GDP倒退100年，人口减半，此言不虚。

孙子“因粮于敌”“务食于敌”的“筹借之道”，通过敌方的粮食、武器、装备等物资来养活自己，以及利用战利品和俘虏来补充自己，从而发展自己，壮大自己，对后世兵家产生了重要的影响。

作为兵学圣典的《孙子兵法》，之所以2500多年经久不衰，是因为它是人类文化遗产的宝库，借给人类的思想，让人取之不尽、用之不竭。在人类的发展史上，可以说是靠外界力量来战胜自然界的，靠自身力量很难生存发展。大凡世界上任何一件东西都是可以借的，而且是可以通过任何方法和方式来借的，比如借天时、地利、人和，借书，借脑，借智慧，等等。

诸葛亮“草船借箭”和兵出陇上抢新麦，郦食其献计取陈留，都是成功运用“因粮于敌”思想的杰作。不仅粮草“食于敌”，连武器也向敌人“借用”。

日本发动侵华战争时已经完成了工业化，其军队在组织结构和武器装备上已经初步完成机械化。中国是个农业大国，武器装备落后。日军战时的口粮基本兼顾了日常行军和战斗期间人体所必需的热量，在世界上也是独树一帜的，是中国军队无法相比的。

抗日战争期间，八路军、新四军和华南抗日纵队“因粮于敌”，从敌人那儿缴获粮草，再用敌人的子弹消灭敌人。八年全民族抗战，共缴获炮类共计1028门，机枪共计7700余挺，步马枪43万余支，以及大量的食品罐头。正如游击队之歌《我们都是神枪手》所唱的：“没有吃没有穿，自有敌人送上前，没有枪没有炮，敌人给我们造！”

解放战争中，精通《孙子兵法》的刘伯承是“因粮于敌”的高手：转到外线作战，兵源、粮源、饷源皆取之于敌区，敌之粮源为我利用，饷源也为我利用，即吃穿用皆取之于敌。从而敌人丧失了在中原的粮源、饷源、兵源。战争是人力、财力、物力的较量，由于刘伯承率部成功实施“因粮于敌”之略，使人民解放战争进入战略反攻，加速了国民党反动集团的灭亡。

1990年海湾战争开打前，时任美国总统布什风尘仆仆行走于欧洲、日本，除了寻求结盟之外，同时有一项重要任务：筹募军费。

第55节　倍分之道

在数学上，所谓倍即跟原数相等的数，某数的几倍就是用几乘某数。一个整数能够整除另一个整数，这个整数就是另一个整数的倍数。在军事上，倍指军队数量和军事实力的计算。

孙子在《谋攻篇》中说："倍则分之，敌则能战之"，意思是说，两倍于敌就要努力战胜敌军，势均力敌则设法分散各个击破之。陈皞注："直言我倍于敌，分兵趋其所必救，即我倍中更倍，以击敌之中分也。"

"倍则分之"，应理解为"使敌人兵力分散"，符合孙子"集中优势兵力"的用兵原则。兵散则势弱，聚则势强，兵家之常情也。古今中外军事家大多明白这个道理。

兵力两倍于敌，只是具有微弱优势。在这种情况下，指挥员需要对敌我双方的实力进行正确的评估，如果敌方在军心士气、武器装备、人和地利方面得到便利，很容易使形势发生逆转，我方转而陷入被动甚至遭受失败。因此，以微弱兵力对敌，应用好孙子的"倍分之道"，就能增加胜算。

20世纪40年代的英国军事理论家B. H.利德尔·哈特在他所著的《战略论》一书中，总结了从古希腊到第二次世界大战近30次战争，280多场战役。书的开篇中大段引述了孙子的格言，提出作战的最基本方法是，己方分散，引起敌人分散，然后才是自己集中。也就是说，首先要分散敌人的兵力，为了分散敌人，就需要分散自己的兵力；而分散自己的兵力，目的就是分散敌人的兵力，然后再集中自己的力量歼灭敌人。

怎么分呢？共敌不如分敌；敌阳不如敌阴。用我方的小股部队去挑逗敌人，让敌人看到有利可图，就会派大部队去与我方的小股部队周旋，这样我方的大部队就乘机吃掉敌人余下的小股兵力，再移师去对付敌人的大部队。或采用各种手段袭击和震撼敌人，通过分散敌人兵力，集中自己兵力，造成局部兵力对比优势，各个击破敌人，最终取得战斗的胜利。

围魏救赵，就是迫使魏国分散兵力撤回围攻赵国国都邯郸的部队，而使邯郸得救的经典案例。据《史记·孙子吴起列传》记载，公元前353年魏国围攻赵国都城邯郸，赵国求救于齐国。齐将田忌、孙膑率军救赵，趁魏国都城兵力空虚，引兵直攻魏国。魏军回救，齐军乘其疲惫，于中途大败魏军，遂解赵围。围魏救赵，后指袭击敌人后方的据点以迫使进攻之敌撤退的战术，现借指用包抄敌人的后方来迫使它撤兵的战术。

斯大林格勒战役中德军犯了一个关键性错误，就是在继续行军高加索的同时，再向斯大林格勒进攻，再次陷入两线作战的泥沼，这样使得原本已是兵力没有富余的德军进一步分散了兵力，犯了兵家之大忌。德国一战失败的主要原因是两线作战，顾东顾不了西，最后被活活拖死；二战中分兵的同时进攻乌克兰和列宁格勒也陷入两线作战的困境，斯大林格勒战役是重蹈覆辙。

中途岛海战日本总兵力超过美国三倍还有余，但日本的损失几乎是美国的三倍有余。为什么有着绝对优势的兵力却损失如此惨重？日本在中途岛失利最突出和最明显的错误是各种海军兵力的部署不当。作战计划的决策者们沿用了他们得意的一着，而这一次却成为致命的一着，即分散部署兵力。联合舰队不是把日本部队编成一支空前庞大的机动部队，而是采取了分散兵力的方针，结果各部队的兵力都比较薄弱。

毛泽东发展了孙子的“倍分之道”，创造性地提出在运动中歼灭敌人的“分进合击”：密切协同，能分能合，以散耗集，以集灭散。在作战指导思想上，以歼灭敌人有生力量为主要目标，不以保守或夺取地方为主要目标；在作战形式上，以运动战为主，在运动中歼灭敌人，并以游击战、阵地战密切配合运用；在作战对象的选择上，先打分散孤立之敌，后打集中强大之敌；在作战方法上，每战集中绝对优势兵力，采取包围迂回战术，在运动中各个歼灭敌人。

毛泽东特别强调游击战和运动战，因为阵地战是消耗战，弱小的红军打不起阵地战。游击战和运动战都是在运动中寻找战机，分散和消耗敌人，打打得赢的仗。解放战争三大战役从开始到结束整个过程，解放军都离不开分进合击，分割包围，各个击破，在运动中歼敌。

解放军在兵力、装备都不占优势，战场情况复杂多变的条件下，能取得如此辉煌的胜利，是战争史上的奇迹。在淮海战役结束的那一天，苏联领导人斯大林就在本子上写道：以60万战胜80万，真正的奇迹。

的确，这场战役中双方兵力的悬殊对比就是这个结局带给我们最惊人的地方。自古以来，以少胜多的战争实例不少，实力对比悬殊的也不少，但是淮海战役这样的战况、战果实属罕见的。20世纪80年代，美国西点军校专门派出考察团到淮海战场旧址进行实地考察，对这一结果的评价是“不可思议”。

第56节　众寡之道

众寡在数学上是数量多少。据古书记载："事大，大结其绳；事小，小结其绳，之多少，随物众寡。"

古希腊哲学家、数学家、天文学家，以发现勾股定理著称于世的毕达哥拉斯，有诗赞曰："研数学，寸阴不舍。知奥秘，探明众寡。"

军事术语，众寡一般指军事实力，兵力的多少。

《孙子兵法》"治众如治寡""斗众如斗寡""识众寡之用者胜""以众击寡""众寡不相恃""敌虽众，可使无斗"等一系列"众寡之道"，既是对战争经验的科学总结，同时是后世兵家用兵遵循的基本准则。

春秋时期齐国的司马穰苴是位大军事家，著有《司马法》。他在国家危难之时被齐景公破格从平民提升为将军，有很多人不服气。为了提高自己的威信，以便令行禁止，司马穰苴亲自导演了一场"杀鸡儆猴"的好戏，以治寡震众，在短期内就显现了其"治众如治寡"的军事才能。

《司马法·用众第五》曰："凡战之道，用寡固，用众治，寡利顺，众利正。用众进止，用寡进退。众以合寡，则远裹而阙之。若分而迭击，寡以待众。若众疑之，则自用之。"

中国古代大军事家吴起著有《吴子兵法》，在其"论将"中说："理者，治众如治寡。"

明代文臣统兵制胜第一人王阳明在《兵符节制》一文中提出："习战之方，莫要于行伍；治众之法，莫先于分数；所据各兵既集，部曲行伍，合先预定"的建军思想。他参照《孙子兵法》和《尉缭子》的分数之法，提出了适于山地作战的组成编制：每25人编为一伍，50人为一队，200人为一哨，400人为一营，以此类推；编选既定，仍每五人给一牌，备列同

25人姓名，使之联络习熟，谓之伍符，也以此类推。王阳明仅凭手中这份“字符”（即名册），就知道自己掌握了多少部队，具体的位置、任务。

“治众如治寡”，就是治理大军团像治理小部队一样有效，就要依靠合理的组织、结构、编制。管很多人跟管很少的人一样，是靠“分数”，就是编制。“分”，就是分成班、连、营、团、师、军之类，看你怎么分。“数”，就是每个编制单位多少人。编制搞好了，组织架构搞好了，管很多人就跟管很少的人一样。

“斗众如斗寡”，就是指挥大军团作战就像指挥小部队作战一样到位，靠什么呢？靠“形名”，就是明确旌旗、金鼓等号令标志。曹操注解说：“旌旗曰形，金鼓曰名。”形名就是号令。“形”，顾名思义，是视觉号令，旗帜、狼烟都是“形”；“名”，是听觉号令。号令有眼睛看的，狼烟、信号旗之类，也有耳朵听的，冲锋号、集结号、击鼓前进、鸣金收兵之类都是，按现代的话说，就是依靠明确、高效的信号指挥系统。现在讲现代军队要信息化，其实军队从诞生的第一天开始，就是靠信息化在作战。

各国名帅都是信息专家，拿破仑就是旗语大师。日本战国时代，武田信玄能够称雄，就是他规划设计了全日本最密集最先进的“智慧的烽火台”系统，从他的甲斐国辐射出去，任何风吹草动，他放几种不同颜色的狼烟就能传递信息，调动军队。武田信玄还第一个举起“风林火山孙武旗”，旌旗所向，无往不胜。所以武田信玄的“形名”，不是上阵才有，是从指挥系统抓起。

“识众寡之用者胜”，这是孙子提出的“知胜有五”中第二种可以知道能够胜利的情况。陈启天注：“谓精通使用多兵与寡兵之战略战术者，则战可胜也。战略战术之决定，通常以敌我兵力之多寡而异，知此者即能获胜。”这是通论多兵与寡兵之战略战术各异，精此则战可胜。

“识众寡之用”，就是懂得兵力的配置。将帅的指挥才能，更多地体现在调兵遣将上，即对军事资源的协调和配置上，在哪里防御，从哪里进攻，需要多少兵力，等等，如何合理调配。

善战者必须根据手中的兵力，正确分析敌我力量的对比，采取不同的战术。如敌寡我众，可以集中优势兵力围而歼之；如敌我相当，可以集中相应兵力，攻其薄弱的一翼；如兵力不够，可以诱敌深入，分而歼之；如敌众我寡，可以避实就虚，打了就走。

"以众击寡"，就是以优势的兵力进攻劣势的敌人。孙子在《军形篇》中说："我专为一，敌分为十，是以十攻其一也。则我众敌寡，能以众击寡者，则吾之所与战者约矣。"意思是：我把兵力集中一点，而敌人分散在十处，就相当于我们以十倍于敌人的兵力攻打敌人，从而出现我众敌寡的态势，自然有利于我们。

《百战奇略·形战》曰："凡与敌战，若彼众多，则设虚形以分其势，彼不能不分兵以备我。敌势既分，其兵必寡。我专为一，其卒自众。以众击寡，无有不胜。"

秦始皇欲攻取楚国，问需用兵多少，将军李信说："不过用二十万人。"又问王翦，对曰："非六十万人不可。"结果，李信率20万伐楚，被楚人用计击破，大败而回；王翦率兵60万攻楚，用计大破楚军，杀其将项燕，竟灭楚国。由上观之，李信轻敌，只要20万，以寡击众，故败；王翦充分估计到楚国的力量，一定要60万人方可，以众击寡，故大获全胜。

第57节　方圆之道

在数学上，方圆指定半径范围内的面积。人类很早就认识并使用了方圆。据数学史家考证，人类最早是用树杈来画圆的。中国考古学者曾发掘出公元2世纪汉朝的浮雕像，其中有女娲手执规、伏羲手执矩的图像。规与矩，前者是圆规，是用来画圆的工具；后者很像现在的直角尺，是用来画方形的工具。古代的方圆就是这样画出来的。

在司马迁所写的《史记》中，也提到夏禹治水的时候“左准绳（左手拿着准绳）”，“右规矩（右手拿着规矩）”。在甲骨文里，就发现有“规”和“矩”这两个字。其中，“规”字很像一个人手执圆规在画图，“矩”字像两个直角，可以说极尽象形文字之妙。

中国文化是以天地至尊，圆为天，方为地，方外有圆，指天地间。清朝的铜钱形状“内方外圆”，揭示出方外有圆，圆中有方，外圆而内方的道理。天圆地方，无限广阔。人在其中，微如芥子。掌握了“方圆之道”的大智慧，就会懂得通融，方能从容。

《周易》里的六十四卦方圆图，图像上是由两个八卦上下组合而成。由方图可以看到六十四卦中每一卦的“数”，方图所代表的是空间；在圆图的中心，从乾卦到坤卦画一条线，好像是天体银河的位置，而这一圆图即代表着时间，一年之中的24节气及12个月，皆由是而产生。

《易经》蕴藏着人类文明科技无法推翻的神秘奥妙智慧，《易经》在军事上的许多卦象与兵法有着直接的联系。《孙子兵法》是以《易经》为哲学基础的，包含着《易经》的变化等原理，方圆在兵法中就是变通。中国古代经典有许多相通之处，说明中国文化互补性很强，融合性也很强。

孙子在《兵势篇》中说：“任势者，其战人也，如转木石。木石之性，安则静，危则动，方则止，圆则行。”意思是，善于创造有利“势”的将领，指挥部队作战就像转动木头和石头。木石的性情是处于平坦地势上就静止不动，处于陡峭的斜坡上就滚动，方形容易静止，圆形滚动灵活。

在这里，孙子借用“木”“石”之性，形象生动地阐明了“方”与“圆”的辩证关系。不管是战场武将还是潇洒文人，不管是官场首脑还是商界巨富，其中不乏精通“方圆之道”人生艺术的高手，为人处世，当方则方，该圆就圆，思方行圆，止于至善。

孙膑将阵完整系统地分为十种阵形：方阵、圆阵、锥阵、雁阵、钩阵、玄阵、疏阵、数阵、火阵、水阵。后两种是特殊战法情况下才使用，一般以方、圆、锥为主。

而孙子的“方圆之道”，以木石之性作为形象生动的比喻，在讲述善运用态势指挥军队作战之外，还侧重讲的是因势用人的道理。他论述“方则止，圆则行”的前提是：“故善战者，求之于势，不责于人，故能择人而任势。”就是说，用人要讲“方圆”。“方”指用人的原则性，“圆”指用人的灵活性，前者是用人的内在要求，后者是用人的艺术形式。方圆融合，相得益彰。

在治国和治军中，政治家和军事将帅既要坚持原则，又要随机应变，灵活圆通，情圆理方，切不可让原则捆住自己，失去民心，招致失败。古人说：“圆若用智，唯圆善转。”道理就在于此。

前秦皇帝苻坚的得力大臣王猛在潞州与前燕太傅慕容评对峙。王猛派大将徐成去探查燕军虚实，令他中午回报，而徐成却在黄昏时才返回，王猛按照军纪要斩徐成。邓羌为徐成求情说：“敌众我寡，明晨即要打仗，最好是宽恕了他。”王猛坚持说：“如果不斩徐成，军法威严难以树立。”邓羌回答说：“徐成违期该斩，但我愿与他一起拼死作战，以求赎罪。”在邓羌的劝说与威迫下，王猛才赦免了徐成。

结果，邓羌与徐成奋战杀敌，大败燕军，以报主帅。王猛只讲军法而不讲人情，是一种理方而情不圆的做法，违背了孙子的“方则止，圆则行”的教诲，是难以赢得部下人心的。而邓羌按照“理方情圆”的管理之道，明知徐成违期该斩，但面对当前的敌我情况，要想战胜燕军，就必须在承认徐成违期该斩的前提下，又要请求宽恕，这是讲人情。这是“理方情圆”管理之道的一次成功运用。

赵匡胤“陈桥兵变，黄袍加身”之后，坚持以武力统一中国，灭掉南方各国，这是政治原则，不能动摇。一旦南方诸国被灭之后，如何对待这些“孤身远客”呢？是杀掉他们还是厚待他们？

赵匡胤按照“理方情圆”的管理之道，不但对降王赐官封侯，而且对他们的家属也百般关照。如西蜀被灭后，宋太祖拜孟昶为检校太师兼中书令，封秦国公，死后，追封他为楚王。孟昶母亲初到开封时，赵匡胤即称她为国母，并表示马上让她返回蜀地。孟母奏道：“妾身并非思蜀，原先本是太原人氏。傥得归老家并州，乃妾身所愿。”宋太祖说：“如此，待朕取得太原，便送国母归去。”从宋太祖厚待降王的历史事实中，表明“方则止，圆则行”的魅力。

第58节　时机之道

时间的计算属于数学范畴，机会具有成本和价值。时间与机会构成的时机，即适当的时刻或机会。时机具有时间性的客观条件，特定时间的特殊机会，具有时间限制性。

时机可归入机遇（机会）数学，其原理包含数学中的两个学科分支——概率论和数理统计学。前者属于机遇数量化的理论基础，而后者则是其应用。机会有偶然性、必然性和随机性，机会有大有小，具有数量化。

在军事上，时机是指有利于己而不利于敌的战机。主要表现为利用天时、地利、人和及有利的态势、乘敌之隙。把握战机是为了出其不意，先机制敌。

孙子在《军形篇》中说："胜可知，而不可为。不可胜者，守也；可胜者，攻也。"意思是说，敌人无可乘之机，不能被战胜，且防守以待之；敌人有可乘之机，能够被战胜，则出奇攻而取之。孙子强调用兵作战应遵循等待时机，相机破敌，争取胜利的基本原则。

《吴子·论将》有"凡兵有四机：一曰气机，二曰地机，三曰事机，四曰力机"之说。历代著名的军事家都很注重把握战机。能把握战机可称军中战将，善于制造战机才是一代名将。

东汉末年，曹操虽然很赏识司马懿的才干，但并不信任他，对他有疑虑、不放心。司马懿对此心中有数，韬光养晦，等待机会，危中寻机。曹丕称帝后，司马懿终于等到了机会，得到曹丕充分的信任。在曹丕亲征期间，总揽一切国政大事。曹丕临死时，司马懿已是抚军大将军，与中军大将军曹真、镇军大将军陈群、征东大将军曹休一起，受遗诏辅佐新帝曹睿。

曹睿继位后，封司马懿为骠骑大将军，提督雍、凉等处兵马，实际上执掌了魏国的精锐部队。曹真死后，他更是军权独揽。显然，在曹丕、曹睿时期，司马懿已经由曹操时默默无闻的相府主簿跃升为曹魏集团的核心领导成员，参与了魏国重大政策和策略的制定和执行，后期更是兵权独揽。

曹睿后期，司马懿已位极人臣，他统领曹魏大军，与蜀汉、东吴对抗。他熟读兵书，老谋深算，是足智多谋的诸葛亮的真正对手。他统兵期间，以各种各样的战略战术，让北伐中原的蜀军无可奈何，让六出祁山的诸葛亮命丧五丈原。最后，曹氏家族被灭，曹操开创的基业大权旁落，司马懿成功地从曹操的后代手中拿走了曹家的江山。这个煎熬的等待得来的机会造福了子孙后代，其子司马昭称王后，追尊其为晋王；其孙司马炎称帝后，追尊其为高祖宣皇帝。

司马懿很懂得等待时机，他一直胜不了诸葛亮，诸葛亮病故于五丈原，司马懿还怀疑是孔明用计诱敌，赶紧策马收兵，于是有“死诸葛吓走生仲达”之谚。司马懿一直等到街亭之战诸葛亮犯错误，才终于有机会战胜诸葛亮。诸葛亮一生谨慎，而街亭由马谡据守，可以说诸葛亮在用人上的一次失误。

李世民也很懂得等待时机。他说，观古今兵法，就一句话：“多方以误之。”没有胜算把握时，唯一的办法就是等，等对方犯错误。对力量强大、利在速战之敌，李世民主张“坚营蓄锐以挫其锋”，“以持久弊之”，消敌锐气，断敌给养，提高自己军队士气，壮大自己的力量，改变敌我双方力量对比，在敌人粮草不继、士气衰落或准备退却时，以反击取胜。

在著名的浅水原之战中，开始众将请求出战，李世民坚决不同意，他说：“我士卒新败，锐气犹少。贼以胜自骄，必轻敌好斗，故且闭壁以折之，待其气衰而后奋击，可一战而破，此万全计也。”李世民与敌方相峙了60多天，一直等到对方粮尽，两名大将来降，方才开战。薛军果然粮尽，军心动摇，李世民乘机出击，取得了决战的胜利。在打败宋金刚、窦建德等人之战中，李世民也采用了此法。

《资治通鉴》记载："秦王世民选精锐千馀骑，皆皂衣玄甲，分为左右队，使秦叔宝、程知节、尉迟敬德、翟长孙分将之。每战，世民亲被玄甲帅之为前锋，乘机进击，所向无不摧破，敌人畏之。"

孙子的"时机之道"告诉人们，最聪明的指挥员就是善于发现机遇，运用机会，征服机会，驾驭机会，还善于危中寻机，转危为机。机会来了，必须捉住战机，当机立断。因为战场上机不可失，时不再来。犹豫不决，当断不断，坐失良机，就会贻误战机。

项羽在鸿门宴上优柔寡断，一再放弃杀掉刘邦的机会。他听信项伯的"仁义"之说，放走当时处于绝对劣势的对手，并封刘邦为汉王。当断不断，养虎为患。项羽从咸阳引兵东归彭城，打算回乡炫耀一番，以致贻误战机。刘邦的势力日益壮大，最终，四面楚歌之声把一代西楚霸王逼得洒泪与心爱的虞姬诀别，落得个乌江自刎的结局。

1949年4月，毛泽东在指挥解放军渡江占领南京后，曾在他的一首诗中，总结项羽失败的教训："宜将剩勇追穷寇，不可沽名学霸王"。

第59节　有无之道

数学中，数和形是两个最主要的研究对象。几何和拓扑是有形的，即使没有现实的形，也有可以想象的形；而函数是无形的，能想象出形的函数很少。数形结合是数学解题中常用的思想方法，由数想形、由形知数，用无形研究有形，将有形归于无形，这就是数形结合思想。

哲学解释，“有”，指事物的存在，有“有形、有名、实有”等义；“无”，指事物的不存在，有“无形、无名、虚无”等义。最早提出有与无范畴的是老子，他提出“天下万物生于有，有生于无”，认为无比有更根本。

孙子汲取了老子的哲学智慧，提出战场上示形动敌、克敌制胜的最上乘境界乃是“形兵之极，至于无形”。孙子在《虚实篇》中说：“故形人而我无形，则我专而敌分。”意谓用示形的办法欺骗敌人，诱使其暴露企图，而自己不露形迹，使敌捉摸不定，就能够做到自己兵力集中而使敌人兵力分散。

《十一家注孙子》中何氏注解：“有形者至于无形，有声者至于无声。不是无形，是敌人不能窥视；不是无声，是敌人不能听见，这就是虚实之变的极致。”

孙子在《虚实篇》中评价：“微乎微乎，至于无形。神乎神乎，至于无声，故能为敌之司命。”意思是，虚实之道，实在是太过精妙了，竟然找不到一丝形迹，太过神奇玄妙了，居然找不到一点声迹消息。

孙子把这种高着概括为“示形”动敌。所谓“示形”，就是隐真示假，诱使敌人中计上当，被自己牵着鼻子走，最后陷入失败的命运。所谓“无形”，“则深间不能窥，智者不能谋”。

示形动敌的方法运用到极妙的境界，能使人们看不出一点形迹，即使有深藏的间谍，也无法探明我方的虚实，即使很高明的敌人，也想不出对付我方的办法来。例如《笑傲江湖》里面风清扬教令狐冲剑术之道，说剑术讲究“行云流水，任意所至”，令狐冲因此进入了另一番境界。而后令狐冲学习独孤九剑时“无招胜有招”，可以说是达到武学的最高水平。

孙子认为，一旦达到这种境界，那么进行防御，即可“藏于九地之下”，坚如磐石；进攻，即可“动于九天之上”，制敌于死地。一句话，我军处处主动，而敌军则处处被动。

兵家历来重视“示形动敌”，把它作为争取作战主动权的重要手段。“示形”是“动敌”的前提，而“动敌”则是“示形”的结果，其目的在于使敌人判断失误，使己方形成制敌优势。

公元前270年，秦国进攻赵国，围困阏与（今山西和顺西）城。赵国将领赵奢本来是去救阏与，却装作不去，使秦军信以为真。在这种战术得手后，赵军悄悄奔向阏与扎营，然后把秦军引诱过来，大败秦军，从而达到了援救阏与的目的。在阏与之战中，赵奢采用的战术就是“示形动敌”。

毛泽东在总结土地革命战争战略退却经验时说：“我们可以人为地造成敌军的过失，例如孙子所谓‘示形’之类（示形于东而击于西，即所谓声东击西）。”著名的四渡赤水就是用示形以动敌的策略，不断制造假象以迷惑和调动敌人，进而声东击西，以打击敌人，达到胜利突围的目的。四渡赤水是毛泽东“示形动敌”的得意之作。尾随而至的敌军“只捡到红军的几双破草鞋，而望洋兴叹”。

美国发起的海湾战争中，有一个“沙漠军刀”行动。在这一行动中，可以清晰地看到“示形动敌”的现代投影。多国部队针对伊军固守正面作战态势，在正面战场上实施战略佯攻，诱伊军产生错觉，无谓增强正面布防，牵制了大量伊军力量，为联军聚歼精锐部队创造了有利条件，从而取得了战场上的胜利。

美国发动的伊拉克战争中，有一个“闪电攻势”行动。在这一行动中，美军第三机步师赤裸裸地直逼巴格达，使其完全暴露在伊方有生力量的打击之下，似乎看不到“示形”的迹象，其实这里头也包含着“示形”的因素，只不过是以心理震慑形式在调动伊军。可以说，这次“闪电攻势”是在新的条件下对“示形动敌”战法的新用。

以上古代的阏与之战与两场现代局部战争，一个共同的昭示是：有战争就要善于“示形动敌”。在未来的战场上，要做到迫使敌人不得不听从我的调动，在很大的程度上取决于巧妙示形的效果。因为只有巧于示形，制造的种种假象造成敌人的错觉，才能使敌人听我调动，就我所范。

如何让敌人听我调动呢？孙子的方法就是使敌所备者多，所备时间长。我不让敌人知道我何时何地与他交战，使他到处设防，长期准备，敌人防备的地方多了，力量就必然分散，所谓“无所不备，则无所不寡”（《虚实篇》）。敌人备的时间长了，就会松懈麻痹。在兵力部署上无所不寡，在精力上又松懈麻痹，也就无时、无所不可击了。

第60节　予取之道

予即给予，取即得到。德国数学家菲利克斯·克莱因称，数学能给予一切。数学信息给予题，是对数学命题的创新；数学提取一般都是强调从某一组合数当中提取某个数，或者是从某样东西当中提取某样东西。数学中有取值，还有提取公因式。

孙子在《兵势篇》中说："故善动敌者，形之，敌必从之；予之，敌必取之。以利动之，以卒待之。"意思是，所以善于调动敌人的人，以假象迷惑敌人，敌人就会听从调动；用小利诱惑敌人，敌人就会前来夺取。以利诱惑敌人，并预备重兵伺机击破。

从本质上来讲，"予"和"取"与人们平常所说的"舍"与"得"的道理是相通的。"予"和"取"，"舍"与"得"虽是反义，却是一物的两面，相伴相生，相辅相成。中国的儒、释、道、兵各成一体，观点有所不同，但在"予"和"取"、"舍"与"得"这个问题上，却有高度的共识，这是十分罕见的。

成语"欲将取之，必先予之"，出自老子《道德经》第三十六章："将欲去之，必固举之；将欲夺之，必固予之。将欲灭之，必先学之。"主要意思是：想要夺取它，必须暂时给予它。可见，孙子的"予取之道"与老子如出一辙。

《韩非子·说林》记载，春秋末期的晋国（大部分在今山西境内），以国君的公室为代表的奴隶主贵族势力与新兴的地主阶级之间的斗争十分激烈。代表新兴地主阶级的是赵、魏、韩、智、范、中行六家，职位都是卿大夫，史称"六卿"。他们都各自拥有武装队伍，权势实力超过奴隶主贵族，连国君也被控制，只不过挂个空名。但是六家之间，争权夺利的矛盾也很尖锐。范、中行两家首先被其他四家瓜分兼并。接着智伯向魏宣子伸手，提出领地要求。魏宣子哪里肯屈服，当即表示拒绝。

可是魏宣子的谋士之中，有个名叫任章的，向魏宣子献计：请不要正面拒绝智伯，不妨满足他的要求。他尝到了甜头，一定骄傲得意，更加贪得无厌，四处伸手。到那时，其他大夫必然会不满，从而促使各家联合起来。这样，以你们几家的兵力，收拾那样一个孤立无援而又骄傲轻敌的智伯，试想，他的性命还能保得住吗？将要打败他，必须姑且帮助他；将要夺取他，必须姑且给予他。所以现在，你必须姑且给予他土地。

当时，魏宣子听了任章的话，认为此计甚妙，当即照办，划出一些土地给了智伯。后来，智伯果然贪得无厌，最终被赵、魏、韩三家所灭。魏宣子不但收回了划出去的那一部分，还分得了更多的土地。

东汉末年，社会动乱，在黄巾大起义的沉重打击之后，东汉王朝摇摇欲坠。一时之间四处豪杰并起，纷纷割据，其中就包括大军阀董卓。董卓为人粗中有细，勇猛强悍又善于用计谋，能用各种方法收买人心。他年轻时候闯荡天下，在羌中地方不遗余力地结交当地的羌族首领，送的礼物都很贵重，态度也很真诚，赢得了当地人的欢心。

后来董卓以退为进，在乡下积聚势力，号称归耕田亩，但是他的名声早已在外了。有一次一个羌族小头目特地远道而来拜访他，董卓显出蓬荜生辉的高兴样子，十分热情地招呼他入堂就座，嘘寒问暖，让其大受感动。

董卓告诉他说，隐居乡下没什么好吃的，只好让手下人宰头耕牛招待他了。董卓和小头目面对面就座，叫人献上歌舞来饮酒取乐。小头目被董卓的真诚待人感动，回去后四方搜罗了猪、羊、牛等1000多头牲畜送给董卓做礼物。这件事被纷纷扬扬地传开了，董卓一时名闻四野，羌人中没有一个不信服他的。后来董卓逐渐成为一方军阀，他的部队与其他人的相比有一个显著的特点，那就是有不少羌族人，羌汉士兵相处十分融洽，战斗力大大增强。

董卓如此热情招待羌族首领，目的是想求得羌人的支持，补充兵力、物力。这一点明说难免会受到抵触，可董卓以真诚为竿，以耕牛为饵，付出一点点无足轻重的东西，轻易“钓”得了羌人的人力、物力支持，让他们心甘情愿前来加盟，不可谓不高明。

孙子的“予取之道”已成为古今中外军事上的一大兵法之要，其高明之处，不仅在于先满足别人的欲望，以达到实现自己的目标与价值之目的，而且在于不过分看重眼前的蝇头小利，要着眼于长远利益，放得下才能拿得起。不要舍不得打破坛坛罐罐，也不要舍不得丢掉一城一池，所有的暂时性退却都是为了给将来更大的发展做铺垫。

1947年，国民党军队大举进攻延安，毛泽东毅然放弃延安，不在乎一城一地的得失，而是“以一个延安换取全中国”的全胜。蒋介石得到了延安，却失去了整个中国。美国政府在1949年发表的《白皮书》，对这段历史有着这样的评价：国民党军“攻占延安曾经宣扬为一个伟大的胜利，实则是一个既浪费又空虚的、华而不实的胜利”。

第61节　易难之道

数学题中的易证，顾名思义就是很容易证明的意思。易证就是略证，比较容易证就不浪费时间了。数学易难解析，把研究质数性质转化为研究与已知质数互质的数的性质，实现了数形结合，又引入数的带余数数式运算，从而化难为易，使复杂的问题简单化。

孙子在《军形篇》中说："古之所谓善战者，胜于易胜者也。"意思是，古代所谓善于用兵的人，只是战胜了那些容易战胜的敌人。这就是孙子先易后难的"易难之道"，是孙子的重要战略思想之一。

"胜于易胜"，就像在自然界的大鱼吃小鱼一样，往往是先吃小的、容易的，然后再吃较大的。即使是最为凶猛的狮子，在猎杀羊群时，也往往优先猎杀跑得最慢、最弱的那只。

在兵法上，所谓"胜于易胜"，是指把战争胜利建立在容易取胜的基础上。究其实质，是用较小的代价换取较大的战果，谋求最好的实战效益。

田忌经常与齐国众公子赛马，设重金赌注。孙膑发现他们的马脚力都差不多，分为上、中、下三等，于是对田忌说："您只管下大赌注，我能让您取胜。"

田忌相信并答应了他，与齐王和各位公子用千金来赌注。比赛即将开始，孙膑说："现在用您的下等马对付他们的上等马，用您的上等马对付他们的中等马，用您的中等马对付他们的下等马。"已经比了三场比赛，田忌一场败而两场胜，最终赢得齐王的千金赌注。这场赛马轻易取得胜利，孙膑就是用了孙子的"胜于易胜"。田忌把孙膑推荐给齐威王，齐威王向他请教了兵法，把他当成老师。

孙子强调将帅谋划制胜之道，要优先考虑和选择“易胜”之策，而不是筹划和选择“难胜”之策。孙子反对仓促应战，侥幸取胜，强调必须先创造易胜的客观条件，使战争的胜利建立在确有把握的基础上，然后再开战。即战前就采取了万无一失的必胜措施，“胜已败者”。

何谓“胜已败者”？就是战胜那些已经处于失败地位的敌人，或者说战胜那些已经暴露败形的敌人。古往今来，善于打仗的人，他们总能找到容易成功的突破口，总能找到容易成功的关键点。哪里敌人最薄弱，哪个地方最容易取得胜利，我就攻哪个地方。

《资治通鉴》(军事篇之四十八)记载，公元386年，望都（今河北望都县境)，后燕大将军慕容麟生擒丁零部落首领鲜于乞。其兵法：“胜于易胜。”

燕望都擒首之战，较完整地体现了孙子的这一兵法观点。尤其是指挥这场战役的大将军慕容麟，他所说的“一举可取”，与孙子的“胜于易胜”高度契合。慕容麟出于对“国主在外，无所畏惧，一定不会设防”的形势判断，在“胜于易胜”的引领下挥兵行动，一举成功。

秦国统一六国战争，首先从六国中最弱小的韩国开刀，就是应用了孙子“胜于易胜”的思想，从最容易得手的国家下手。韩国本来就是三晋中最弱的一方。到韩桓惠王时，韩就已臣服于秦国。秦始皇初年，韩国的疆域更加缩小，只剩下都城阳翟与其周围十多个中小城邑，基本上已是名存实亡之国了。秦国灭韩之战，用绝对优势兵力，突然袭击，将韩国一举攻灭，占领了地处“天下之枢”的战略要地，在统一中国的战争中，迈出了成功的第一步。从公元前230年攻打韩国到公元前221年灭齐国结束，共计十年的时间，先后消灭韩、赵、魏、楚、燕、齐六国，结束了中国自春秋以来长达500多年的诸侯割据纷争的局面，建立了中国历史上第一个君主中央集权国家，即秦朝。

毛泽东是“胜于易胜”的高手，他主张拣弱敌打、打好打之敌，不打无准备之仗、不打无把握之仗。

据萧克回忆，第一次反“围剿”为何不先打弱敌谭道源师，而打强敌张辉瓒师？因为谭师在源头地形好，武器好，构筑了坚固工事，且兵力集中，我军设伏两天，未见下山，无法打运动战，故而谭师此时不能视为弱敌。而张师兵分三地，龙冈9000人，东固4000人，南昌补充团1000人，盲目东进龙冈，走失情报，未作任何战斗准备，正在山坳运动中，加上十天前在东固与公师误战火并，遭受损伤，这样他就不算强敌了。当时真正的强敌是第十九路军。所以，朱毛指挥的第一次反“围剿”是拣弱敌打。

第二次反“围剿”，大敌当前，毛泽东仍“诱敌深入”，集中兵力先打弱敌，在运动中各个歼灭敌人。红军白云山下一击即中，歼灭国民党军一个师又一个旅大部，随后，四战四捷，歼敌3万人、缴枪2万支。

第三次反“围剿”，国民党军重兵合围，深入苏区腹地。毛泽东以走求生，险中求胜，指挥红军主力悄然跳出包围圈，避强击弱，速战速决，边走边打。国民党军跟着红军后面打转，“肥的拖瘦，瘦的拖死”，连吃败仗，无功而返。

毛泽东晚年还曾对身边工作人员说：“打仗要像唐太宗那样，先守不攻，让敌人进攻，不准士兵谈论进攻的事，谈论者杀。待敌人屡攻不克，兵士气愤已极，才下令反攻，一攻即胜。”

第62节　度量之道

度量，亦称距离函数，数学概念，是度量空间中满足特定条件的特殊函数。度量空间也叫作距离空间，是一类特殊的拓扑空间，是现代数学中一种基本的、重要的、最接近于欧几里得空间的抽象空间。度量空间中最符合我们对于现实直观理解的是三维欧氏空间。

《史记·司马相如传》载："人之度量相越，岂不远哉！"在军事上，具有雄才大略的指挥员也具有度量空间，即具备度量宽宏、心胸宽广、豁达大度、从谏如流等性格特征。

孙子在《军形篇》中论述了"度、量、数、称、胜"这个中国传统兵学中引人关注的"度量法"。

孙子在《兵势篇》说："故善战者，求之于势，不责于人，故能择人而任势。"意思是，善于作战的人，要依靠有利的态势取胜，而不苛求于部属，因而他就能选到适当的人才，利用和创造有利的态势。

杜牧解释说："善战者先量度兵势，然后量人之才，随短长以任之，不责怪说下面人不成器。"作为一个统帅，既要大胆地选择人才，更要放手让人才各尽其用。

战国时期，齐威王与魏惠王在一次围猎中有这样一段争论，争论的问题是各国的资源中什么最重要。

魏王问："齐国有宝贝吗？"齐王答："没有。"

魏王说："我国国土虽小，却有直径一寸大的珍珠十颗。每颗可照亮车前车后的车辆12辆。齐国是大国，就没有珍宝吗？"

齐王说："我认定的珍宝概念同你不一样。我有位大臣叫檀子，派他守南城，楚国人不敢入侵；我有位臣子叫盼子，派他守高唐，赵国人就不敢到黄河来打鱼；我有位官吏叫黔夫，派他守徐州，燕国人对着徐州北门祭祀求福；我有位臣子叫种首，叫他防盗防贼，百姓可以路不拾遗夜不闭户。像这样的珍宝，其光泽可远照千里，何止照亮12辆车子呢！”

可以说，从古至今，大凡在事业上颇有成就的，崇尚“度量之道”是重要原因之一。古人留下的惜才、爱才、用才的感人轶事很多，就连汉宣帝的麒麟阁、光武帝的云台十八将、唐太宗的凌烟阁，也以悬挂功臣肖像以资垂范。战国时燕昭王设“黄金台”以招贤，东汉末曹操、明代朱元璋均出“招贤榜”以招贤揽才。这些事例都说明了人才的重要性。

“度量之道”是刘邦成功的“法宝”。秦朝末年，刘邦、项羽争雄中原。项羽因战起家，出身名门，骁勇，但不善战。刘邦上马不能征战，下马不能抚民，最终能取得天下，皆因有独门“法宝”。刘邦清楚自己“夫运筹帷幄，决胜千里之外，吾不如子房；镇国家，抚百姓，给粮饷，吾不如萧何；连百万之兵，战必胜，攻必取，吾不如韩信。此三杰，皆人杰也，能用之，皆吾所以取天下也。项羽有一范增而不能用，此其所以被我擒也”。项羽所能驾驭的是一己之勇，而刘邦知道自己所短、他人所长，善于调动所有资源为己所用，所以建立千秋帝业。

曹操也是信奉“度量之道”的高明统帅。他给留守合肥的护军一锦囊：“如果孙权来，张辽、李典将军出战，我将军守，护军不要出战。”孙权来犯，李、张出战，趁孙权立足未稳，即刻出战，大破孙权，吴军气势没了。张、李二将再回城中守，守军气势盛，孙权再来攻城，久攻不下，自动撤军。曹军合肥之守，如果专任勇者，则好战生患；专任怯者，则惧心难保。且彼众我寡，他人多，必有惰性。我以亡命之师，击他贪惰之卒，其势胜。胜而后守，则必固！

李世民是懂兵法践行“度量之道”的皇帝，是历史上有名的贤君，他善于用人，也有容忍他人的气度和胸怀。“致安之本，唯在得人”，这是唐太宗的治国思想，因此，他常常要求周围的人推荐人才，自己也留心观察，发现和提拔可造之材，以任人唯贤为自己的用人原则，而不以个人恩怨好恶、新旧亲疏来评价他人。在唐朝的政治机构中，有昔日的敌人、有投降的俘虏、有少数民族的首领，也有出身市井的草民。

在唐太宗的众多臣子中，最有名的就是魏征。魏征原来是太子李建成的部下，在李世民还没有掌权之前，魏征多次劝李建成把野心勃勃的李世民除掉。玄武门之变后，李世民成为新的君王，他对魏征说："听说你一直建议太子除掉我，但是现在我坐在了皇位上。"魏征不但面无惧色，还长叹道："要是太子当初听臣一句劝，也不会落到今天这个局面。"

魏征的直言不讳虽然让李世民很不高兴，但是他更看重魏征的耿直，因此逐渐信任魏征，听从他的建议，后来魏征做了宰相，为唐朝的兴旺作了重要贡献。

康熙皇帝在做出武力统一台湾的决策后，就开始考虑清军水师的主将人选。福建总督姚启圣推荐汉族将军施琅。但按照清朝"以满制汉，以文制武"的惯例，遇有大的战事前线最高指挥官一般都由满族八旗将领担任。可是满将又没有海战经验，渡海攻台非依赖汉将不可。

开始的时候，康熙皇帝命施琅与姚启圣二人"合征"台湾。但二人在一系列指挥问题上存在很大分歧，多次推延出征日期。此时，康熙帝在征求了大臣的意见后，授予施琅"专征"权。1683年夏秋时节，施琅率军亲征，一举收复台湾。事实证明，康熙皇帝在选拔和使用攻台主将这一重大人事决策方面，虽然有点曲折，但总体上还是有"度量之道"的。

第五章 《孙子兵法》十三篇的奇数妙用

奇数自古以来就披着神秘数字的外纱，尤其是在古代兵法上。当奇数遇到兵法，奇迹就出现了。旗开不一定得胜，出奇方能制胜。

第63节　奇数具有“奇约特性”

在整数中，不能被2整除的数叫作奇数。日常生活中，人们通常把正奇数叫作单数，它跟偶数是相对的。这是小学生都知道的最基本的数学常识。

著名数学家毕达哥拉斯发现有趣的奇数现象：将奇数连续相加，每次的得数正好是平方数。这体现在奇数和平方数之间有着密切的重要联系。这就不同寻常、有点奇特了。

奇数具有“奇约特性”，即平方数的奇约性：若某数为完全平方数，则它的约数的个数是奇数。如，9是完全平方数，其约数依次为1、3、9，共计3个，“3”是奇数；再比如，64是8的平方，其约数依次为1、2、4、8、16、32、64，共计7个，“7”是奇数。

费伯莱斯在13世纪写了一本书，关于一组神秘数字的组合：1,1,2,3,5，8，13，21，34，55，89，144，233，……任何一个数字都是前面两个数字的和。这组神秘数字除了少数偶数，大多为奇数。

军事数学上的“奇约特性”，也体现在奇数和平方数之间的密切联系。如兰彻斯特线性平方律。奇数自古以来就披着神秘数字的外纱，尤其是在古代兵法上。当奇数遇到兵法，奇迹就出现了。《孙子兵法·兵势篇》曰：“凡战者，以正合，以奇胜。故善出奇者，无穷如天地，不竭如江海。”银雀山汉墓竹简《孙膑兵法·奇正》载：“分之以奇数，制之以五行。”

千百年来，人类思想史上具有永恒价值的三大奇书：中国孙武的《孙子兵法》、西班牙巴尔塔沙·葛拉西安的《智慧书》和意大利尼可罗·马基雅维利的《君王论》。

《孙子兵法》作为人类思想史的千古奇书，究竟奇在哪里呢？

首先，《孙子兵法》是一部神奇无比的兵法奇书。作为一部写战争的兵书，却倡导不要打仗，是任何一本兵书没有的，你说奇不奇？与马基雅维利《君王论》志在无情地毁灭对手形成鲜明对比，《孙子兵法》不是为了战争而写战争，而是为了尽量不发动战争而写战争，为防止战争而写战争准备，不主张毁灭性战争而主张把战争的灾难降低。实际上，孙子既不否定战争，又反对穷兵黩武。孙子的战争观最主要的核心，就是“慎战”——谨慎地对待战争；“不战”——“不战而屈人之兵”。

其次，孙子十三篇大多用了奇数，这在人类历史三大奇书中是独一无二的。《孙子兵法》十三篇中，习用数字九、五。如五事七计、为将五德、知胜有五、将有五危、治兵五利、五声五色五味、五行相生相克、火攻有五、用间有五、九变之术、藏于九地、动于九天，等等，都用了九、五奇数。而奇数的“奇”与《孙子兵法》中的“以奇胜”的“奇”是多音字，孙子不用偶数用奇数，应该是有讲究的。九为阳数的极数，即单数最大的数，五代表阴阳“五行”，帝王称“九五之尊”。

我们来研究一下奇数的妙用，为什么伍子胥七荐孙武？为什么孙武吴宫教战要三令五申？为什么孙武一生打仗五战五捷？还有，《三国演义》为什么也大多用了奇数，而且以“三”居多：“宴豪杰桃园三结义”“破关兵三英战吕布”“屯土山关公约三事”“刘玄德三顾草庐”“陶恭祖三让徐州”“定三分隆中决策”“孔明三气周公瑾”“诸葛亮智取三城”，等等，一直到全书以“荐杜预老将献新谋，降孙皓三分归一统”结束，“三”贯穿于整部作品之始终。《孙子兵法》论述的“奇正”思想，在《三国演义》里也都能找到经典战例。可以说，《三国演义》是《孙子兵法》的实战演义。

再次，《孙子兵法》充满了出奇制胜的谋略，是任何一部兵书没有的。“奇学”的精髓之一，就是《孙子兵法》和其理论背景即智谋学。按照中国人的理解，计谋属于“奇”的范畴。《孙子兵法》将“正”和“奇”结合，使其成为谋略学的鼻祖。

最后，《孙子兵法》在西方受欢迎，是因为这是一部对高层决策者培养战略博弈思维的高水平指导的奇书。无论是军方高层还是企业高管，都能从这部近似哲学的高深的奇书中汲取营养。《孙子兵法》对于西方国家来说，是一种神奇的思想激发器。

第64节 《孙子兵法》为何是十三篇？

中评社曾发表评论：谁读懂了《孙子兵法》？中国人。这样回答其实只是答对了一半。为什么？因为对中华文化与中华智慧还不大了解或者了解不够。那么如何才能破译中华文化与中华智慧的密码呢？第一个条件是破译汉字密码；第二个条件是破译想象力的密码；第三个条件是与古人对话；第四个条件是站在中华文化与中华智慧的整体，来审视和再现孙子的大智慧。

《孙子兵法》成书于2500多年前的春秋时期。西汉中期以前孙子十三篇已广为流传。到了汉成帝时，经过刘向、任宏校订，此书分为三卷，并定名吴孙子这个校本。

孙子十三篇，分别是始计第一、作战第二 、谋攻第三 、军形第四 、兵势第五、虚实第六 、军争第七 、九变第八 、行军第九 、地形第十、九地第十一、火攻第十二和用间第十三。

《史记》明确记载，“孙子武者，齐人也，以兵法见于吴王阖闾。阖闾曰：子之十三篇，吾尽观之矣”。在《孙子吴起列传》文末，太史公又曰：“世俗所称师旅，皆道《孙子》十三篇。”这又表明，从《孙子兵法》一面世，就以“十三篇”的形态广泛流传，“十三篇”本身就是一个整体。

东汉末年，曹操对《吴孙子兵法》三卷加以注释，形成曹注本的《孙子兵法》十三篇，即今天保存的传本《魏武帝注孙子》。后世注孙子都以曹注本为依据，也就是我们看到的孙子十三篇。史称曹操“行军用师，大较依孙吴之法，而因事设奇，谲敌制胜，变化如神”。

在北宋中叶，当时的皇帝“钦定”以《孙子兵法》为首选的七部兵书统称为《武经七书》(也是奇数)，确立了《孙子兵法》在中国军事思想史上的地位。

澳门大学讲座教授杨义诠释："《孙子兵法》十三篇，是精心结撰之杰构，无随意述录之芜杂，得智慧运思之精警。先以兵道笼罩全书，再述战前的庙算以及物质、编制的准备，继之以战争中攻守、奇正、虚实、形势诸端的运用，其后为地形、战区、火攻、用间等具体战术，形成一个相当周圆有序的篇章学结构。"

杨义所说的"周圆有序的篇章学结构"，与中国古代的"天数"和"神秘数字"相关，是蕴含"天人合一"思维模式的。《三国演义》整体上以"天数"奠定全书立意的基础，书中涉及"命数""天数"和"神秘数字"的提法多达百余处，构建起一个"契合天地循环结构的伟大的圆"。

《易经》以一、三、五、七、九5个奇数为"天数"，象征阳性，反映事物刚健的性质。汉儒董仲舒从神秘的"天意"出发，把人是"天"的缩影、副本叫"人副天数"，说："人之形体，化天数而成"(《春秋繁露·为人者天》)。"天数"有时又在天道规律意义上使用。如《荀子·王制》："夫两贵之不能相事，两贱之不能相使，是天数也。"梁启雄引《管子·法法》注："数，理也"，即天道变化的规律。

孙子十三篇深刻揭示了天道与兵道变化之规律。春秋之世，老子创道德五千言，开道家之宗；孙子以《兵法》见吴王阖闾，立兵家之典。《孙子兵法》十三篇以"道"为纲，纲举目张，开创中华"以道言兵，以兵演道"的新境界。孙子十三篇从《始计篇》开始，到《用间篇》结束，层层递进，首尾呼应，是一个完整的、有机的思想体系，"相当周圆有序"。

台湾中华孙子兵法研究学会研究员王长河试图解密《孙子兵法》十三篇的"密码"。他认为，13是中国的"极数"，取自日月运行的结果。因月亮周期的变化为月，搭配太阳的运转，每月计时30天，致使每六年须增加一个闰月，衍生中国极数为13的思维理则。因此，读《孙子兵法》十三篇时，应随时不忘其与历法间的对价关系，并将第13篇《用间篇》蚀为"闰月"，置于12篇之中，也就是与其余12篇都有关联之意。如第1篇为年的开始，因此篇名为《计》；第7篇为午时，谈的是太阳问题，也就是“军争”的目标；第11篇接近年尾，是前十篇的总结论述；第12篇为12月属寒，是动植物的杀手，因此第12篇谈的是火攻的运用与杀戮问题，是战争最终的“法宝”。

数字13在中国是一个吉祥、高贵的数字，佛教里的13是大吉数，佛教传入中国宗派为十三宗，代表功德圆满。如杭州的六和塔和拉萨布达拉宫13层、天宁佛塔13层、立于1013年的泰山“五岳独尊”宋祥符碑高13米等。

从中国的历史文化来看，13亦是受欢迎之数，是中国的数字帝王。汉代时，汉武帝在全国分设了13个刺史；元朝和明朝时，朝廷有十三布政使司，划分全国为“南七省、北六省”共13个行省；清朝时设十三衙门。

有意思的是，除了孙子十三篇，还有武术十三型、武术十三家、少林十三棍、太极十三势、太极十三式、太极十三刀、围棋十三篇、养生十三法，等等，都用了13，其中必有奥妙。

武术太极与兵法的关系自不用说。围棋出于唐代的经典《围棋十三篇》，完全套用了孙子十三篇的格式，围棋巨大的思维空间、多变的棋局形势，成为东方兵学文化的一种符号。

药王孙思邈是提出“防重于治”的医疗思想第一人，还提出“存不忘亡，安不忘危”。他的养生十三法，也明显受孙子十三篇中养兵养生思想的影响。

第65节　诡道12法+1

《孙子兵法·始计篇》中说:“兵者,诡道也。故能而示之不能,用而示之不用,近而示之远,远而示之近;利而诱之,乱而取之,实而备之,强而避之,怒而挠之,卑而骄之,佚而劳之,亲而离之。攻其无备,出其不意。此兵家之胜,不可先传也。”

这就是人们通常所说的著名的“十二诡道”或“诡道十二法”。

孙子所说的“诡”,是千变万化的意思,不是阴谋诡计。东方人的“诈”有着深层次、高层次的内涵,是高层次的谋略和智慧,而不是低层次的欺诈。

1. 能而示之不能,2. 用而示之不用:

简而言之,能打装作不能打、要打装作不想打。这是孙子的一种向敌人“示弱”的智慧。

3. 近而示之远,4. 远而示之近:

本来要攻打近处的敌人,却故意摆出要攻打远方敌人的架势;本来要攻打远处的敌人,却故意摆出要攻打近方敌人的架势。

5. 利而诱之:对于贪利的人,用小利去引诱他,并伺机打击他。

6. 乱而取之:用计谋使敌人发生混乱,或者当敌人产生内乱时,乘机攻击。

7. 实而备之:对于实力充足的敌人,要加倍防范他。

8. 强而避之:对于强大的敌人,要暂时避其锋芒。

9. 怒而挠之:对于易怒的敌将,要用挑逗的办法来激怒他,使其失去理智,轻举妄动,则可乘机打败他。

10. 卑而骄之:故意采用使自己处于卑微屈辱地位的手段,从而使对手骄纵起来，伺机战而胜之。

11．佚而劳之：对于休整安逸的敌人，要设法骚扰他，使其疲劳。

12．亲而离之：敌人内部和谐，就设法离间分化。

在这“十二诡道”后面，孙子提出了著名的“攻其无备，出其不意”的军事名言，历代兵家都把它视为珍宝，推崇备至。

《孙子兵法》并没有“十二诡道”之说，是后人总结的。“攻其无备，出其不意”与前面的“十二诡道”是一个整体，应该并列，称之为“十二诡道”+1，或称“十三诡道”则更佳。

作者认为，孙子没有提“十二诡道”，是有道理的。从逻辑上说，孙子从“兵者，诡道也”开始，到“此兵家之胜，不可先传也”结束，中间所列举的，皆为“诡道”，均属“兵家之胜，不可先传”范围，加起来正好为13，也符合《孙子兵法》大多为奇数。

第66节　五事七计

《孙子兵法·始计篇》中说："故经之以五事，校之以计而索其情：一曰道，二曰天，三曰地，四曰将，五曰法。"

这就是"五事"：道、天、地、将、法。即道义（为政者是否获得人民拥护）、天时（气候等自然条件）、地利（地形）、将领（战争指挥者的本领）、法治（军队的制度军规）。这是孙子提出的决定战争胜负的关键的五件事情，也是五大战略要素。

接着，孙子又说："故校之以计而索其情，曰：主孰有道？将孰有能？天地孰得？法令孰行？兵众孰强？士卒孰练？赏罚孰明？"

这就是"七计"，即对影响战争胜负的七大因素进行深入探讨比较：双方君主哪一方施政清明？哪一方将帅更有才能？哪一方拥有更好的天时地利？哪一方军纪严明？哪一方兵力强大？哪一方士卒训练有素？哪一方赏罚分明？通过这七个方面的比较就能够判断谁胜谁负了。

曹操注："谓下五事七计，求彼我之情也。"从而有了"五事七计"的连称。

"五事七计"，即从五个方面，通过敌我双方七种情况的比较，来探索战争胜负的情势。"五事七计"也因此成了这一军事活动的代名词。

孙子提出"五事七计"的目的，在于比较敌我双方的实力，评估自己胜算的概率有多大。战争的可行性来源于对自己胜算概率的评估。

用兵打仗前先要计算，这场仗胜算有多大，该不该打，如果有胜算的把握，然后再谋划如何打，这是最基本的常识。这个计算公式就是：五事+七计=胜算。

孙子"五事"和"七计"用的都是奇数，也许受占卜算卦和五行相胜的影响，因为那是最原始也是最神秘的算法，也是最古老的对战争胜负的预测。但孙子的“五事七计”对战争胜负的计算和预测要超越古代占卜算卦和儒家、法家的算法。

中国人民大学教授黄朴民认为，孙子提出一个既能正视战争现实，又能减轻战争灾难的战略预测算法，是最普通、最平凡（数学），也是最实用、最高明（兵学）的计算公式。

“五事”阐明了决定战争胜负的基本因素，“七计”阐明了制定战略决策的方法和依据，从而给军事家提供了一个研究战争、指导战争，统筹全局的重要标尺。

孙子从“道、天、地、将、法”五个层次来分析、论证，严谨度不逊于现代科学。孙子说：“凡此五者，将莫不闻，知之者胜，不知者不胜。”

孙子通过七个方向，则可以在打仗的估算预测上尽可能贴近战争现实，对战前准备、战事决策极为重要。只有对以上因素实施综合分析和权衡比较，看清双方战斗力的强弱，了解彼己胜负的情况，才能得出孙子所说的“吾以此知胜负”的结论。

孙子“五事七计”通过数学和兵学的有机融合，创立了预见胜负的战略预测思想和运筹理论，揭示了军事斗争的内在规律，对后世的军事学家有较大的影响。

第67节　为将五德

《孙子兵法·始计篇》中说："将者，智、信、仁、勇、严也。"这就是"为将五德"。

将是《孙子兵法》五事之一，"为将五德"，即将军所具备的智慧、诚信、仁爱、勇猛、严明五个基本素质。

中国自古就有"6"是阴数，"9"是阳数之说，而5是代表阴阳平衡的数字。

"五德"之说古已有之。中国古代有"五德之禽"，《韩诗外传》称，鸡头上有冠，是文德；足后有距能斗，是武德；敌前敢拼，是勇德；有食物招呼同类，是仁德；守夜不失时，天明报晓，是信德。

"五德"是中国先秦时期的伦理学关于德性的概念。儒家指五种品德，即温、良、恭、俭、让为五种德性；阴阳家指土、木、金、火、水五种元素为五行之德；医家则将五德养性与益五脏联系在一起。

秦汉时期，五行说大行其道，五德终始说、五行相克（胜）说、五行相生说、五行休王说等学说，在社会上广为流行。西汉大儒董仲舒以邹氏的"五德终始说"为基础，构建起自身宏富的哲学体系，在国家的政治生活中发挥着日益重要的作用。

在兵家眼里，"五"成为一个特别符号。古代最基本的兵制单位五人为伍，然后五伍为两，四两为卒，五卒为旅，五旅为师，五师为军。曹魏始置五兵尚书、三国有五虎良将。

兵家大多推崇"五德"论，五德皆备，方可为将。孙子的"为将五德"，是一个系统的五个方面。他第一个把"智"放在首位，而"智"最显著的标志是足智多谋，能掐会算。南朝梁武帝天监七年置"五德将军"，指智威、仁威、勇威、信威、严威、智武、仁武、勇武、信武、严武十将军。其中智威等五将军为武职二十四班中的十六班，以代替旧征虏将军；智武等五将军为十五班，以代替旧冠军将军。

《司马法》认为，将领必须具备“仁”“勇”“智”“义”“信”五德。将领的思想要合乎“仁”，行为要合乎“义”，处理事务要靠“智”，制服强敌要靠“勇”，长久地赢得人心要靠“信”。

《六韬·论将》中关于“将有五材”之说：勇、智、仁、信、忠，其中“仁、信、忠”是施于部属袍泽，为带兵之“材”，“勇、智”则用于对敌作战，为临阵之“材”。

春秋时代的申包胥认为，将领带兵打仗，最重要的是必须具备“智、仁、勇”：“夫战，智为始，仁次之，勇次之。”孙子的“为将五德”占了三德，“智”也放首位。

战国时的孙膑对将领素质提出“知道五德”论：“上知天之道，下知地之理”；“内得其民心”；“外知敌之情”；“阵则知八阵之经”。他还进一步提出为将者必须具备义、仁、德、信、智“五德”：“义者，兵之首”；“仁者，兵之腹”；“德者，兵之手”；“信者，兵之足”；“智者，兵之尾”。

朱元璋提出将领必须具备“智、勇、忠、仁、信”五个条件，称之为“为将五事”，也把“智”放在首位。

《淮南子·兵略训》针对将领的素质提出“为将五行”，指将领应该柔中有刚，刚中有柔，爱中有严，诚中有智，勇中有谋。

第68节　患军有三

《孙子兵法·谋攻篇》中说："故君之所以患于军者三：不知军之不可以进而谓之进，不知军之不可以退而谓之退，是谓縻军。不知三军之事而同三军之政者，则军士惑矣。不知三军之权而同三军之任，则军士疑矣。三军既惑且疑，则诸侯之难至矣。是谓乱军引胜。"

"患军有三"，其实就是国君贻害于军队的"三不知"之患：不知道军队不可以前进而强令其前进，不知道军队不可以退却而强令其退却，这是牵制军队行动的所谓"縻军"。不知道军队的事务而插手军队的管理，将士就会感到迷惑而无所适从；不知道军队的权变之道而干预军队的指挥，将士就会产生疑虑。三军将士既惑且疑，他国诸侯乘机来犯的灾难就会降临。这就叫作自乱其军和自取其败。

孙子所说的"三军之事""三军之政""三军之权""三军之任"中，"三军"泛指军队。

最早的"三军"指孙子所处的春秋时期，按照周制，大的诸侯国可以有三军。晋国称中军、上军、下军；楚国称中军、左军、右军；齐国、鲁国和吴国都称上军、中军、下军三军；魏国称前军、中军、后军。三军各设将、佐等军衔，而中军将则是三军统帅。

春秋时期另一种"三军"则是指兵种不同，即合指步兵、骑兵和战车。

西周初年的计算方法说：一军二千五百人，三军合七千五百人，三军统领称为"卿"，即上卿、中卿和下卿。

孙子认为，君主对军队也会有三种危害：一为"縻军"，二为"惑军"，三为"疑军"，是谓"三患"。军队有了君主造成的这"三患"，是自乱阵脚，自毁长城，必然招致失败。

战国初期，与孙子齐名的大军事家吴起著有《吴子兵法》，排在《武经七书》第二。吴起说："用兵之害，犹豫最大。三军之灾生于狐疑。"可见，国君的干预对战争的成败影响巨大。

这种君主对将帅的羁縻和对军队的干涉，尽管在一定程度上是必要的，但如果过度了，就会削弱将帅的自主权，违背战争规律，给军队管理带来混乱，从而导致战争失败。一些明智的将帅，在君主的干涉不符合战争利益的时候，会拒绝君主的命令，所谓"将在外，君命有所不受"。

孙子的"患军有三"受数学与哲学思维的影响。

在数字中，三表示多数或多次。如《战国策》曰："鲁仲连辞让者三。"在成语中，有三番五次、接二连三、一而再再而三、一波三折、事不过三，等等，都表示多次。有的成语直接与兵家文化相关，如三令五申、再衰三竭。

孙子的"患军有三"受诸子百家的影响。先秦诸子百家无家不言兵。《孙子兵法》汲取了诸子百家之精华，集中华优秀文化之大成。

老子《道德经》第四十二章："道生一,一生二,二生三,三生万物。"冯友兰说，老子书说"万物负阴而抱阳，冲气以为和"。这里说的有三种气：冲气、阴气、阳气。我认为所谓冲气就是一，阴阳是二,三在先秦是多数的意思。

"三患"是墨子的主张。墨子认为当时人民最大的问题是"饥者不得食""寒者不得衣""劳者不得息"，他称之为人民的"三患"（《墨子·非乐上篇》）。孙子不主张攻城，与墨子也如出一辙，墨子主张"兼爱，非攻"。

庄子"富贵三患"，指富贵所招致的三种祸害。"尧曰：'多男子则多惧，富则多事，寿则多辱。是三者，非所以养德也，故辞。'……'三患莫至，身常无殃，则何辱之有'。"（《庄子·天地》）

儒家"君子三患"："未之闻，患弗得闻也；既闻之，患弗得学也；既

学之，患弗能行也。”（《礼记·杂记》）

第69节　知胜有五

《孙子兵法·谋攻篇》中说：“故知胜有五：知可以战与不可以战者胜；识众寡之用者胜；上下同欲者胜；以虞待不虞者胜；将能而君不御者胜。此五者，知胜之道也。”

孙子说预知胜利有五条原则，论述的是“预测战争的胜负”，是“知胜之道”，一条做到了就是一胜，五条都做到了就是五胜。

“知胜有五”，源于五行相胜：水胜火、火胜金、金胜木、木胜土、土胜水。陆佃注：“五胜，五行之胜。”《史记·历书》载：“颇推五胜，而自以为获水德之瑞。”北宋欧阳修《原正统论》载：“至秦之帝，即非至公大义，因悖弃先王之道，而自为五胜之说。”章炳麟《原学》载：“故正名隆礼兴于赵，并耕自楚，九州五胜怪迂之变在稷下。”

中医的“五胜”，也是按照五行相克规律所指定的治疗法则，即以相胜之道来治疗疾病。五胜出自《素问·至真要大论》：“必先五胜，疏其血气，令其调达，而致和平。”王冰注：“五胜，谓五行更胜也。先以五行寒暑温凉湿，酸咸甘辛苦相胜为法也。”

“五胜”即五行的更胜，例如五气相胜规律：寒胜热，燥胜风，风胜湿，燥胜寒；五气相胜规律：辛胜酸，酸胜甘，甘胜咸，咸胜苦，苦胜辛；五志相胜规律：悲胜怒，怒胜思，思胜恐，恐胜喜，喜胜悲。

“知胜有五”与数学也大有关系，胜利只有通过预算，方能预知：

“知可以战与不可以战者胜”，就要预算战争的条件，什么条件下不可以战，什么条件下可以战，且能够获胜。

“识众寡之用者胜”，就要预算兵力的多寡，如何灵活运用战术，能够获胜。

“上下同欲者胜”，就要预算全军上下能否同心同德，同仇敌忾，能够获胜。

“以虞待不虞者胜”，就要预算如何有备无患，以有备之师而对疏懈之敌，能够获胜。

“将能而君不御者胜”，就要预算将帅虽有指挥才能，但君主会不会横加干预，能够获胜。

在这五条原则中，第一条知道能打还是不能打最为重要，是发动战争的一个根本性原则。兵法中的很多谋略要诀都建立在这个基础上，如果连能不能打都预算不清楚的话，那么真正打起来恐怕也是凶多吉少。

孙子在“知胜有五”后面紧接着说：“知己知彼，百战不殆；不知彼而知己，一胜一负；不知彼不知己，每战必殆。”

孙子在这里提出战争中的“知”，是通过“算”来预测的，而“知”的过程和结果，也就是“算”的过程和结果。“算”准了，就先“知”了。

孙子的计算公式是：

知己+知彼=百战百胜

不知彼+知己=胜负概率各半

不知彼+不知己=每战必输

第70节　藏于九地，动于九天

孙子在《军形篇》中说："善守者藏于九地之下，善攻者动于九天之上，故能自保而全胜也。"

汪中《述学·释三九篇》云："古人措辞，凡一二所不能尽者，均约之以三以见其多；三之不能尽者，均约之以九以见其极多。"古人造字起于一，极于九,九为极数，乃最大、最多、最长久的概念。

九天、九地实际上这两者就是两个极点。在奇门遁甲象意中通常这么表达：九地为低矮，九天为高大，九地为沉稳内敛，九天为开朗张扬，九地为静，九天为动，等等。

古代的九层天和九层地，并不是说天有九层，地有九层，而是极言天之高，地之厚。九层指极高的天空，"九霄云外""九天揽月""九天九地"等。南朝·宋·范晔《后汉书·皇甫嵩传》李贤注引《玄女三宫战法》载："九天九地，各有表里。九天之上，六甲子也。"

孙子"藏于九地，动于九天"之所以用极数，是因为它是最大的数，是无穷尽的，可以创造无数战争奇迹。梅尧臣注："九地言深不可知，九天言高不可测，盖守备密而攻取迅也。"刘寅注："善能守者，韬形晦迹，如藏匿于九地之下，言隐之深而不可知也。善能攻者，势迅声烈，如动作于九天之上，言来之速而不可备也。九地喻其深，九天喻其高。守则固，故能自保；攻则取，故能全胜。"

九地指地的最深处，也指各种隐秘难测的地形，凸显了几何学和地形学的完美结合。也可以把九地理解为民间，藏兵于民。兵民是胜利之本，九地有千千万万民众，可以藏无穷无尽的兵员、物质与力量，并且可以深藏不露，让敌方摸不清我方有多少兵力和物质，不知道藏在哪里，让敌方摸不清我方的主力在哪里，攻无所攻。这就是善守者。

九天指天的最高层，也可以把九天理解为空间。按几何空间公理：空间无界永在。

逻辑表达式：$U=r\in[0, +\infty)\wedge r=ct$。

空间由长度、宽度、高度组成，方圆之间，自有乾坤。有天人合一的建筑，有广袤无垠的区域，有呼风唤雨的天时，有居高临下的地理。让敌人摸不清我方的方位有多高，摸不清从哪里发起进攻，让敌方摸不清我方的主攻方向在哪里，守无所守。这就是善攻者。

孙子要的九地深不可知，要的九天高不可攀，启发了中国历朝历代以防御为主的国防思想。从春秋战国开始修建先秦长城，先后有20多个诸侯国家和封建王朝参与修筑，秦始皇修筑了万里长城，启发了明朝开国皇帝朱元璋的“高筑墙”。

孙子的一高二深、高深莫测的“高深智慧”，高屋建瓴，深谋远虑，是最高层次的战略格局，也是最深层次的战略思维，成为现代战争的思维导航，引领更宽广的思维视野、更深邃的思维触角、更先进的思维方法。

第71节　五声五色五味

孙子在《兵势篇》中说："声不过五,五声之变，不可胜听也；色不过五,五色之变，不可胜观也；味不过五,五味之变，不可胜尝也；战势不过奇正，奇正之变，不可胜穷也。"

孙子说，声音不过五，而五音的组合变化，永远也听不完；颜色不过五，但五种色调的组合变化，永远看不完；味道不过五，而五种味道的组合变化，永远也尝不完。战争中军事实力的运用不过"奇""正"两种，而"奇""正"的组合变化，永远无穷无尽。

五声音阶就是按五度的相生顺序，从宫音开始到商音、角音、徵音、羽音依次排列。中国传统乐学常分别从"音""律""声"等不同角度揭示其内涵。五声音阶，古代文献通常称为"五声""五音"等。

五色指青、黄、赤、白、黑，其余为间色。古代以此五者为正色。孙星衍疏："五色，东方谓之青，南方谓之赤，西方谓之白，北方谓之黑，天谓之玄，地谓之黄，玄出於黑，故六者有黄无玄为五也。"

五味指酸、甘、苦、辛、咸五种味道，以此五味为原味。

老子《道德经》第十二章："五色令人目盲，五音令人耳聋，五味令人口爽。""五色令人目盲"，通常的解释为，缤纷的色彩，使人眼花缭乱。"五音令人耳聋"，通常的解释为，嘈杂的音调，使人听觉失灵。"五味令人口爽"，通常的解释为，丰盛的食物，使人舌不知味。老子的哲理是，声音多了，听觉就会发生变化；色彩多了，视觉就会发生变化；味道多了，味觉就会发生变化。

先秦荀子的《劝学》中说："目好之五色，耳好之五声，口好之五味，心利之有天下。"荀子的哲理是，眼好五色，耳好五声，嘴好五味，心中就拥有天下。这也是奇特的数字组合在人的内心产生的巨变。

孙子用“五声、五色、五味”等一连串的数字组合，描述战场的“奇”“正”变化，这是《左传》等书记载的“五声、五色、五味”所没有的。

战场上的枪炮声、车马声、战机轰鸣声、子弹呼啸声、厮杀呐喊声，会给将士的心理和士气带来影响；耀眼的金色、朦胧的夜色、雪地的白色、丛林的绿色、山地的褐色，会给作战环境带来影响；战场上的硝烟味、焦土味、腥血味、食物味、药品味，会给战争的胜负带来影响。

古代战场上的旗语和现代战场的电台，用的都是无声和有声的数字组合。《李靖兵法》记载：在中军大旗周围设有五色旗与各部对应，其中黄色代表中，红色表示前或南，黑色表示后或北，青色表示左或东，白色表示右或西。“五色之变，不可胜观”。电台波段分长波、中波、短波、超长波、超短波，“五声之变，不可胜听”。有时候打败你的不是敌人，而是数字组合演变的战场环境。

在美国南北战争中，南军指挥官博尔加德设计的“令人迷惑的火车声”，让北军左翼指挥官约翰·波普分不清火车声的真假远近，不清楚到底有多少兵力，结果错失战机。

看似非常简单的数字组合，却可以生出无穷无尽的奇妙变化。说到底，战场瞬息万变，战机稍纵即逝，都是数字变化，时间、空间、速度、兵力、粮草、武器、弹药、油料、空气、日照、海拔、温差等都是数字。

战场上的胜负，有时往往就差在一天粮食、一吨油料、一个连兵力，甚至一分钟时间、一米距离、一发炮弹等。

数据变了，战场态势必定变，运用“奇”“正”也必须变，这种变化是无穷无尽的。

因此，对战场数据的变化要“了如指掌”，并且“精打细算”。在现代战争中，面对战场上的海量作战数据，能把战争中持续几个小时的视频数据凝炼到最关键的30秒，能打通战场数据应变的“最后一公里”，就能极大提高胜算。

未来的数字化战争，其核心就是数据优势。而数据是在不断变化的，不随时掌握战场数据的变化，就失去了优势。着力提升部队打赢信息化战争的能力，必须高度重视战场数据变化这一现代战争的决定性因素。

第72节　五行相生相克

孙子在《虚实篇》中说："故五行无常胜，四时无常位，日有短长，月有死生。"意思是，用兵的规律就像自然现象一样，"五行"相生相克，四季依次交替，白天有短有长，月亮有缺有圆，永远处于变化之中。

五行学说是华夏文明重要组成部分。古代先民认为，天下万物皆由五类元素组成，即金、木、水、火、土，彼此之间存在相生相克的关系。在五行数理中，阴阳五行是以金一、木二、水三、火四、土五的数理顺序排列。

王经石在《太极图谱解析》中说："五是自然界中五种物质、五种能量、五种气场，而'五'相互作用产生运动，称为'行'，五和行合起来就是'五行'。五行生克是代表物质、能量、信息的演化形式，它是朴实的世界观与自然科学。"

为什么是五行？而不是三行、四行、六行、八行呢？凭什么就要五行？实际上，中国传统文化中，易和数是不可分割的。五行是一个数字符号体系，阴阳五行数学是哲理数学的分支学科，哲理数学包括思维数学和阴阳五行数学。

《孙子兵法》除写了许多奇数"五"以外，还有许多处暗用了以"五"为度。如《谋攻篇》中"凡用兵之法，全国为上，破国次之；全军为上，破军次之；全旅为上，破旅次之；全卒为上，破卒次之；全伍为上，破伍次之"，一连用了五个"全"、五个"破"、五个"上"、五个"次"。再如《军形篇》中"一曰度，二曰量，三曰数，四曰称，五曰胜，地生度，度生量，量生数，数生称，称生胜"，也是暗用了"五"。

孙子在《行军篇》中说："凡此四军之利，黄帝之所以胜四帝也。"孙子所说的“五帝”，即黄帝以及其他四帝，不是战国晚期以后的那些近乎神化的历史人物，而是以颜色特征命名的五色帝。这一点已因1972年银雀山汉墓出土的《孙子兵法》佚文《黄帝伐赤帝》而得到了证明：孙子曰：黄帝南伐赤帝，东伐青帝，北伐黑帝，西伐白帝，已胜四帝，大有天下……

黄帝和所征伐的四帝都是以方色为号，黄帝于中央，南为赤帝，西为白帝，北为黑帝，东为青帝。而从五行的学说观点上看，它实际就是早期阴阳五行思想的某种体现。

究竟是什么原因使得《孙子兵法》一书如此重“五”言“五”呢？中国人民大学教授黄朴民认为，这乃是战国中期五行说作为社会思潮蔓延风行的必然结果。但《孙子兵法》中的“五行”已较《左传》等书中的“五行”有了长足的进步，体现为更高的层次。

阴阳家是战国中期主要学派之一。以提倡阴阳五行学说为宗旨，故名阴阳家，又称“阴阳五行家”或“五行家”。相传阴阳家这一学派是由古代天文家和占星家演变而来的。战国时期，阴阳五行学说盛极一时。

《孙子兵法·虚实篇》提出“五行无常胜”，否定了五行之间固定的、按顺序的相生、相克关系，认为五行之间尚存在相生的关系。也就是说，在五行这个数字组合系统，其胜负关系，不仅要注意它们的质，而且要注意它们的量，量变会引起质变。

世界的本质就是不确定性，或者叫概率。战场也一样，“兵无常势，水无常形”。胜负基于概率的博弈，从概率中求得博弈的胜利。只用实时数字为博弈双方呈现优质数据，用概率看到不一样的战争世界。在这个世上没有常胜将军，不一定谁胜谁负，有时己胜，有时彼胜，就看谁胜的概率高。

第73节　三军夺气

孙子在《军争篇》中说："三军可夺气，将军可夺心。是故朝气锐，昼气惰，暮气归。善用兵者，避其锐气，击其惰归，此治气者也。"

夺，失也。气，指刚劲勇锐之士气。全句意谓三军之刚锐旺盛之气可以挫伤而使之衰竭。对于敌方的将帅，可以动摇他的决心，可使其丧失斗志。所以，敌人早朝初至，其气必盛；陈兵至中午，则人力困倦而气亦怠惰；待至日暮，人心思归，其气益衰。

孙子用的这个"夺"字，即失去。从数学上说，用的是减法；从早上的士气旺盛，到中午的士气减弱，再到傍晚的士气衰竭，用的也是减法。减法公式很容易产生负数。

将其带入减法公式可以得出：

朝气锐－昼气惰－暮气归＝三军夺气

军队的士气高低、战斗力强弱取决于如何用好"加减法"：凡是有利于我方士气提升的就要用"加法"，凡是让敌方失去斗志的就要用"减法"。

自古以来，运用各种手段对敌人的心理施加压力或实施攻击，就是军事斗争的减法公式。《左传》中已有"先人有夺人之心"的记载。孙子认识到战争不仅是武力的较量，也是士气和军心的较量。

拿破仑说：一支军队的实力，四分之三是由士气构成的。三军为战场交兵的主角，其心态勇气如何，直接关系到战争的胜负；将帅为"民之司命，国家安危之主"（《孙子兵法·作战篇》），其信念坚定与否，对战争结局影响至深。因而规定了心理战"夺气"和"夺心"的两大目标，并把对象分别指向三军和将帅。

古代应用孙子减法公式最经典的莫过于《曹刿论战》，讲述了曹刿在长勺之战中对此战的评论，并在战时活用“一鼓作气，再而衰，三而竭”的原理击退强大的齐军的史实。这与《孙子兵法·军争篇》说的“避其锐气，击其惰归”的意思是一样的，都是做减法，待敌人士气受挫后再进行攻击。

这就是战争的数学艺术。双方对阵时，胜出的未必是实力雄厚的。特别是冷兵器时代，战场上打拼的都是力，力的背后是心和气，军队心气不足，虽有一定数量，但把将士所相信的东西剥夺了之后，他们就会丧失最起码的心气，成为乌合之众、一盘散沙，没有任何战斗力。正如《尉缭子·战威第四》中说：“使敌之气失而师散，虽形全而不为之用，此道胜也。”

对敌方来说，应用孙子的减法公式，减弱敌方三军的将帅士气和军心，削减其优势，使其衰竭，以达到“不战而屈人之兵”。

对我方来说，应用了孙子的减法公式，就能转换成加法公式，减少了战争成本、战争时间，以最小的代价换取最大的胜利。

对人类来说，应用了孙子的减法公式，与单纯的武力较量相比，减少了战争风险及灾难。

第74节　治兵五利

孙子在《九变篇》中说："涂有所不由，军有所不击，城有所不攻，地有所不争，君命有所不受。"意思是，道路不一定都要走，遇敌人不一定都要打，见城镇不一定都要攻，过地方不一定都要争夺，国君的命令不一定都要执行。简而言之，"治兵五利"就是：不由、不击、不攻、不争、不受。

"涂有所不由"，贾林注："由，从也。途且不利，虽近不从。"

"军有所不击"，张预注："纵之无所损，克之无所利，则不须击也。"

"城有所不攻"，张预注："拔之而不能守，委之而不为患，则不须攻也。"

"地有所不争"，曹操注："小利之地，方争得而失之，则不争也。"

"君命有所不受"，贾林注："决必胜之机，不可推于君命，苟利社稷，专之可也。"

从"君命有所不受"衍生出"将在外，君命有所不受"的名言，就是因为身处前线的将领比远在后方的国君计算战场的利弊更详细、更准确、更及时，更能做出符合国家利益的决策。

以上古人的批注都围绕一个"利"字。孙子计算的不是小利，而是全局；不是过程，而是目标：一切都要为了完成最终目标而行事。正如杨炳安在《孙子会笺》中所说："言唯其考虑利之一面，方能以此激励三军将士完成战斗任务也。"

应用数学作为一门在基础学科中占据很重地位的学科，在商业应用中要计算利润、利率、利息，单利、复利，重在计算商业利润的最大化。

商业利润最大化的公式为：

$\pi(Q)=TR(Q)\cdot TC(Q)$

设 π 为利润，Q 为产量，TR 为总收益，TC 为总成本。

数学在军事和战争中的应用，重在计算战争利益的最大化。战争的最终目的就是利益。《孙子兵法·火攻篇》说："合于利而动，不合于利而止。"

孙子治兵利润最大化公式为：

不由+不击+不攻+不争+不受=五利

孙子从兵家哲学思想和数学思维两方面揭示利害的矛盾，研究战争的问题，强调作战指挥要灵活机变，趋利避害。真正厉害的人，一定是懂利知害的，也一定是算利避害的。

孙子认为，军争具有有利的一面，也有有害的一面。要考虑到长远利益，而放弃眼前的小利，不被小利所诱惑。

那么如何判断小利与大利呢？全局利益是大利，局部利益是小利，这是计算利益、谋求利益最大化的标准。对全局不利的必须放弃，局部利益必须服从全局利益。

古今中外的军史上，只算小账不算大账，贪图蝇头小利，不计利害攸关，到嘴的肥肉不舍得丢掉，最终吃了大亏，"利而诱之"的案例不胜枚举。究其原因，都是违背了孙子的"治兵五利"。

孙子提出的"治兵五利"：不由、不击、不攻、不争、不受，都是从全局利益出发，以防止急功近利，贪小失大，造成严重的亏损，甚至全军覆没的后果。

第75节　将有五危

孙子在《九变篇》中说："故将有五危，必死可杀，必生可虏，忿速可侮，廉洁可辱，爱民可烦。凡此五者，将之过也，用兵之灾也。覆军杀将，必以五危，不可不察也。"

意思是，将帅有五种致命弱点：有勇无谋，只知死拼，就可能被敌诱杀；临阵畏怯，贪生怕死，就可能被敌俘虏；急躁易怒，一触即跳，就可能受敌凌辱而妄动；廉洁而爱好名声，过于自尊，就可能被敌侮辱而失去理智；溺爱民众，就可能被敌烦扰而陷入被动。

孙子认为以上五点，是将帅最容易出现的过错，也是用兵的致命祸害。军队覆灭，将领被杀，大部分是这五种过失造成的，这是不得不慎重思考的。

如果说，孙子提出的"治兵五利"是谋取战争利益的最大化，那么，"将有五危"就是防止战争严重亏损的。因此，此篇把"治兵五利"与"将有五危"放在一起论述，两者是盈利与亏损的关系。

"将有五危"的公式：

可杀+可虏+可侮+可辱+可烦=五危

可杀是造成亏损的第一大原因。死拼硬打，不计算其适用的条件，在力量对比悬殊、战场败局已定的情况下仍然负隅顽抗，把握不了能否胜算或者不愿承认失败，就有可能全军覆没。李广戎马一生，与匈奴有大小70余战，为何不仅"白首未封侯"最终还落得个羞愤自刎的结局呢？因为李广只会死拼硬打，他只适合当敢死队队长，而不适合当将军。

可虏是造成亏损的第二大原因。贪生怕死，在败局未定尚有回旋余地的情况下，越是敢打敢拼越有生存的希望，越是怕死越容易被消灭。狭路相逢勇者胜，将勇则兵强，勇者无敌，贪生怕死的永远是失败者。巨鹿之战中项羽破釜沉舟，士卒以必死之心奋勇向前，个个以一当十，奋勇死战，九战九捷，大败秦军，俘获了秦军统帅王离，最终取得巨鹿之战的胜利。

可侮是造成亏损的第三大原因。急躁易怒，一旦愤怒就会感情用事，影响正确的谋划与判断，这种将领很容易中敌人激将的奸计，使原本有胜算的仗输得一败涂地。三国中的刘备恰恰败于“怒”。刘备为给桃园三结义的关羽报仇，听不进诸葛亮等人的谏言，发动夷陵之战，“以怒兴师”，恃强冒进，犯了兵家之大忌。接近10万大军兵力，却大败于东吴大将陆逊。刘备恼羞于夷陵惨败，一病不起，亡故于白帝城。毛泽东曾经如此评价刘备，“好感情用事，这是刘备的最大缺点”。

可辱是造成亏损的第四大原因。爱好名声，不计算个人名声与全军将士的性命孰轻孰重。这种将领只要敌人侮辱其名，就会失去理智，就很容易中敌人的圈套。而具有雄才大略的军事统帅就不会轻易被名声所左右。诸葛亮在五丈原命人给司马懿送去妇女衣饰，以图激怒之，城府极深的司马懿对诸葛亮的羞辱不屑一顾，坚持不出战。

可烦是造成亏损的第五大原因。溺爱民众，不计算溺爱部分民众，就可能被敌人骚扰而陷入极大的被动局面，让更多民众饱受战争的蹂躏，造成更大的亏损。毛泽东绝不会这么做，因为他是伟大的战略家。他提出要暂时放弃延安，当时延安的许多军民都想不通，从感情上不能接受，当地的老乡更是想不通。退出延安损失最大的是当地民众，但对解放全中国的大局、对全国民众十分有利。放弃了一个延安，换来的是整个中国。

第76节　九变之术

孙子在《九变篇》中说："故将通于九变之利者，知用兵矣；将不通九变之利，虽知地形，不能得地之利矣；治兵不知九变之术，虽知五利，不能得人之用矣。"

"九变"的核心在于对利害关系的权衡，根据利害关系进行决断。通晓"九变之利"，知道根据利害关系变通，对一切行动就会有利，因此就是懂得用兵。不通晓"九变之利"，只懂得地形的利用，就无法利用地形之利来作战，管理军队不通晓九变，就算懂得"五利"的运用，不根据利害关系进行变通，也必将处处碰壁，无法使军队发挥应有的战斗力。

"九"是极数，孙子强调的"九变之术"并不是九种孤立的变化战术，而是这种战术变化无穷。要计算在任何区域、地形、敌情、气候、环境、补给的条件下，如何应变。

"九变"与"五利"的关系，用数学思维解读，就是变数与利润，不懂得变数，就很难达到利润的最大化。

数学的变数与常数相反，表示变量的数，又叫变量，是随条件而变的数或量。如$x^2+y^2=a^2$，$y=\sin x$中，x、y都是变数。

变量是指变化的量，就是它的值是不确定的，具有任意性和未知性。当参数（也称为"函数的变量"）变化时，值相应变化。

战场上充满变数，同样是不确定的，没有始终保持不变的常数。当战场上的参数发生变化时，参战方的"利"也就相应变化。但战场上的变数没有固定的计算公式，完全靠随机应变。

从16世纪60年代开始，艾萨克·牛顿和威廉·莱布尼茨独立发明了微积分，其主要包括研究一个可变量的无穷小变化如何引起作为第一个变量（数量）的函数的另一个量的相应变化。

在历史的长河里，影响战争变数的因素有很多，战争中无穷的小变化，如一场风、一场雨、一场雾、一次海潮、一次寒冷的天气，可引发战场的瞬息万变，甚至引发战场的质变，迅速改变双方战局，关乎战争的胜负。

因一人而改变战局。东晋时期的淝水之战，由谢安扭转胜负，挽救了东晋王朝；明朝正统年间的北京保卫战，由于谦扭转胜负，让明朝重拾武备。

因一发误放炮弹改变战局。一战中被称为“绞肉机”的凡尔登战役，75万人丧命。法军一名新兵误打误撞把一发炮弹投放到德军的战备营地中，使德国的军备物资全部损失，引发了神奇的变数。这场残酷的战役最终以德国的战败而告终，并成为一战的转折点。

因一个事件改变战局。中途岛战争中，美军凭借意外缴获发生故障的日军一架零式战机，在最短时间内掌握了之前在太平洋战场所向披靡的零式战机的秘密，格鲁曼公司设计出超越零式的F6F地狱猫战机，这成为日军最后战败的决定性因素之一。

通九变之利，知九变之术，知用兵矣。

第77节　火攻有五

《火攻篇》主要论述了慎战思想。在古代，火攻是一种非常有效，同时是非常具有杀伤力的进攻方式。兵家正是认识到水火凶恶的一面，才把它们运用到战争中，体现了中国古代军事战略家们借助自然力量战胜对手的思想。

孙子在此篇中，用从头到尾通过战争思维和数学计算详细介绍了火攻的种类及实施火攻的前提条件和方法。同时劝人慎战，慎用这种火攻方法。

计算火攻最佳目标。“凡火攻有五：一曰火人，二曰火积，三曰火辎，四曰火库，五曰火队”，火人（人马）、火积（粮草）、火辎（被服、军器装备及车辆等辎重）、火库（装备、军饷、财物）、火队（运输设施）。

计算火攻最佳依托。“行火必有因”：实施火攻必须具备一定的条件。

计算火攻最佳器具。“烟火必素具”：发火器材必须经常准备好。

计算火攻最佳时日。“发火有时，起火有日”，所谓有利的日期，指月亮运行到“箕”“壁”“翼”“轸”四个星宿的位置，凡是月亮运行到这四个星宿位置时，就是起风的日子。

计算火攻最佳气候。“天之燥”：天气干燥，火容易燃烧得旺。

计算火攻最佳策应。“凡火攻，必因五火之变而应之”：凡是实施火攻，必须根据五种火攻所造成的情况变化，适时地运用兵力加以策应。

计算火攻最佳里应外合方法。“火发于内，则早应之于外”：从敌人内部放火，就要及早派兵从外面策应。“火可发于外，无待于内，以时发之”：火也可以从外面放，那就不必等待内应，只要时机和条件成熟就可以放火。

计算火攻后进攻的最佳时机。“火发兵静者，待而勿攻”：火已烧起，而敌军仍能保持镇静的，要观察等待，不要马上进攻。“可从而从之，不可从而止”：等火势烧到最旺的时候，视情况可以进攻就进攻，不可以进攻就停止。

计算火攻的最佳火候。“极其火力”：使火力燃烧到最旺时。

计算火攻的最佳位置。“火发上风，无攻下风”：火发于上风，不可从下风进攻。

计算火攻的最佳时间。“昼风久，夜风止”：白天刮风时间长，到晚上就会停止。

计算火攻的最佳条件。“凡军必知有五火之变，以数守之”：所有的军队，都必须懂得五种火攻方法的变化，等到具备必要的条件，就实施火攻。

计算火攻的后遗症：“夫战胜攻取，而不修其功者凶，命曰费留”：凡打了胜仗，攻取了土地、城池，而不能够巩固胜利，是危险的，这就叫作“费留”。

计算火攻的利害关系。“明主虑之，良将修之。非利不动，非得不用，非危不战。主不可以怒而兴师，将不可以愠而致战；合于利而动，不合于利而止”：明智的国君一定要慎重地考虑这个问题，优秀的将帅必须认真处理这个问题。不是对国家有利，就不要采取军事行动；没有取胜的把握，就不要随便用兵；不到危急紧迫之时，就不要轻易开战。

计算国家的存亡安危。“怒可以复喜，愠可以复悦；亡国不可以复存，死者不可以复生。故明君慎之，良将警之，此安国全军之道也”：恼怒可以重新欢喜，怨愤可以重新高兴，国亡了就不能再存，人死了不能再活。所以明智的国君对战争问题一定要慎重，良好的将帅对战争问题一定要警惕，这是安定国家和保全军队的关键。

第78节　用间有五

《孙子兵法》是完整的兵学思想体系，也是严谨的数学思维体系。十三篇首尾呼应。第一篇始计定的战略决策来源于包括各种数据在内的情报信息，没有最后的用间谍，就没有第一篇的始计，因为计算、计划离不开情报和信息。搜集情报容易，综合分析判断情报困难。情报战越出色，用间谍越透彻，始计就越完善。

孙子在《用间篇》中说："故用间有五：有因间，有内间，有反间，有死间，有生间。五间俱起，莫知其道，是谓神纪，人君之宝也。"

用间有五：1. 因间，又叫乡间，主要是利用对方的同乡亲友关系打入对方内部；2. 内间，就是利用对方官员为间谍获得高度机密情报；3. 反间，就是使对方的间谍自觉或不自觉地为己所用；4. 死间，是指故意散布虚假情况敌方上当后往往将其处死的间谍；5. 生间，就是让己方间谍在执行任务后能够平安返回。

这五种间谍同时用起来，神秘莫测，不仅获得的情报来源广，数量多，而且质量高，价值大，也正是克敌制胜的法宝。

孙子所说的"间"，其实就是高效率的情报信息体系。孙子算了一笔成本账：凡兴兵10万，千里征战，百姓的耗费，国家的开支，每天要花费千金，全国上下动荡不安，民众服徭役，疲惫于道路，不能从事耕作的有70万家。战争双方相持数年，是为了胜于一旦。

通过算账，孙子认为："故明君贤将，所以动而胜人，成功出于众者，先知也。先知者，不可取于鬼神，不可象于事，不可验于度，必取于人，知敌之情者也。"就是说，聪明的国君和将领要事先了解敌情，不可用迷信鬼神和占卜等方法去取得，不可用过去相似的事情作类比，也不可用观察日月星辰运行位置去验证，那都是不准确的，一定要从了解敌情的人那里去获得。

孙子接着又算了一笔用间人事账："故三军之事，莫亲于间，赏莫厚于间，事莫密于间。"就是说，军队人事没有比间谍再亲信的，奖赏没有比间谍更优厚的，事情没有比用间更机密的。

因此，"非圣智不能用间，非仁义不能使间，非微妙不能得间之实。微哉！微哉！无所不用间也"。

孙子得出结论：不是才智过人的将帅不能使用间谍；不是仁慈慷慨的将帅也不能使用间谍；不是用心精细、手段巧妙的将帅不能取得间谍的真实情报。微妙啊！微妙啊！真是无处不可使用间谍呀！

最后，孙子算了一笔用间酬金账："五间之事，主必知之，知之必在于反间，故反间不可不厚也。"孙子分析，这五种间谍，国君、将帅要分清，最重要的是反间。所以，对反间不可不给予优厚的待遇。能用极有智谋的人做间谍，一定能成就大的功业。

孙子告诫，"上智为间者，必成大功"。能用极有智谋的人做间谍，一定能成就大的功业。如果吝啬爵禄和金钱不重用间谍，以致不能了解敌人情况而遭受失败，这样的将帅，不是军队的好将帅，不是国君的好助手；这样的国君，不是能打胜仗的好国君。

一个高级间谍抵几个精锐师团，用间用好了可以节省十分可观的战争成本。邦德女郎原型人物、二战传奇女间谍弗吉尼娅·霍尔，被誉为二战期间盟军最杰出的女间谍，曾被时任美国总统杜鲁门亲自授予十字勋章。她凭借自己的迷人魅力，成功说服过好几支敌军部队倒戈投靠盟军。

日本视孙子为最伟大情报的祖师爷，而顶礼膜拜。至今，日本朝野上下对孙子的"用间"仍如获至宝，以情报立命，视情报为岛国生存、拓展的第一要义。日本企业界有句名言："人是设备，情报是金钱。"据统计，日本花4亿美元获取了1500多项外国专利情报，创造了74亿美元的财富。日本一名情报专家曾经承认，日本国民生产总值的54%来源于竞争情报。

第六章 《孙子兵法》十三篇的数学传奇

数学在人类历史的战争中传奇很多，数学不仅仅是数字、图形、符号，它的奥妙隐藏在神奇的战争世界里。数学语言像奇迹一般可以用来导引战争定律，是上天赐予军事家的『奇妙礼物』。

第79节　从孙子庙算到《孙子算经》

《孙子算经》是中国南北朝数术著作，共三卷，详细介绍了度量衡、筹算文化等中国传统数学常识，并收录了大量至今依然脍炙人口的数学名题、趣题。这些题目涉及市场交易、田亩、家畜、军旅、运输等与生活息息相关的主题，今天读来巧思妙解，依然闪烁着思维火花，具有启发意义和借鉴价值。

有意思的是，《孙子兵法》与《孙子算经》的作者都是孙子，前者是春秋时期的孙子，成书2500多年；后者是南北朝的孙子，成书约1500年前。

《孙子算经》卷上叙述算筹记数的纵横相间制度和筹算乘除法；卷中举例说明筹算分数算法和筹算开平方法；卷下第31题，可谓是后世“鸡兔同笼”题的始祖，后来传到日本，变成“鹤龟算”。有一首“孙子歌”也远渡重洋，传入日本。

《孙子兵法》同样传入东瀛，在唐朝由遣唐使吉备真备从中国把它带回日本，成为日本皇室的秘藏，被视为“稀世珍宝”。

公元1815—1887年，英国基督教教士伟烈亚士将《孙子算经》“物不知数”问题的解法传到欧洲，公元1874年马蒂生指出孙子的解法符合高斯的定理，从而在西方的数学史中将这一个定理称为“中国的剩余定理”。

德国著名数学史家康托看到马蒂生的文章以后，高度评价了“大衍术”，并且称赞发现这一方法的中国数学家是“最幸运的天才”。直到今天，“大衍求一术”仍然引起西方数学史家浓厚的研究兴趣。如1973年美国出版的一部数学史专著《十三世纪的中国数学》中，系统介绍了中国学者在一次同余论方面的成就，作者力勃雷希评论道：他那个民族，他那个时代，并且确实也是所有时代最伟大的数学家之一，是毫不夸张的。

同样，《孙子兵法》由法国神父瑟夫·阿米欧在清朝乾隆年间把翻译本带到法国传入欧洲。作为军事文化经典文本转换，从法文版开始，阿米欧通过满文、汉文相对照，翻译成法文，这是东西方兵家文化首次在语言体系上的一大转换，从此，《孙子兵法》走上了西行之路，使这个西方语言译本和后来出现的各种兵书译本在欧洲影响深远，引发了西方学术界对中国古代兵学长久不衰的特别关注，对东方兵家文化在西方的传播起了很大的作用。

这部书的法译本一问世，就引起法国公众的浓厚兴趣。《法国精神》等文学刊物纷纷发表评论，有的评论者甚至说，他在《孙子兵法》里看到了西方名将和军事著作家色诺芬、波利比尤斯和萨克斯笔下所表现的“那一伟大艺术的全部真理”，建议将这一“杰作”人手一册，作为“那些有志于统领我国军队的人和普通军官的教材”。法国当代文艺杂志登载评论，一位不具名的评论家希望“年轻一代的贵族能认真阅读这位名将的著作”。法国《杂志精萃》和《斯卡范杂志》也刊登了译作内容摘要。

《孙子兵法》与《孙子算经》，作者不仅名字相同，而且在“算”上面也是共同的，《孙子兵法》是军事上的算经，《孙子算经》是数学上的算经。

《孙子算经》上卷详细地讨论了度量衡的单位和筹算的制度和方法。筹算在春秋战国时代已经运用，但在古代中国数学著作如《算数书》《九章算术》等书中都不曾记载算筹的使用方法；《孙子算经》第一次详细地记述筹算的布算规则：“凡算之法，先识其位，一纵十横，百立千僵，千十相望，百万相当”，此外又说明用空位表示零。

诞生于春秋时期的《孙子兵法》，运用了“筹算”，即运筹帷幄的“庙算”。古代打仗，先要到庙堂里算卦，战前就知道有多少“胜算”。《孙子兵法》开篇是《始计篇》，孙子的计，不是计谋，而是计算。

《孙子兵法》与《孙子算经》都强调“筹算”的重要性。

“筹”，就是古代的一种计算用具，看上去像是小木棍。使用筹计算叫作筹算，采用十进位制，运用纵、横相间的数位表示法，即纵式表示个、百、万等位，横式表示十、千、十万等位。

《孙子算经》原序称，孙子曰：“夫算者：天地之经纬，群生之园首，五常之本末，阴阳之父母，星辰之建号，三光之表里，五行之准平，四时之终始，万物之祖宗，六艺之纲记。”

《孙子兵法》开篇说：“夫未战而庙算胜者，得算多也；未战而庙算不胜者，得算少也。多算胜，少算不胜，而况于无算呼！”

更有趣的是，《孙子兵法》这部奇书用的大多是“奇数”。而《孙子算经》也何其相似乃尔。如下卷第28题“物不知数”为后来的“大衍求一术”的起源，被看作中国数学史上最有创造性的成就之一，称为中国余数定理：今有物，不知其数。三三数之，剩二；五五数之，剩三；七七数之，剩二。问：物几何？答曰：二十三。

“孙子歌”唱的也全是奇数：“三人同行七十稀，五树梅花廿一枝，七子团圆正半月，除百零五便得知。”

无论是《孙子兵法》还是《孙子算经》，都创造了数学的传奇，都能从中国古人那里继承数学思维法宝，提升数学思维能力。

第80节　孙子首创以少胜多经典战例

许多人只知道孙子能写兵书，并且写了“天下第一兵书”，并不知道孙子还能指挥打仗，而且打的都是胜仗。孙子说“知彼知己，百战不殆”，他尽管没有身经百战，一生只打过五次仗，但是百分之百都胜了。

据《史记》记载，“吴宫教战”斩二妃，验证了孙子的真才实学，于是就有“吴王拜将”，确立孙武及其《孙子兵法》在春秋时期的地位。

孙子不仅会写兵书，也会用兵法，也许是历史上第一个有记载的将自己亲手创立的军事理论运用于战争并取得赫赫战功的军事家。他在春秋时期吴楚“柏举之战”中，第一个创造真正意义上的以少胜多的经典战例。

在孙子之前，也有以少胜多的两个著名战例记载。第一个是史前的涿鹿之战，相传是中国远古时代距今大约4600年前，黄帝部族联合炎帝部族，与蚩尤部族所进行的一场大战。战争的发起是双方为了争夺适于牧放和浅耕的中原地带，最终以炎黄为首的华夏获胜而告终。此战对于古代华夏族由远古时代向文明时代的转变产生了重大的影响。不过，涿鹿之战充满了神话传说色彩，即使有真实的一面，因这场战争双方势均力敌，也算不上以少胜多的经典战例。

第二个是牧野之战，也叫武王伐纣，发生在公元前11世纪。是周武王联军与商朝军队在牧野进行的决战，是中国历史上最早的战役，也是中国古代车战初期的著名战例。它终止了600年的商王朝，确立了周王朝的统治，开创了华夏文化的第一个盛世。尽管此战以少胜多，周武王伐纣，周朝只有不到10万兵力，战胜了兵力多于周朝七倍的商朝，但当战争爆发时纣王身边没有多少军队，仓促之间组织的70万兵力（一说17万）大多是奴隶，而非正规军，并没有战斗力，而且这些奴隶早就恨透了纣王，中途纷纷倒戈；加上王族都不支持商纣王，战争爆发之后，只有商纣王一个人在抵御外敌，最终导致纣王自杀，商朝灭亡。

而真正意义上以少胜多的经典战例，是由孙子第一个创造的。

公元前506年（周敬王十四年）冬，吴王阖闾亲自挂帅，以孙子、伍子胥为大将，倾吴国3万水陆之师，乘坐战船，由淮河溯水而上，直趋蔡境，与楚国交战。楚军以汉水为界，加紧设防。

楚军见吴军来势凶猛，不得不放弃对蔡国的围攻，回师防御本土。当吴军与蔡军会合后，另一小国唐国也主动加入吴、蔡两军行列。于是，吴、蔡、唐三国组成联军，浩浩荡荡，溯淮水继续西进。

进抵淮汭（今河南潢川，一说今安徽凤台）后，孙武突然改变了沿淮河进军的路线，放弃战船，改道陆路，舍舟登陆，由向西改为向南。

伍子胥不解其意，问孙子："吴军善于水战，为何改从陆路进军呢？"

孙子答道："用兵作战，最贵神速。应当走敌人料想不到的路，以便打他个措手不及。逆水行舟，速度迟缓，吴军优势难以发挥，而楚军必然乘机加强防备，那就很难破敌了。"

孙子这番话说的伍子胥点头称是。就这样，孙子挑选3500名精锐士卒为前锋，迅速地穿过楚北部的三关险隘（均在今河南省信阳市以南，河南、湖北两省交界处），直趋汉水，深入楚腹地，不出数日，挺进到汉水东岸，达成对楚的战略奇袭目的。

当吴军突然出现在汉水东岸时，楚昭王慌了手脚，急忙倾全国兵力，赶至汉水西岸，与吴军对峙。

孙子灵活运用十二诡道中的"近而示之远"和"出其不意，攻其不备"，舍近取远，长驱千里，舍舟于淮汭，登陆前进，直趋汉水，深入楚腹地，达成对楚的战略奇袭，直插楚国纵深，以3万兵力在柏举一举重创20万楚军，大获全胜，最后攻破楚国国都郢，楚昭王被迫仓皇出逃，创造了历史上以少胜多、快速取胜的光辉战例。

孙子这场漂亮之战精彩之笔在于，善于思维，精于妙算，因敌用兵，迂回奔袭，后退疲敌，寻机决战，以千里跃进的大纵深进攻战法而制胜；以逆向思维的方式，以表面看来深远追击、舍近求远的方法，绕开问题的表面现象，从事物的本源上去解决问题，从而取得一招制胜的神奇效果，以其鲜明的战役特征而载入史册。

柏举之战是春秋末期规模宏大、影响深远的第一战，也是“东周时期第一个大战争”，一举战胜多年的强敌楚国，给长期称雄的楚国以空前的创伤，从而使吴国声威大振，为吴国进一步争霸中原奠定了坚实的基础。

战国时期的军事家尉缭子评价：“有提三万之众，而天下莫当者谁？曰武子也。”

司马迁《孙子吴起列传》中记载：“于是阖闾知孙子能用兵，卒以为将。西破强楚，入郢，北威齐晋，显名诸侯，孙子与有力焉。”

第81节 “田忌赛马”与运筹学

孙膑是战国时期齐国军事家，著有《孙膑兵法》，留下了“田忌赛马”“围魏救赵”耳熟能详的成语故事。

孙膑曾与庞涓为同窗，都是鬼谷子的弟子。孙膑因受庞涓迫害遭受膑刑，身体残疾，后在齐国使者的帮助下投奔齐国，被齐威王任命为军师，他指挥的桂陵之战，一举擒获庞涓；指挥的马陵之战，让齐国称霸东方。

“田忌赛马”成为运筹学中的著名案例。故事说明在已有的条件下，经过筹划、安排，选择一个最好的方案，就会取得最好的结果。

田忌是齐国的将领，他和齐王赛马，马匹按照跑的快慢分为上马、中马、下马。比三场，但是无论是上马还是中马、下马，齐王的马都比齐王的马跑得快，这样的话，田忌就会面临三战皆负的不利局面。

此时孙膑作为田忌的军师，注意到齐王并没有规定上马必须与上马对阵，中马与中马对阵，下马与下马对阵。

于是孙膑就向田忌献策，以下马对齐王的上马，上马对齐王的中马，中马对齐王的下马。这样虽然输了第一场，却赢了后两场，一负两胜赢得了比赛。

“田忌赛马”之所以成为广为流传的运筹学经典，在于孙膑的运筹思维：一是先谋后战，了解对手，隐藏自己；二是以己之长攻敌之短，在劣势中找到优势；三是利用局部的牺牲换取全局的胜利，从而达到以弱胜强的目的。

孙膑的军事思想主要集中于《孙膑兵法》。1972年，山东临沂银雀山汉墓竹简兵书的出土，揭开了孙武其人其书的千古之谜，结束了孙武与孙膑、《孙子兵法》与《孙膑兵法》著作权的千古之争，成为震惊世界的考古重大发现，更成为中国文化史上的一件盛事。它证实了《史记·孙武吴起列传》有关孙武仕吴，孙膑仕齐，各有兵法传世的记载。

孙膑"围魏救赵"也是运筹学的经典。公元前354年，魏将庞涓领兵8万包围赵国都城邯郸，赵国抵挡不住，就向齐国求救。齐王拜田忌为将，孙膑为军师，前往救赵。田忌打算直奔邯郸，速解赵国之围。孙膑却提出，应该趁魏国兵力空虚，发兵直取魏都大梁，迫使魏军弃赵回救。

这一运筹思维，避免了齐军的奔波劳累，又使魏军在长途奔袭中疲惫不堪，处于被动的位置。果不其然，魏军弃赵回救，齐军在其必经之路埋伏，打败魏军。其运筹思维的精髓在于善于调动敌人，攻其所必救，使敌人处于被动之中。

《史记》称："膑亦孙武之后世子孙也。"孙膑是把《孙子兵法》作为家族文化承传的，对之烂熟于心，运用自如，在思维方式上又有许多相同之处。

在战争观方面，孙膑也计算战争的成本和代价，具有整体思维格局。他主张重视、慎重地对待战争，反对穷兵黩武，好战必然会灭亡；主张做好战争准备，以战止战；主张"强兵"必先"富国"，"事备而后动"；主张战争必须顺应民心军心，要做到"得众""取众"。

在战争认识论方面，孙膑提出将领要知"道"，即战争的规律。孙膑认为，作战时人众、粮多、武器精良等因素都不足以保证取胜，只有掌握了战争的规律，了解敌我双方情况，指挥得当，才能保证取胜。为此他用辩证思维方式，专门阐述了积疏、盈虚、径行、疾徐、众寡、佚劳六对相互对立又相互转化的矛盾，还对"奇""正"进行了深层次的分析，认为将领只有真正认识到这些矛盾的作用，把握了这些矛盾的转化规律，才能利用微妙的变化出奇制胜。

在战略思想方面，孙膑运用转化思维方式，强调"必攻不守"。在敌众我寡、敌强我弱的情况下，积极主动地进攻敌人防守的薄弱环节，不仅能够有效地歼灭敌人的有生力量，而且能够转换攻守形势，掌握战争的主动权。战术方面，孙膑提出“因势”“造势”的思想。充分利用敌我双方的条件，造成有利于我的态势，以扭转敌众我寡的不利形势。

第82节 韩信点兵巧用数学定理

韩信与孙武同为中国军事思想“兵权谋”派代表人物，是践行《孙子兵法》的大军事家，被后人奉为“兵仙”“战神”。“国士无双”“功高无二，略不世出”是楚汉之时人们对韩信的评价。

韩信率汉军渡陈仓，战荥阳，破魏平赵，收燕伐齐，连战连胜，在垓下设十面埋伏，一举将项羽全军歼灭，为刘邦平定了天下，为汉朝的天下立下赫赫功劳。

刘邦曾经问过韩信，你看我能带多少兵？韩信回答说：主公能带10万兵。刘邦又问：那你能带多少兵？韩信自信地回答：多多益善。

为什么说刘邦只能带10万兵？因为刘邦计算算不过韩信，用兵也用不过韩信，超过10万兵马刘邦就驾驭不了。再者，帅才与将才不同，帅才更关心如何用将和整个战役及战略部署；而将才更多关心如何带兵用兵打胜仗。因此，统帅切不可做大将做的事，否则会死得很难看。

为什么“韩信点兵，多多益善”呢？《孙子算经》中有这样一道算术题：“今有物不知其数，三三数之剩二，五五数之剩三，七七数之剩二，问物几何？”按照今天的话来说：一个数除以3余2，除以5余3，除以7余2，求这个数。这样的问题，有人称为“韩信点兵”。

相传韩信带1500名士兵打仗，战死四五百人，站三人一排，多出二人；站五人一排，多出四人；站七人一排，多出三人。韩信很快说出人数：1004人。

韩信点兵的故事，实际上是求解一次同余式组，属于余数问题，是计算机密码学的基石之一。著名数学家欧拉、高斯等人，都曾研究过这个问题。先贤给出了更普遍和系统化的解答，被称为“中国剩余定理”，是中国为数不多的获得世界公认的古代数学成就之一。

韩信能征善战，是真正会打仗的将才，很少被其他意见左右，因为他能掐会算，运筹帷幄，决胜千里，一生少有败绩。

在楚汉战争中，韩信发挥了卓越的军事才能。平定了魏国，又背水一战击败代国、赵国。之后，他又北上降服了燕国。公元前203年，韩信被拜为相国，率兵击齐，攻下临淄，并在潍水全歼龙且率领援齐的20万楚军。

随后，刘邦遣张良立韩信为齐王，命韩信会师垓下，围歼楚军，迫使项羽自刎。可以说，刘邦如果没有韩信的帮助，很可能被项羽击败。

作为中国历史上最为卓越的将领之一，韩信的胜算在于灵活用兵，他是中国战争史上最善于灵活用兵的将领，其指挥的井陉之战、潍水之战都是战争史上的杰作；作为战略家，他在拜将时的言论，成为楚汉战争胜利的根本方略。

韩信为后世留下了“韩信点兵，多多益善”“萧何月下追韩信”等脍炙人口的故事，以及大量的战术典故：明修栈道、暗度陈仓，临晋设疑，夏阳偷渡，木罂渡军，背水为营，拔帜易帜，传檄而定，沉沙决水，半渡而击，四面楚歌，十面埋伏等。其用兵之道，蕴含了数学之道，为历代兵家所推崇。

韩信还为后世留下了大量的成语：战无不胜；拔旗易帜；置之死地而后生；胯下之辱；金石之交；独当一面；略不世出；推陈出新；勋冠三杰；成也萧何，败也萧何；愚者千虑，必有一得；智者千虑，必有一失；等等，也是兵学与数学的完美结合。

韩信一生指挥的十大经典战役，如陈仓之战、京索之战、安邑之战、破代之战、井陉之战、胁燕之战、破齐之战、潍水之战、彭城之战、垓下之战等，都是中国古代战争史上的经典战役。

中国形象模拟战争棋种的象棋，流传最广的说法是始创于西汉的韩信。象棋与兵法的结合，相得益彰。象棋将、兵、卒、车、马、炮在棋盘上一摆开，楚河、汉界对弈，就是硝烟弥漫的战场，而更深奥的兵法哲理尽在棋局之中。

韩信在被软禁的时间里，与张良一起整理了先秦以来的兵书，共得182家，这也是中国历史上第一次大规模的兵书整理，为中国军事学术研究奠定了科学的基础，同时收集、补订了军中律法。著有兵法三篇，可惜已佚。西汉初先后两次"韩信申兵法"，申的就是《孙子兵法》。

第83节　古希腊数学家阻止战争

电影《神奇女侠》中主角戴安娜曾说："无辜的生命惨遭迫害，我不能无动于衷。如果没有别人保卫这个世界，那么我将挺身而出。"

电影里，戴安娜挺身而出制止战争，成为超级英雄。而在2600年前的古希腊，挺身而出的超级英雄是第一位世界闻名的大数学家，名叫泰勒斯。

泰勒斯被西方称为"数学之父""科学和哲学之祖"。他曾四处游历，学习了古巴比伦观测日食、月食和测算海上船只距离的方法，知道了古埃及土地丈量的方法和规则等。他后来创立学派，在数学、天文学、哲学等多个领域有所建树。

相传，泰勒斯游历埃及时，根据相似三角形原理，利用日影测量了金字塔的高度，在数学领域创造了金字塔一样的辉煌。

泰勒斯的方法既巧妙又简单：选一个天气晴朗的日子，在金字塔边竖立一根小木棍，然后观察木棍阴影的长度变化，等到阴影长度恰好等于木棍长度时，赶紧去测量金字塔的长度，因为在这一时刻，金字塔的高度也恰好与塔影长度相等。

也有人说，泰勒斯是利用棍影与塔影长度的比等于棍高与塔高的比算出金字塔的高度的。如果是这样的话，就要用到三角形对应边成比例这个数学定理。

数学上的泰勒斯定理以其名字命名，即"若A、B、C是圆形上的三点，且AC是直径，∠ABC必然为直角"，这是泰勒斯最先发现并最先证明的。该定理在欧几里得《几何原本》第三卷中被提到并证明。后来，他还用这个定理算出了海上的船与陆地的距离，被应用在军事、航海等领域。

据说，泰勒斯根据精准的推算，阻止了一次战争。

公元前585年，是米提亚和昌底亚两国军队在小亚细亚激战的第六个年头，胜负未分，横尸遍野。

一天，泰勒斯正好来到土耳其西部，当他得知这两个国家之间残酷的战争已经持续六年之久还没完没了，决心平息这场战争。

泰勒斯便奉劝两国的国王停止这场灾难深重的战争，否则上天会以黑暗惩罚他们。可两国的国王偏不听劝告，执意要用武力争个高低，并约定在公元前585年5月28日进行决战。

泰勒斯再次警告两位国王说，上天反对战争，你们这样做违背了神的意志，如果你们硬要打仗的话，神力无边的阿波罗（太阳神）将熄灭光辉。两位国王不信，仍坚持要决战。

果然，决战那天下午，正当两军酣战不休时，泰勒斯的警告“灵验”了。顷刻间，天昏地暗，百鸟归巢，天幕上繁星点点，大地上漆黑一团。

两国士兵见状惶恐万分，连忙扔掉武器，纷纷四散而逃。两位国王这才相信激怒了“太阳神”，不得不同意罢兵息武，握手言和，共同向上苍求饶，还互通了婚姻。

其实，泰勒斯的警告并不是空穴来风，他准确地预测了日食发生的时间。据考证，这次日食就发生在公元前585年5月28日。泰勒斯大概应用了迦勒底人发现的沙罗周期，根据公元前603年5月18日的日食推测的。

第84节　阿基米德用数学设计新式武器

提起数学与军事，不能不提阿基米德，他创造了用数学帮助设计新式武器的传奇。

阿基米德出生于公元前287年的叙拉古，父亲是有名的数学家和天文学家，他和高斯、牛顿并列为世界三大数学家。阿基米德有一句世人皆知的名言——“给我一个支点，我就能撬起整个地球”。

阿基米德在埃及亚历山大跟随过许多著名的数学家学习，包括有名的几何学大师——欧几里得。他在这里学习和生活了许多年，兼收并蓄了东方和古希腊的优秀文化遗产，在其后的科学生涯中产生了重大的影响，奠定了日后从事科学研究的基础。

在数学领域，阿基米德通过用圆的内接和外切多边形来逼近圆的周长，计算出了圆周率近似值，推导出了计算球体和锥体容积的公式，研究螺旋形曲线等。

公元前218年，罗马共和国与北非迦太基帝国爆发了第二次布匿战争。身处西西里岛的叙拉古一直都是投靠罗马，但是公元前216年迦太基大败罗马军队，叙拉古的新国王（海维隆二世的孙子继任）立即见风转舵与迦太基结盟，罗马帝国于是派马塞拉斯领军从海路和陆路同时进攻叙拉古。

叙拉古和罗马共和国之间发生战争，是在阿基米德年老的时候，罗马军队的最高统帅马塞拉斯率领罗马军队包围了他所居住的城市，还占领了海港。阿基米德虽不赞成战争，但又不得不尽自己的责任，保卫自己的祖国。阿基米德眼见国土危急，护国的责任感促使他科学救国，于是阿基米德绞尽脑汁，日以继夜地发明御敌武器。

阿基米德利用杠杆原理制造了一种叫作石弩的抛石机，能把大石块投向罗马军队的战舰，或者使用发射机把矛和石块射向罗马士兵，凡是靠近城墙的敌人，都难逃他的飞石或标枪。

阿基米德还用数学原理设计发明了各式各样的弩炮、军用器械等御敌武器，来阻挡古罗马军队的前进。根据一些年代较晚的记载，当时他造了巨大的起重机，可以将敌人的战舰吊到半空中，然后重重地摔下使战舰在水面上粉碎。

叙拉古城遭到了古罗马军队的偷袭，叙拉古城的青壮年们都上前线去了，城里只剩下老人、妇女和孩子，处于万分危急的时刻。就在这时，阿基米德利用抛物镜面聚太阳光线反射阳光烧毁了古罗马战船，估计这是世界上最早的“激光武器”了。

阿基米德让妇女和孩子们每人都拿出自己家中的镜子一齐来到海岸边，让镜子把强烈的阳光反射到敌舰的主帆上，千百面镜子的反光聚集在船帆的一点上，船帆燃烧了起来，火势趁着风力，越烧越旺。

这些武器弄得罗马军队惊慌失措，连马塞拉斯都苦笑承认：“这是一场罗马舰队与阿基米德一人的战争”，“阿基米德是神话中的百手巨人”。

不可一世的罗马军队两次进攻都被打退，吃了一个大亏。面对阿基米德的“激光武器”，罗马军队调整部署，采取围困的战略，集中更多的兵力攻打迦太基城。

叙拉古王国被短暂的胜利冲昏了头脑，城防的官员听不进阿基米德的劝告，官员懈怠，民众麻痹，雇佣军离心离德。忧伤的阿基米德走进了实验室、观象台，重温几何问题，以期能获得心理的平静和慰藉。

在两年的围城期间，年迈的阿基米德一直在埋头研究数学。就在叙拉古王国的人斗志涣散、城防空虚的时候，马塞拉斯再次发动攻城。

在家人告诉阿基米德，罗马人开始重新攻城，雇佣兵已经叛变的时候，阿基米德将自己关在书房，只管思考一个几何问题。只是在几何图形中很难得到安宁了，忧愁和痛苦如烈日灼心。

由于军事实力的差距，公元前212年，叙拉古城依然被古罗马征服，城市被攻破。古罗马军队纵兵三日，以飨将士，士兵到处烧杀抢掠，阿基米德也被罗马士兵杀死，终年75岁。

据说，满脸杀气的罗马士兵破门而入，看见一位老人在地上埋头作几何图形。阿基米德说："走开，别动我的图。"战士一听十分生气，于是拔出刀来，朝阿基米德身上刺去。

古罗马军队统帅马塞拉斯对此非常惋惜，将杀死阿基米德的士兵当作杀人犯予以处决，为阿基米德举行了隆重的葬礼。墓碑刻上了"圆柱内切球"几何图形，以纪念他在几何学上的卓越贡献。

第85节 韦达用数学赢得了两场战争

学过数学的都知道“韦达定理”，这个定理最重要的贡献是对代数学的推进，它最早系统地引入代数符号，推进了方程论的发展，用字母代替未知数，指出了根与系数之间的关系。

韦达是一个伟大的数学家，堪称近代代数之父，他一生写了很多数学著作，但多数没有出版发行。他在《几何原本》中第一个提出了无穷等比级数的求和公式，发现了正切定律、正弦差公式、纯角球面三角形的余弦定理等。后来的大数学家笛卡尔就自叹不如地说：“我继承了韦达的事业。”

而世界上的军事家大都知道，韦达用数学赢得了两场战争。

1540年，韦达出生于法国东部普瓦图的韦特奈。或许是受到检察官父亲的影响，在毕业后他成为一名律师。但是对于韦达来说，律师这个职业只是他的饭碗，数学才是他最大的兴趣。

后来，宗教战争爆发了，法国政局动荡不定，韦达不得不放弃自己专业的律师职位，转而当起了业余爱好的数学职位——家庭教师。

16世纪末，西班牙向法国开战，战争进行得非常激烈。在战争中，西班牙采用了密码通信，使用的符号非常复杂，他们还用这些密码同法国国内的间谍进行联络，致使法国情报泄露，法军节节败退，西班牙军队穷追不舍，步步紧逼。

正在这时，法军截获了西班牙的一些秘密信件，但是人们看到密密麻麻的像天书般的符号，谁也搞不懂是什么意思。法国国王亨利四世请著名的国务活动家韦达帮助破译。

韦达当时已是一个声名显赫的人物，他知识渊博、多才多艺，又是一名数学业余爱好者。他利用数学中的代数方法，一次又一次推敲、换算，把未知数缩小到最小范围，终于破解了这份极其重要的西班牙密码情报。

根据破译的情报，法国军队及时调整了部署，决定将计就计。法军士气大振，很快扭转了战局，只用了两年时间就把西班牙军队赶出了国门，法国赢得了战争的最后胜利。战后，法国国王对韦达进行了嘉奖。

西班牙国王菲力普二世对法国人的“未卜先知”十分恼火又无法理解，向教皇控告说，法国人使用了“魔法”，要判韦达火刑。韦达生在法国长在法国，现又身处战胜国的法国，西班牙的法律，对他无可奈何，只好咽下了这个苦果，一直也没有弄清楚他们究竟是怎样败在一个数学爱好者之手的。

事实上，这是因为韦达用精湛的数学方法成功地破译了西班牙人的军事密码，使法国赢得了战争的主动权。

韦达尝到了代数的甜头，从此，他更加努力学习数学，把所有的空闲时间都用在数学研究上，有时他为了解开一道数学难题，可以几天几夜不睡觉。

接着，韦达凭借精湛的数学知识，又为法国在另一个战场赢得了胜利。

当时，比利时有一位数学家叫罗梅纽斯，深受国民推崇，国王感到很自豪。一次比利时使节向法国国王夸口：“你们国家的数学家没有人能够求解出我国数学家罗梅纽斯一个关于45次方程的解。”

这道题是1573年罗梅纽斯在《数学思想》一书中提出来的，是有名的数学难题。

法国国王听了以后很不服气，下令国内数学家求解此题。结果很长时间都没有人报告计算结果，国王为此闷闷不乐，愁得吃不下饭、睡不着觉，觉得自己在比利时国王面前丢了脸。

一天，韦达与法国国王聊天，他问国王最近为什么精神欠佳，国王把这件事告诉了韦达，结果韦达当着国王的面几分钟之内求出了答案。

国王高兴地夸道:“韦达是我国乃至全世界最伟大的数学家。”于是,当场奖赏韦达500万法郎。韦达推辞说,这不是上次为国家赢得战争,不应受奖。国王却说,这也是一场战争,是国与国之间的外交之战,也是荣誉之战,丝毫不亚于上次那场真枪实弹的战争。

第86节　兰彻斯特战斗理论

F.W.兰彻斯特（1868—1946），英国工程师、流体力学家和运筹学家，英国汽车与航空工程先驱者。兰彻斯特定律是应用数学方法研究敌对双方在战斗中的武器、兵力消灭过程的运筹学分支，在战争研究的科学化过程中是一个非常重要的里程碑。

从1914年开始，兰彻斯特在英国《工程》杂志上发表了一系列文章，提出了交战中的数量法则：远距离交战的时候，任一方实力与本身数量成正比，即兰彻斯特方程或兰彻斯特定律。

兰彻斯特的战斗力定律是：战斗力=参战单位总数 × 单位战斗效率。

该定律主要有三种形式，包括第一线性律、第二线性律与平方律。用以揭示在特定的初始兵力兵器条件下，敌对双方战斗结果变化的数量关系。主要用于作战指挥、军事训练、武器装备论证等方面的运筹分析。

这个数量法则是兰彻斯特研究空战最佳编队时发现的，尤其是其平方律最为受人关注，它意味着武器装备的劣势，可以通过数量的优势得到很好的弥补。如果武器装备的毁伤效率只有敌方的1/4，只要数量高于敌方一倍，就可以拉平武器装备的劣势，因为二的平方为四。

兰彻斯特的贡献是，首次从古代使用冷兵器进行战斗和近代运用枪炮进行战斗的不同特点出发，在一些简化假设的前提下，建立了相应的微分方程组，深刻地揭示了交战过程中双方战斗单位数（亦称兵力）变化的数量关系。

兰彻斯特首先提出用常微分方程组描述敌对双方兵力消耗过程，定性地说明了集中兵力的原理。这一战斗理论或战斗动态理论，适用领域为应用学科数学。开始只是用于分析交战过程中的双方伤亡比率，后用途逐渐推广。

兰彻斯特方程证明，相同战斗力和战斗条件下，1000人对2000人作战，几轮战斗下来，多方只要伤亡268人就能全歼1000人的队伍，兰彻斯特方程特别适用于现代战争中分散化军队和远程火炮配置发生的战斗，远距离战斗比如炮战、空战、舰队海战很可能出现兰彻斯特方程的理想情况。

它表明：在数量达到最大饱和的条件下，提高质量才可以增强部队的战斗力，而且是倍增战斗力的最有效方法。在高新科学技术的影响下，军队的数量、质量与战斗力之间的关系已经发生了根本性变化：质量居于主导地位，数量退居次要地位，质量的优劣举足轻重，质量占绝对优势的军队将取得战争的主动权。

一般来说，高技术应用在战场上形成的信息差、空间差、时间差和精度差，是无法以增加普通兵器和军队数量来弥补的；相反，作战部队数量的相对不足，却可以高技术武器装备为基础的质量优势来弥补，即通过提高单位战斗效率来提升战斗力。

兰彻斯特的定律符合孙子“兵非多益”的思想。数量和质量是军事辩证法中的重要范畴，也是军队战斗力强弱的内在根据。一支军队的战斗力强弱，很大程度上取决于其数量和质量关系的优化程度。军队战斗力既要看数量更看质量。

第二次世界大战后，各国军事运筹学工作者根据实际作战的情况，从不同角度对兰彻斯特方程进行了研究与扩展，使兰彻斯特方程成为军事运筹学的重要基本理论之一。有些学者也将兰彻斯特方程称为兰彻斯特战斗理论或战斗动态理论。兰彻斯特方程与计算机作战模拟结合以后所构成的各种形式、各种规模的作战模型，在军事决策的各有关领域中得到了广泛的应用。

为了纪念兰彻斯特对运筹学的贡献，美国运筹学会在约翰·霍普金斯大学建立了以兰彻斯特命名的奖金，每年一度颁发给最优秀的运筹学论文的作者。

第87节　拿破仑成也数学，败也数学

拿破仑说，我可能输掉一场战役，但我绝不会浪费一分钟时间。我们绝不能浪费时间，因为你浪费时间，就暴露了目标，从胜利的口中抢到失败。不要在计划、研究、实验上浪费太多的时间。这就是拿破仑战争中的数学观。可以说，历史上数学最好的皇帝和著名军事家大概就是拿破仑了。

拿破仑的一生与数学有着不解之缘。早在少年时代，拿破仑就迷上了数学，把做各种数学习题作为一种乐趣。1784年10月19日，著名数学家拉普拉斯发现了拿破仑有杰出的数学才能，他被选送到法国巴黎军官学校，专攻炮兵学。因为炮兵必须具备地图、标尺、弹道函数等知识。

在巴黎军校学习期间，拿破仑贪婪地阅读各种数学书籍，专心研究弹道学。1785年，16岁的拿破仑完成了全部学业提前毕业，毕业后从事炮兵职业。他在奥松城服役期间，曾写过一篇弹道学方面的论文，题为《论导弹的投掷》，应用了严密的数学推导和计算。他扎实的数学功底为他后来成为政治家、军事家奠定了坚实的基础，从此开启了一生纵马征战欧洲的传奇。

在土伦堡战役中，拿破仑指挥炮兵部队一打一个准，一鸣惊人。后来他在军队中积极推广先进的数学方法，从三角函数到微积分方程，拿破仑对炮兵和海军军官工程师提出了很高的要求，以至于拿破仑的大炮打到哪里，工程师的图就画到哪里。

拿破仑对数学的爱好表现在善于提出数学问题，如当时意大利的马斯凯罗写了一本极有影响的数学著作，从理论上证明了除最后一步可能要连直线外，只用一个圆规就足以完成传统的几何作图这一重要结论，从而大大推进了近两千年来关于几何作图问题的研究。拿破仑看了这本书后，不仅饶有兴趣地解决了其中的一个问题，还向全法国的数学家提出了一个只用圆规四等分圆周的问题，这一问题后来被解决，并被称为“拿破仑问题”。

1797年，年仅28岁的拿破仑从11位候选人中脱颖而出，竞选成为法兰西科学院数学部院士。拿破仑对于自己能当选数学院院士非常自豪，总是把这个头衔签在他的命令和文告的最前面。

1796年3月2日，27岁的拿破仑被任命为法兰西共和国意大利方面军总司令，他在随军打仗的队伍中还安排了一个特殊的人群，就是科学家队伍。他自己在行军打仗的空闲时间，也经常研究平面几何，发现并证明了著名的拿破仑定理，即拿破仑三角形：“以任意三角形的三条边为边，向外构造三个等边三角形，则这三个等边三角形的外接圆中心恰为另一个等边三角形的顶点。”

1805年，拿破仑率军与普鲁士、俄国联军在莱茵河南北两岸对阵。两军都想向对方阵地开炮，但是不知宽度的莱茵河成为双方的阻碍，没有精确射程的炮击成了浪费弹药的竞赛。在这种情况下，谁能率先测量出河的宽度，谁就能占得先机。

为了解决这个难题，拿破仑每天远眺莱茵河，在岸边来回踱步。有一次，他偶然发现，对岸的边线（北岸线）恰巧擦着自己戴的军帽的边檐，于是计上心来。他在这个地点做了一个记号，然后沿着莱茵河的垂直方向一步一步往后退，一直退到莱茵河南岸线也擦着自己军帽檐的地方，停下来又做了个记号。拿破仑让部下丈量出这两个记号之间的距离，并告诉部下：“这就是莱茵河的宽度。”

当天傍晚，法军大炮向对岸敌军阵地射击。炮弹就像长了眼睛般，纷纷飞入敌营。敌军顿时大乱，全线溃败，而法军凭借拿破仑的数学智慧大获全胜。

拿破仑曾说：“数学教育决定着国家的繁荣昌盛，一个国家只有数学蓬勃发展，才能表现它的国力强大。”在17世纪和18世纪，法国的大学在数学方面是不活跃的，按克莱因在《古今数学思想》中所说的，它们没有做出任何贡献。直到18世纪末，拿破仑建立了第一流的技术学校，集中了顶级数学家，开创了对科学家系统的训练，法国的大学才产生了为数众多的数学家。

可惜的是，拿破仑成也数学，败也数学。

1815年6月18日傍晚，英国陆军将领威灵顿公爵指挥的英荷联军及普鲁士军队就是在这里战胜了不可一世的法国皇帝拿破仑。

在世界战争史上，滑铁卢大战以战线短、时间短、影响大、结局意外而著称。正如维克多·雨果所说，滑铁卢是一场一流的战争，而得胜的却是二流的将军。

维克多·雨果所说二流的将军指威灵顿公爵，他当年的总参谋部就设在滑铁卢镇上，那是一座两层的小楼，现在是威灵顿纪念馆。这个纪念馆里至今保存着比利时国王关于威灵顿的“授封书”：授予威灵顿滑铁卢亲王一世称号，并将滑铁卢周围1083公顷的森林和土地同时封授。此称号和封地永远有效并可世袭。

威灵顿公爵一生共参与60场战役，终生担任英国陆军总司令，是世界历史上唯一获得八国元帅军衔者，俄国沙皇亚历山大一世称他为世界征服者的征服者。尽管如此，在军事家的行列里，威灵顿公爵仍是不能与拿破仑相提并论的。

至于得胜的为何是二流的将军而不是拿破仑，维克多·雨果在《悲惨世界》滑铁卢一卷中作了这样的描述：大战的前一天突降大雨，整个滑铁卢田野变成一片泥沼，拿破仑的作战主力火炮队在泥沼中挣扎，迟迟进不了阵地，所以进攻炮打晚了。失败由此成为定局。如果没有那场大雨，进攻炮提早打响，大战在普鲁士人围上来之前就结束，历史会不会是另一种写法？

不可一世的拿破仑之所以在滑铁卢输得精光，从雨果的《悲惨世界》

的描写中可以找到一些答案，少算了天时导致拿破仑失去了最佳的战机。

二流的将军为何能打赢一流的战争？其实，在滑铁卢战役中，威灵顿的战术并没有特别之处，他主要策略是“以横制纵”，简单地讲就是层层设防，化解对方进攻兵锋。他的战略从一开始就很明确——就是拖时间，守住阵地。最终，威灵顿借助了天时、地利、人和，等到了布吕歇尔的援军，最终成功实现了这个战略目标，赢得了战争最后的胜利。

拿破仑这位常常以少胜多，屡战屡胜的杰出军事家，少算天时不是第一次。

1812年5月9日，在欧洲大陆上取得了一系列辉煌胜利的拿破仑离开巴黎，率领60万大军浩浩荡荡地远征俄国。法军凭借先进的战法、猛烈的炮火长驱直入，在短短的几个月内直捣莫斯科。

几周后，寒冷的空气给拿破仑大军带来了致命的打击。当他一路回撤一路被俄国人追杀的时候，才真正感到了天时的力量。在饥寒交迫下，拿破仑大军被迫从莫斯科撤退，沿途数十万士兵被活活冻死。

到12月初，他回到莱茵河畔，清点人数的时候，才发现只有98名亲兵跟随自己跑回来。他那以征服世界的近百万大军，都倒毙在风雪凄迷的远征路上。这次失败标志着拿破仑帝国衰落的开始。

《悲惨世界》作为文学艺术作品，其中含有大量创作和主观成分，源于史实，高于史实。而标准答案皆在“天下第一兵书”——《孙子兵法》里，显然要比文学作品权威得多。

如果说雨果在《悲惨世界》里的描述源于史实的话，那么，印证了孙子在《始计篇》提出的“多算胜，少算不胜”，离开了胜算，再一流的将军也会失败。可以说，威灵顿如无可乘之机，拿破仑不能被战胜；拿破仑不是被威灵顿打败而是被他自己打败的，因为同样的错误不能犯第二次。

这场战役不仅改变了拿破仑的命运，也改变了整个欧洲的进程。“滑铁卢”这三个字也从此成为“失败”的代名词而流传下来，并在全世界广泛使用。

第88节　巴顿的军事边缘参数

巴顿毕业于西点军校，在二战中以“善战者”著称，在第二次世界大战欧洲战场先后指挥美国陆军第七集团军和第三集团军叱咤风云，声名赫赫，令法西斯军队闻风丧胆。巴顿“善战”靠的是“胜算”。

巴顿的名言之一：“一个好的军人应该死于最后一场战争中最后一场战役的最后一发枪弹。”这“三个最后”“三个一”，算出了军人在战场上的最大公倍数，也就是一名优秀军人牺牲的最大价值。

巴顿名言之二：“衡量一个人成功的标志，不是站上顶峰的高度，而是跌下谷底的反弹力。”这个成功标志，算出了军人的战斗力标准，从高峰到低谷再到高峰的反弹力。

巴顿给儿子写的一封信里，提到五点获胜的关键，其中一点是“百分之五十的胜算，再加上百分之五十的冒险，两者需要达到某种平衡”。

在二战中，巴顿运用军事边缘参数成功登陆摩洛哥，正是“百分之五十的胜算，再加上百分之五十的冒险”的最好印证，最终达到了平衡，赢得了胜利。

1942年10月，巴顿率领4万多美军，乘100艘战舰，直奔距离美国4000公里的摩洛哥，在11月8日凌晨登陆。11月4日，海面上突然刮起西北大风，惊涛骇浪使舰艇倾斜达42°，直到11月6日天气仍无好转。

华盛顿总部担心舰队会因大风而全军覆没，电令巴顿的舰队改在地中海沿海的任何其他港口登陆。巴顿回电：不管天气如何，我将按原计划行动。

11月7日午夜，海面突然风息浪静，巴顿军团按计划登陆成功。事后人们说这是侥幸取胜，这位“血胆将军”拿将士的生命作赌注。

其实，巴顿在出发前就和气象学家详细研究了摩洛哥海域风浪变化的规律和相关参数，知道11月4日至7日该海域虽然有大风，但根据该海域往常最大浪高波长和舰艇的比例关系，恰恰达不到翻船的程度，不会对整个舰队造成危险。相反，11月8日却是一个有利于登陆的好天气。巴顿正是利用科学预测和可靠的军事边缘参数，抓住“可怕的机会”，突然出现在敌人面前。

巴顿的战舰与浪高军事边缘参数是军事信息的一个重要分支，它是以概率论、统计学和模拟试验为基础，通过对地形、气候、波浪、水文等自然情况和作战双方兵力、兵器的测试计算，在一般人都认为无法克服甚至容易处于劣势的险恶环境中，发现实际上可以通过计算运筹，利用各种自然条件的基本战术参数的最高极限或最低极限，如通过计算山地的坡度、河水的深度、雨雪风暴等来驾驭战争险象，提供战争胜利的一种科学依据。

第89节　二战让美国数学发展进入新时代

二战迫使美国政府将数学与科学技术、军事目标空前紧密地结合起来，开辟了美国数学发展的新时代。

美国科学研究和发展局（OSRD）于1940年成立了国家防卫科学委员会（NDRC），为军方提供科学服务。1942年，NDRC又成立了应用数学组（AMP），它的任务是帮助解决战争中日益增多的数学问题。

AMP和全美11所著名大学订有合同，全美最有才华的数学家都投入反法西斯的神圣工作。AMP的大量研究涉及“改进设计以提高设备的理论精确度”以及“现有设备的最佳运用”，特别是空战方面的成果，到战争结束时共完成了200项重大研究。

在纽约州立大学，柯朗和弗里德里希领导的小组研究空气动力学、水下爆破和喷气火箭理论。超音速飞机带来的激波和声爆问题，利用“柯朗—弗里德里希—勒维的有限差分法”求出了这些课题的双曲型偏微分方程的解。

1944年，美国海军和日本海军正在太平洋上激战。但是美国海军对日本大型舰只的航速和转弯能力一无所知。这时纽州立大学应用数学组的韦弗接到了这个任务。他需要计算出船的航速和转弯能力，这样才能让美国海军更能精准地瞄准对方。

韦弗发现之前有人研究过，当船以常速直线前进时，激起的水波沿着船只前进的方向呈一个扇面，船边的角边缘的半角为19度28分，其速度可以由船首处两波尖顶的间隔计算出来。根据这个公式测算出了日舰的航速和转弯能力。之后美国海军根据他提供的数据，在和日本海军对战时，瞄准率果然上升。

哥伦比亚大学重点研究空对空射击学。例如，空中发射炮弹弹道学，偏射理论，追踪曲线理论，追踪过程中自己速度的观测和刻画，中心火力系统的基本理论，空中发射装备测试程序的分析，雷达。

二战中军备消耗惊人，研究军火质量控制和抽样验收方面如何节省的问题十分迫切。隶属于应用数学小组的哥伦比亚大学统计研究小组的领导人瓦尔德研究出一种新的统计抽样方案，就是现在的“序贯分析法”，这一方案的发明，为美国军方节省了大量军火物资，仅这一项就远远超过AMP的全部经费。

普林斯顿大学和新墨西哥大学为空军确定“应用B–29飞机的最佳战术”；冯·诺伊曼和乌拉姆研究原子弹和计算机；维纳和柯尔莫戈洛夫研究火炮自动瞄准仪；由丹泽西为首的运筹学家发明了解线性规划的单纯形算法，使美军在战略部署中直接受益。

布朗大学以普拉格为首的应用数学小组集中研究经典动力学和畸变介质力学，以提高军备的使用寿命；哈佛大学的G. 伯克霍夫为海军研究水下弹道问题。

二战期间仅德国和奥地利就有近200名科学家移居美国，其中包括世界上最杰出的科学家。此后，在科技上长于应用而弱于基础的美国立马翻身。

美国军方从那时起，就十分热衷于资助数学研究和数学家。美国认为，得到一个第一流的数学家，比俘获十个师的德军要有价值得多。

在二战期间，战争给数学家们提出了许多新的课题，例如密码学、运筹学、概率统计等，有不少数学家都参与了这方面的研究，因而也推动了应用数学的发展。从那时开始，美国的军方就一直是数学的最大客户之一，每年都有大量的经费投入数学研究方面。

1943年以前，在大西洋上英美运输船队常常受到德国潜艇的袭击。当时，英、美两国实力受限，又无力增派更多的护航舰艇。一时间，德军的“潜艇战”搞得盟军焦头烂额。

为此，一位美国海军将领专门去请教了几位数学家。数学家们运用概率论分析后发现，舰队与敌潜艇相遇是一个随机事件。从数学角度来看这一问题，它具有一定的规律：一定数量的船编队规模越小，编次就越多；编次越多，与敌人相遇的概率就越大。美国海军接受了数学家的建议，命令舰队在指定海域集合，再集体通过危险海域，然后各自驶向预定港口，结果盟军舰队遭袭被击沉的概率由原来的25%下降为1%，大大减少了损失。

太平洋战争初期，美军为了降低舰船的损失率，调来大批数学家进行数据分析，结果损失率下降了27%。

中途岛海战，美国破译了日本密码，使日本四艘航空母舰、一艘巡洋舰被炸沉，330架飞机被击落；几百名经验丰富的飞行员和机务人员阵亡。而美国只损失了一艘航空母舰、一艘驱逐舰和147架飞机。

从此，日本丧失了在太平洋战场上的制空权和制海权。有人认为，第一流的数学家移居美国，是美国在第二次世界大战中的最大胜利之一。

第90节　数学家让英国伤亡减少1400万

二战的胜利是靠盟国人民的血肉之躯赢得的，除了士兵之外，还有很多人为战争做出了贡献，数学家就是其中之一，对二战有很大的贡献，随便一招就能减少几十万、几百万甚至上千万的伤亡。“计算机科学之父”“人工智能之父”图灵就是其中杰出的一位。

图灵既是哲学家、逻辑学家，又是生物学家，还是数学家、密码学家。1939年9月，英国向德国宣战，时年27岁的图灵欣然接受英国政府的邀请，来到布莱切利庄园基地。

二战中，决定胜负最重要的非情报莫属。布莱切利庄园基地就是为此而设立的，图灵参与的并非寻常的通信工作，而是对外机密性极高的“对敌通信密码破译”研究。

德国纳粹主要使用恩尼格玛机来对他们的通信内容进行加密，这是一种非常著名并且难以被破解的密码系统。这种密码的加密系统十分复杂，它主要利用三个转轮和十个转接板进行各种方式的转变结合。当一个字母输入机器之后，会有三次转变，并有一个相当的加密编码被输出，简直是天文数字，对破译者来说，无疑难乎其难。再加上纳粹又会经常变换组合的方式，破译密码的可能性更是微乎其微。

图灵知道，对于人类来说，这些计算程序实在是过于复杂，并且工程量极大，无法在短时间内快速完成。因此图灵决定发明一种可以快速计算的机器，却被技术问题困扰。但十分巧合并且幸运的是，德国电报员重复发报的字母引起图灵的注意，他试着对密码机进行上千次验证，终于成功了。

随后，又出现了新的问题。破译站每天通过无线电截获到的密件数量太多，仅靠一台破译机获取到的内容极其有限。想要保证情报的时效，唯一的办法就是制造更多的破译机。

但是，想要制造出所需数量的破译机，这需要各方面资源的帮助。图灵深知战事不容拖延，他决定向时任英国首相丘吉尔致信。他在信中向丘吉尔描述了如果破译工作一旦完全成功，那么将会给战争带去长远的重要性。

丘吉尔收信后，对图灵的想法大为认同，立即安排下属："给他们想要的一切。"

有了丘吉尔的亲自支持，原本所有资源上的困难悉数迎刃而解。凭借"图灵机"，德军密报被一一及时破解，且破解成功率达到了百分之百。盟军在与德国的战役中接连获胜，最后更是在轰动世界的诺曼底登陆中扭转战局。

据战后推算统计，由于图灵等破译情报所发挥的影响，保守估计二战至少提前结束了两年，至少避免了1400万人的伤亡。可以说图灵间接改变了战争，并拯救了上千万人的性命。

二战结束以后，英国政府为表彰图灵为国家和战争做出的贡献，私下里授予他大英帝国荣誉勋章。他的名字被计算机科学界用来命名业内最高奖项，他的肖像被英国央行印在50英镑面值钞票上。

第91节　人算不如天算：希特勒必遭天灭

1941年9月29日，德军统帅部制订了“台风行动”作战计划，集中74个师，包括14个坦克师和八个摩托化师，向莫斯科发动大规模进攻，扬言要在十天内拿下莫斯科。

进入12月初，隆冬的莫斯科天气异常的严寒，气温已下降到零下20至30度。由于认为在入冬前就能结束战事，德军没有在冬季条件下作战的准备和装备，没有棉衣和保暖设备，坦克和其他车辆都因为低温而不能动弹，枪栓拉不开，武器失灵，士气严重受挫。

与此相反，苏军则士气高涨。苏军习惯寒带生活，而且穿上了棉衣、皮靴和护耳冬帽，枪炮套上了保暖套，涂上了防冻润滑油。仅英国、美国根据莫斯科议定书就给苏联运送了150万双军靴，1万多吨制靴皮革，随后又运去700万双军靴。

人算不如天算。希特勒不懂天象，不识天时，违背天意，必遭天灭。

天气的变坏使德军的攻势锐减，德军于是被迫全线停止前进，以待大地封冻，从而给苏军赢得了宝贵的喘息时间。在1941年德苏战场的整个冬季战役中，德军被击溃50个师，陆军伤亡83万多人。

希特勒进攻苏联是他一个毁灭性的“失算”。当时，德军的战斗力世界第一，入侵苏联的战争使德军受到重创。大多数被苏军消灭的德国士兵是由于受冷而冻死或是供给问题而饿死。

最终的结局是苏联取得了莫斯科会战的胜利，宣告了德军在二战中第一次大失败，打破了德军“不可战胜”的神话。标志着希特勒“闪电战”的彻底破产，为第二次世界大战的根本转折奠定了坚实的基础。

曾经纵横欧洲，取得巨大战争成就的第三帝国，为什么会在短短几年内迅速失败？其实，第三帝国的灭亡是必然的，希特勒不仅输在发动法西斯战争上，输在反人类上，输在兵法上，还输在包括数学家在内的科学上。

1939年纳粹治下的奥地利局势动荡，一位33岁的维也纳人因为“长得像犹太人”，在当年11月遭到一群纳粹党徒攻击。年底，接到征兵令的这位维也纳人意识到，必须跑路了。他和妻子踏上了一场长途逃亡，先辗转来到莫斯科，再经西伯利亚铁路横跨欧亚大陆，从日本横滨登上了开往大洋彼岸的轮船。1940年3月，终于抵达旧金山的维也纳人心情大好，写信给自家兄弟：旧金山绝对是我见过的最美城市。

不过这还不是旅程的目的地。稍加整顿后，夫妇二人又经太平洋铁路横跨美国，到达了真正的终点——普林斯顿高等研究院。这位年轻人，就是在入籍仪式当场指出美国宪法漏洞的著名数学家哥德尔。

不过，哥德尔只是当时因战乱移民美国的众多基础科学家之一，希特勒给罗斯福送上的“大礼”包括但不限于：爱因斯坦、爱瓦尔德、奥尔、波利亚、德拜、德恩、费勒、费米、冯·诺依曼、弗朗克、弗里德里希、冯卡门、哥德尔、海林格、柯朗、兰德、勒威、纽格堡、诺德海姆、赛格、塔斯基、外尔、魏格纳……

没有这群天才的科学家，盟军破解纳粹密码的进程不会那么快，第三帝国也不会灭亡得那么快。

第92节　日本打错算盘："三个月灭亡中国"

日本在侵略中国的时候，曾喊出"三个月灭亡中国"的口号。然而实际上的日本远比这个狂妄，叫嚣一个月便结束侵华战争。

日本对中国垂涎已久。中日甲午海战之后，日本占领旅顺、大连；九一八事变后，便轻松占领了东三省。截至1937年，日本已经占领了中国东北和华北热河全省，来到北平城外驻军。

从九一八事变开始，日本开始逐步"蚕食"中国领土，所到之处几乎没有太多抵抗，不到一年的时间就占领了中国的大半国土，这样的战绩也让日本军官骄横自大起来。卢沟桥事变爆发之后，时任陆军大臣的杉山元力主扩大战争规模，并向天皇保证："一个月内解决中国事变"。

最终，日本侵华战争打了14年，不仅没有灭亡中国，而且宣告无条件投降。日本"三个月灭亡中国"的如意算盘为什么会打错？

第一，日本算错了中国全民抗战的决心和力量。七七事变标志着日本帝国主义发动了全面的侵华战争，同时标志着中国全民族抗战的开端，由此开辟了世界反法西斯战争的东方主战场。

在抗日民族统一战线的旗帜下，抗击侵略、救亡图存成为中国各党派、各民族、各阶级、各阶层、各团体以及海外华侨华人的共同意志和行动，全民族团结一致，同仇敌忾。

在占领北平之后，中日双方在上海终于开始全面战争，史称淞沪会战，持续了三个月。虽然日本艰难取胜，但粉碎了日本"三个月灭亡中国"的狂妄计划。

14年抗战，中国军民与日军大小战斗16.5万多次，歼灭日军150万人，占二战日军阵亡人数的70%。正如习近平总书记所指出的："中国人民抗日战争胜利是全体中华儿女勠力同心、以弱胜强的雄浑史诗，显示了中国人民和中华儿女坚不可摧的磅礴力量！”

第二，日本算错了中国深远的腹地。中国是一个面积相当大的国家，但日军只垂涎中国物博，却低估了中国地大。日军把战线拉得过长，战场过大，侵华日军的人数不足，既要保证前线作战，还要保证后方占领区驻守，实在是腾不开人手。

全面侵华战争发动后，日军先后在中国大陆北部、东部和南部相继发动战争，涉及的地方更是有广东、江苏、安徽、山东、山西、河北和绥远等地。如此长的战线，势必要有极其完备的交通运输网。但中国的交通建设很是贫乏，很多南下的日军因为运输问题，经常发生补给中断的情况。

1941年秋天，裕仁天皇又问杉山元：“当初你说中日战争一个月可以结束，现在打了四年还没完？”杉山元慌忙回道：“中国腹地过于深远，拖这么久实在没想到。”

第三，日本算错了侵华战争的经济成本。日本工业强国打中国农业大国，侵华战争费用很高，有很大一部分是希望能靠对中国的掠夺，来支撑出现裂痕的经济。

日本是一个岛国，资源缺乏，大部分资源依赖于从国外进口。而中国则是地域广大的内陆国家，日本自然希望大量攫取中国的资源，而他们最开始选择从中国东北登陆也是出于石油资源的考虑，石油的重要性不言而喻。但日本到了中国东北后，投入了44亿日元进行开采，却只挖出了6300万吨煤炭。而煤炭资源非常难以运输，对日本本土的帮助也不大，更没有办法供给军队使用。

从1937年到1941年，尽管英美还没有参战，日本的经济已经揭不开锅了，日本的经济大臣开始慌了，日本人彻底失算了：三个月灭亡不了中国。

日本扩充军备，发展重军事、重工业，国力明显不足，相继发生了粮食危机、电力危机和煤炭危机。为了筹措军费，日本采取了增加税收、滥发公债及纸币的做法，造成严重的财政危机。而比财政危机更为可怕，对其侵华战争影响最大的是资源危机。

日本天皇没想到战争会在国库快耗空的时候开始，而又在国力耗尽一败涂地后以投降收场。

第93节　山本五十六输在换弹的五分钟

在战争中，有时候忽略了一个小小的数据，也会招致整个战局的失利。

山本五十六是日本帝国海军大将，第二次世界大战期间担任日本海军联合舰队司令长官，是偷袭美国珍珠港基地和发动中途岛海战的谋划者。

山本是个冒险家，对赌博尤为着迷。把赌博和碰运气的游戏看得比饮食还重要，玩扑克、打桥牌、下围棋、打赌都称得上是行家里手。据说他曾经夸口“能在赌桌上赢来一艘战列舰”。二战中，山本五十六被誉为“要么全赢，要么输个精光”的“赌博将军”。

而在战争中，胜算是靠算不是靠赌的，错算、失算会导致满盘皆输。

在中途岛海战中，山本五十六先是错算了美军救援的时间。他本以为美军航母要在数日之后才能赶来救援，没想到战役开始当天，即1942年6月4日，美军便抓住最有利的时机发动攻击，一举击沉了日军第一突击编队的全部四艘舰队航母。

接着，山本五十六错算了距离。他试图重新配置数量上仍旧强大的舰队来埋伏美军舰艇，但由于过于远离中途岛，而美军谨慎地早早向东撤退而并未中伏。此时山本五十六判断他已没有胜算，遂宣布放弃占领中途岛的任务并全军撤退。这次失败使山本五十六持续六个月的成功历程告一段落，日军的扩张也到此为止。

山本五十六指挥联合舰队实施了几次迟滞美军行动的作战，但造成的损失却是他难以承担的，日本海军的精锐被逐渐消耗殆尽。

最要命的是山本五十六错算换弹的五分钟。当日本舰队发现按计划空袭失利，海面出现美军航空母舰时，山本五十六不听同僚的合理建议，妄

图一举歼灭敌方，根本不考虑美军舰载飞机可能提前先行攻击的可能。

山本五十六命令停在甲板上的飞机卸下炸弹换上鱼雷起飞攻击美舰，只图靠鱼雷击沉美军航空母舰获得最大的打击效果，而不考虑飞机在换装鱼雷的过程中可能遭到美机攻击的后果，因为飞机换弹的最快时间是五分钟。

结果，在把炸弹换装鱼雷的五分钟内，日舰和“躺在甲板上的飞机”变成了活靶子，受到迅速起飞的美军舰载飞机的“全面屠杀”，日本舰队损失惨重。

1942年6月4日，在中途岛海战中，尼米兹率美军大败山本五十六指挥的日本海军。中途岛之战后，日本海军走向末路。

战后，有些军事评论家把日本联合舰队在中途岛海战失败原因之一归咎于那“错误的五分钟”。可见，忽略了这个看似很小的时间因素的损失是多么重大。

第94节　毛泽东抗美援朝的“胜算”

朝鲜祖国解放战争胜利纪念馆开设的中国人民志愿军纪念厅里，展示了毛泽东的照片及他发布的抗美援朝命令。美军在仁川成功登陆后，狂妄自大的麦克阿瑟以为战争就要结束了。他居然宣称，如果美国通过海上向仁川输送一支精锐部队的话，就可以把毛泽东镇住，使毛泽东不再敢派兵入朝。

一生对《孙子兵法》百读不厌的毛泽东，极其善于继承并创造性地运用中国古代兵学。毛泽东将《孙子兵法》中蕴含的规律推崇为“科学的真理”，这部充满智慧的兵书，是毛泽东军事思想的重要理论来源之一。

作为战略家的毛泽东，具有超前的判断力和果断做出科学抉择的魄力，以及面对强敌敢于应战的勇气和善于应战的智慧。毛泽东从敌强我弱中辩证地论证中国的“胜算”。中国面对的主要对手是第二次世界大战后踌躇满志、不可一世的美国，中美两国的国力、军力差别很大，在世界战争史上也是罕见的，这场战争有多少“胜算”把握？

“非利不动，非得不用，非危不战”，这是孙子告诫的。毛泽东慎重权衡：如果任凭美国灭亡朝鲜，与中国隔江对峙，并与南线的在台湾的蒋介石、侵越法军势力遥相呼应，就将置中国于战略上两面作战的不利境地，在战略态势、国际环境、国内建设、民族关系等诸多方面带来更大的麻烦，其后果不堪设想。

毛泽东在给周恩来的电报中明确指出：“我们认为应当参战，必须参战，参战利益极大，不参战损害极大。”毛泽东分析，参战对朝鲜、对东方、对世界都极为有利；对中国有利，参战至少可以消除东北方向的威胁，如果不参战，让敌人压至鸭绿江边，则对各方都不利；从时间上说，晚打不如早打；从空间上说，中美在朝鲜较量较之其他地方更对中国有利。

毛泽东“胜算”有着独到之妙：既然中美之间不可避免会有一场较量，那么，与其坐等美国使中国两面受敌，不如主动迎战；与其坐等对手登堂入室，不如御敌于国门之外；与其示之以弱，不如示之以强；与其长痛，不如短痛；与其晚打，不如早打，打完了再安心搞建设。朝鲜战争在世界范围内只能是一场局部战争，由此带来的风险，中国是可以承受的。于是，毛泽东决心进行新中国历史上的第一场反侵略战争。

在中国出兵朝鲜后，杜鲁门曾经发出在朝鲜战场使用原子弹的叫嚣。对此，毛泽东表现了大战略家的从容。他指出，不要说苏联已经掌握了核武器，杜鲁门不敢冒险打一场原子战争，就是真想在朝鲜投原子弹，也没有义务通知对方。毛泽东还豪迈地说：“你打原子弹，我打手榴弹。”事实证明，毛泽东是“胜算”的，美国的核讹诈最终灰飞烟灭。

毛泽东清醒地认识到，在实力不对等的条件下，要在军事上打垮美国是不可能的，而能够把美国打到谈判桌上是可以做到的。毛泽东在战略指导上展现了他一贯的运筹帷幄、决胜千里的统帅风格。

朝鲜战争证明了毛泽东的“胜算”，而以美国为首的“联合国军”事实上是失败的。检验朝鲜战争胜败的标准是看战略意图，谁实现了战略意图，谁就是最后的赢家。美国的战略意图是让韩国统一朝鲜半岛，毛泽东的战略意图是把美军打回三八线，把美国打到谈判桌上。美国的战略意图没有达到，而毛泽东实现了战略意图。

正如亲历朝鲜停战的第三任“联合国军”总司令克拉克所悲叹的：我是美国历史上第一个在没有取得胜利的停战协议上签字的司令官。

第95节　刘伯承打破“用兵不复”

“用兵不复，兵不重伏”，在数学上指用兵不重复、不重伏，在兵学上成为公认规则，意思是不能在同一个地方设伏两次，不能用同一种方法去攻打敌人。但是刘伯承反其道而行之，在七亘村连续同一处设伏，大胜日军。

1937年9月下旬，侵华日军大举进攻山西，在忻口遭八路军和国民党军第二战区部队有力阻击，被迫改由正（定）太（原）路西进。10月中旬，国民党守军未能阻止住日军的进攻，晋东门户娘子关告急。

根据情报在10月26日清晨，日军的辎重部队会准时到达七亘村。刘伯承经过实地勘查，最后选定了这条峡谷作为伏击日军辎重队的“大口袋”。

会算军事账的刘伯承说打伏击战最划算，我方损失少，利益多。于是，他命令三八六旅七七二团赶到七亘村预设伏击地点。

当日军500多人的辎重部队走进峡谷时，八路军七七二团的全体官兵利用地形的优势，向日军的辎重队发起突然袭击。日军一点防备都没有，就被突如其来的子弹、手榴弹、迫击炮击倒炸飞。由于身处谷地，日军无法发起有效反击，剩余士兵只能丢弃物资仓皇败逃。

第一次七亘村伏击战，共歼灭日军二十师团辎重队300余人，缴获骡马300余匹，更缴获一大批军用物资及枪支弹药，解决了当时八路军部队装备差的问题。

一二九师旗开得胜，刘伯承的心情却并不轻松。一方面，国民党第二战区前敌总指挥兼十三军军长汤恩伯电话告知，他们已决定放弃娘子关，并劝一二九师也赶紧撤退；另一方面，26日当天得到情报，正太路西段的日军正向东运动，娘子关右翼日军也继续向旧关抄袭。

撤，还是不撤？刘伯承仔细分析了日军企图，认为日军侵占华北以来，作战一直比较顺利，目空一切，不会在意小的损失，如果国民党军后撤，日军必以阳泉为目标发动大规模追击。当前日军正向平定进犯，急需军用物资，根据交通条件，七亘村是日军必经之路。而且，“用兵不复”是作战常理，如果再次在七亘村设伏，日军恐难预料。经深思熟虑，刘伯承一反常规，决定在七亘村再次伏击。

27日，测鱼镇之日军一面派出部队在七亘村附近收殓尸体，一面调整部队准备继续西进。我军在刘伯承指挥下，佯装他去，待敌人收尸完毕后，再次令七七二团三营在七亘村设伏。28日上午，日军辎重部队果然循原路而来，以100余人的骑兵和300余人的步兵掩护辎重西进。11时许，敌先头部队骑兵首先进入伏击圈，敌警戒搜索甚严。我军战士沉着镇静，待敌骑兵通过，辎重部队进入伏击区后，对敌发起猛烈袭击。

这次伏击，击毙日本兵百余名，缴获骡马几十匹。这次战斗，牵制了敌人，把困在旧关以南的曾万钟部1000余人从敌人的包围中解救了出来。

刘伯承把缴获的战马、军刀、大衣、罐头、香烟等战利品，送给卫立煌一部分。卫立煌赞叹不已，称此战为“战史上的奇迹”，誉刘伯承为“当之无愧的名将”。

刘伯承将七亘村连环伏击战命名为“重叠设伏”，成为世界经典战例之一，不少国家的军事教科书增添了这一前无古人的战法。

第96节 海湾战争打的是数字化战争

中国科学院院士、著名数学家王梓坤说："如果说第一次世界大战是化学战（炸药），第二次世界大战是物理学战（原子弹），那么从海湾战争开始后的现代战争可以说是数学战。"

应用数学工具和现代计算技术对军事问题进行定量分析，是世界新军事变革发展的必然趋势。当代战争史上赫赫有名的海湾战争的背后，就是一场不动声色的数学战。

随着云计算、大数据、人工智能等科学技术的发展，收集作战数据的能力增强，以战场数据为基础，将每个作战环境与环节进行量化分析，从而实施科学指挥决策成为可能。

1990年，伊拉克入侵科威特之后，为阻挡以美国为首的多国部队的军事进攻，点燃油田成为伊拉克的手中利器。当时许多科学家发出警告：如果海湾发生战争，伊拉克引爆科威特数以千计的油井，人类将面临一场前所未有的生态大灾难，气候会发生灾难性的变化，10亿人赖以生存的粮食生长将受到严重威胁。

打还是不打？美国必须考虑伊拉克点燃所有油井的后果。为此，五角大楼要求太平洋——赛拉研究公司研究此问题。这家公司利用Navie-Stokes方程和有热损失能量方程作为计算模型，进行了一系列模拟计算。

计算后得出结论：点燃所有的油井后果是严重的，这些油井的烟雾可能招致一场重大的污染事件，但只会波及波斯湾、伊朗南部、巴基斯坦和印度北部，不会失去控制，造成全球性的气候变化，也不会对地球的生态和经济系统造成不可挽回的损失。这个计算结论对美国军方计划海湾战争起了相当的作用，最终促成美国下定决心攻打伊拉克。

海湾战争如何打？这是一场现代化、高科技条件下的信息化战争，是陆、海、空、天、电等多维空间的一体化联合作战行动，参战的军兵种多、武器装备种类多、作战样式多，作战协同十分复杂。如果对编制、装备、人员、时间、区域、距离等缺乏定量分析和精确计算，就不可能有科学的决策。

资料显示，海湾战争中，“沙漠风暴”行动的前30个小时，美国海军陆战队第一远征军的指挥机构就收到130万份电子文件。面对如此巨大的数据洪流，没有数据化思维，仅凭记着几条作战原则，靠直接经验进行粗略估算，指挥决策势必寸步难行。

随着战争的节奏加快，作战时间将以秒为单位计算，只有对各种作战行动进行精准计算，才能达成步调一致，否则不仅不能实现协同作战目的，还有可能误伤友军，这就对作战协同提出了更高要求。美军从发现到摧毁目标的时间，在1991年的海湾战争是45分钟。按照五角大楼的设想，未来美军发现即摧毁的时间更短，战争将进入秒杀时代。

于是，“数字化战争”概念随“信息战”而诞生，其理论核心内容是主要依靠高科技力量（例如，各种精确制导武器、数字化通信、无人驾驶侦察机）以及机动性能更好的少量地面部队。

“数字化战争”的鲜明特征是，以计算机和网络为平台，将处理数字化信息的技术广泛应用到战场的各个方面，从指挥系统到单兵作战，数字化技术已成为整个作战系统的灵魂。

美军首支数字化部队——第四机械化步兵师，在20世纪90年代初随之应运而生。这支部队主页上赫然显示“引导陆军走向未来”。其特别之处在于它的数字化指挥控制系统。每一辆坦克、装甲车、火炮和直升机都配有一台奔腾Ⅲ级别的计算机。一个称为“战术互联网”的无线网络，把第四机械化步兵师的计算机连接在了一起，快速、准确地把战地情报和指示传递给每个作战单位。

海湾战争中，多国部队多个作战计划是用计算机编排处理的，因此对空袭作战行动的各个方面都做出了比较周密的安排。"战斧"式巡航导弹在启动发射前，由电子侦察卫星、侦察机等对预定攻击目标进行侦察，资料输入"战斧"并自动确定攻击路线，"战斧"飞抵目标时会自动进行图像比照，验明正身后，用计算机调整弹翼弹尾，以确保准确攻击。

海湾战争从1991年1月17日开始至2月24日结束，仅用了37天。"沙漠风暴"开始的一个来月，完全使用最现代化的信息战，对伊拉克的军事基地和指挥中心进行毁灭性的空中打击，而真正发动地面进攻也只用了不到一周的时间，就把伊拉克军队赶出了科威特。整个战争，美军只死亡148人，伤458人，而且大多是非战斗人员。

伊拉克战争美军总指挥汤米·弗兰克斯评价道：孙子，这位中国古代军事思想家的幽灵似乎徘徊在伊拉克沙漠上向前推进的每架战争机器的旁边。《华盛顿邮报》撰文称："我愿意想象布什总统的床头柜上有一本《孙子兵法》，并且不时阅读它，以便在海湾危机中对他加以指导。"法国记者惊呼，"是生活在2500多年前的一位中国将军孙子，指挥美军打赢了这场战争"。这些已经被证实或尚未证实的传闻，都说明了《孙子兵法》对数字化战争仍然具有指导意义。

第97节 股神巴菲特的“投资心法”

1987年商战电影的经典之作《华尔街》以全球金融中心的美国华尔街为背景，由迈克尔·道格拉斯扮演的华尔街大亨戈登·盖柯曾引用了《孙子兵法》，影片大部分操纵股市的谋略也出自《孙子兵法》。《华尔街》续集《华尔街：金钱永不眠》对股票投资的描写中，金融大鳄对《孙子兵法》倒背如流。

影片塑造的华尔街金融大鳄形象在股神巴菲特身上可找到影子。当股神遇到《孙子兵法》，孙子的数学与战争法则，如“知彼知己，百战不殆”“兵无常形，水无常势”“兵贵胜，不贵久”等，对他颇有影响。

自从20世纪50年代开始搞投资以来，巴菲特就已经成为一个不可超越的神话。除了被公认为“股神”以外，他还有其他外号，如“投资之神”“奥马哈的先知”。而巴菲特的“先知”，源于《孙子兵法》：“先知者，不可取于鬼神，不可象于事，不可验于度，必取于人，知敌之情者也。”

“股市风险大，投资需谨慎！”这句股市经典广告语，也体现了孙子的慎战思想。股市如战场，虚虚实实，变化无常。巴菲特善于预测投资风险，偏爱那些与竞争者构成巨大“经济屏障”的大公司，可以规避风险。如对于可口可乐这样的股票，他认为持有的时间是“永远”。1980年，他用1.2亿美元以每股10.96美元的单价，买进可口可乐7%的股份。到1985年，可口可乐改变了经营策略，开始抽回资金，投入饮料生产。其股票单价已涨至每股51.5美元，翻了五倍。至于赚了多少，其数目可以让全世界的投资家咋舌。

巴菲特的投资理念是，即使打得赢，也要算成本，力求永远不亏损。一旦第一次仓位处于亏损状态，就不急于加仓，而及时摊低自己的持仓成本。以次满仓50%就设法赚回来；下一次就必须满仓赚100%，宁可少赚，也不愿多亏。这符合孙子“多算胜，少算不胜，而况于无算乎”。

巴菲特最善于以逸待劳，耐心地长期持有。股市中有两种对立的持股策略：长线与短线。他把长线视作“逸”，选对了一只股票后，只要公司情况良好就一直长期持有；把短线则视作“劳”，买了一只股票后，根据对行情走势的判断，高抛低吸，波段操作。1992年年中，巴菲特以74美元一股购下435万股美国高技术国防工业公司——通用动力公司的股票，到年底股价上升到113美元。巴菲特在半年前拥有的32200万美元的股票已值49100万美元了。

华尔街有一条经典语录，源自《孙子兵法》的智慧：“赢在开战前”，即“胜兵先胜”，不打无准备之仗。巴菲特懂得，股市上也如孙子所说的，胜负可以预知，可以判断，但不可以强求。胜机一现，绝不错失良机；而不能反过来，没有胜算把握就盲目开打。

巴菲特有个习惯，不熟的股票不做，没有把握的仗不打。有一个行业股票大跌，他知道这个行业的股票已经便宜了，知道这个行业在长期仍然是有前途的，但是由于他不了解这个行业的具体结构以及其中公司的情况，他选择了不投资。巴菲特永远只买一些传统行业的股票，哪怕是网络股达到高潮的时候，也不做疯狂的投资家，只做稳健性的投资大师，稳操胜券。

无论是战场还是股市，心理素质非常重要。也许是巴菲特受《孙子兵法》心理战的启发，独创了“投资心法”，为“十六字方针”：“主动撤退，避开强敌，寻找战机，以退为进。”

耐心等待，寻找战机，在很多情况下都是最好的战略。巴菲特坚信只靠购买少数几只股票，并等待它们增持就能够获得理想的收益。事实上，投资的资金始终集中地投资少数几家公司，他依靠这几家重仓的股票获得了70%左右的财富，这种耐心的回报是巨大的。如果没有好的投资对象，巴菲特宁可持有现金。据晨星公司统计，现金在伯克希尔哈撒韦公司的投资配比中占18%以上，而大多数基金公司只有4%的现金。

巴菲特投资股票知进退。买入中石油股票之前，其实他早就给自己留好了退路。数据显示，中石油2002年派息2亿多港元，分摊下来每股将近0.1港元，对比巴菲特1.68港元的买入均价，股息率高达6%，远高于世界上任何一个国家的存款利率。也就是说，就算买入中石油的股票没有涨，巴菲特每年能够拿到的分红也要远高于把钱存在银行，低股价、高分红，巴菲特找到了价值被严重低估的中石油，三七折的交易，让他出手时就已经立于不败之地。

2020年9月，美股崩盘前，股神巴菲特套现上万亿元人民币主动“撤退”。从巴菲特旗下的公司持仓看，“股神”也正从美股抽身。8月15日，伯克希尔哈撒韦的财报数据显示，巴菲特减持了美国富国银行、摩根大通、万事达、金融、纽约梅隆银行；更关键的是巴菲特同时清空高盛集团、达美航空、西南航空、美联航、美国航空、西方石油。巴菲特卖出这批美股后，现金储备在1500亿美元左右，大约相当于1万亿元人民币。

而没有及时撤退损失最大的是亚马逊CEO贝索斯，其身价暴跌90亿美元；刚成为全球最富有女性的贝索斯前妻斯科特，身价也下跌了32亿美元；特斯拉CEO马斯克身价暴跌85亿美元；比尔·盖茨资产缩水29亿美元；扎克伯格损失42亿美元。

第98节　加拿大皇家院士读《始计篇》

“再先进的电脑，也离不开人脑。孙子最重视的是计算，故把《始计篇》作为开篇。”加拿大皇家科学院院士孙靖夷认为，作为华裔计算机专家，要靠中国人的聪明才智。

作者在蒙特利尔康考迪亚大学见到了华裔科学家孙靖夷，他温文尔雅，眉宇间飞扬着睿智的神采。1979年，孙靖夷发明了一套新的汉语国音系统，在瑞士出版了第一本关于计算机识别汉字的专著。为揭示汉字语音规律，1986年他又出版了一部专著。世界上研究汉语的人很多，但像这样对汉语进行全方位解剖分析的，他还是第一个。

在孙靖夷的办公桌上放着三本《孙子兵法》，一本是美国纽约出版的，另一本是英国牛津大学出版的，还有一本是中国台湾出版的。谈到《孙子兵法》，孙靖夷的脸上洋溢着自豪的神情。

孙靖夷对作者说，作为孙武的后裔，我对这位2500多年前的老祖宗很崇拜。孙子是大智大慧之人，孙子十三篇“智”字出现了72次之多，充满了“重智色彩”，成为全世界的智慧宝库，我为之感到骄傲。

出生于广东中山的孙靖夷，其传奇人生也充满了孙子的“重智色彩”。他六岁去了中国香港，1968年从香港大学电机电子工程系硕士毕业，1972年获加拿大哥伦比亚大学博士学位。他担任过本校计算器科学系主任、工程与计算器科学研究院副院长，是国际知名的华裔计算机专家和语音学专家。1986年获美国电子学院院士称号，1994年获国际模式识别学会院士称号，1995年获加拿大皇家科学院院士称号。

孙靖夷陪同作者参观了他的几个实验室，他指导的博士生来自世界各国，博士生论文集摆满了整个柜子。孙靖夷从助理教授到终身教授40多年来，共培养和指导了硕士研究生50余名，博士生30名，访问学者80名，还有一大批本科生。孙靖夷认为，要使他们成为计算机领域的成功者，首先要成为一个高智商的"智者"。

孙靖夷还担任模式识别和机器智能研究中心主任、模式识别杂志社主编、国际模式识别协会（IAPR）顾问委员会成员、国际模式识别会议（ICPR）咨询委员会委员和中国科学院模式识别实验室咨询委员会成员等职务。他应邀在包括中国在内的多国科研机构和大学开讲座、搞科研、任兼职教授；发表文章500余篇，出版著作11部，文献被引用1000多次，是被引用频率最高的科学家之一；曾参与创建了国际中文计算器学会，组织召开了多次国际学术会议。

孙靖夷研究的课题是在所有信息都不复存在的情况下如何去进行识别，而不是一横一竖在电脑里全能捕捉到的，因此远比人们想象的要难得多，有的可能是史无前例的。孙子将才的标准把"智"放在第一位，高科技的竞争说到底是智慧与智能的竞争，这在计算机领域表现得尤为突出。

孙靖夷首创了盲人阅读机器，是一台能发出声音的机器，解决了盲人阅读问题，为计算机领域开创了一条新的路径。尔后，又发展了软件识别手书体，他的学生们的软件可以识别法文、中文、阿拉伯文、波斯文等十几种文字；从文字识别再发展到模式识别，像卫星拍摄的地球表面通过模式识别，可以确认哪处是道路桥梁，哪处是军事设施；目前纳入孙靖夷研究计划的还包括对图像的识别。

孙靖夷说，全世界近视眼的比率非常高，而中国又是世界上最高的。为减少人类的近视率，我们正在对不同的印刷品字体进行研究，试图找出比较容易看，能降低眼睛疲劳的字体。孙靖夷研究的项目已经和中国的方正公司有了合作意向，准备设计出更加优化的字体。这项研究在中国尚属首次。

孙靖夷在他儿子的家里放了《孙子与智慧人生》《孙子与企业管理》等六本书。在与这位孙武后裔和知名华裔科学家一天的交流中，作者分明感到,《孙子兵法》这部千古智慧之书，不仅适用于现代战争，也适用于包括科技领域、社会生活领域在内的各个领域。它能串透人类的智慧，梳理人们的心智，开发人们的智能。读懂和应用了孙子的大智大慧，人生将会更加精彩。

第99节　新加坡的“筹借之道”

孙子的“因粮于敌”，新加坡活学活用。没有过多发展空间也没有什么资源的新加坡，想到了诸葛亮能借东风，连天时都能借，世界上没有什么不可借的。

在军事上创造了“借池养鱼”的战略规划，一旦新加坡被他国占领，海外远征军将迅速反扑，其兵员训练有素，装备世界一流，完全颠覆了世界国防的概念。

新加坡把空军三分之一的兵力常年部署在海外并接受训练，以至于出现了四大洲都有新加坡空军驻扎。

新加坡太小，飞机刚升空就已经飞出了国界，狭窄的国土实在不足以支撑其庞大的空军队伍开展日常训练。而且新加坡靠近赤道，典型的热带海洋性气候，年降水丰富、空气湿度大、含盐量高，显然是不利于飞机的维护与保养的，因此把目光投向海外自然是基于国家现实情况的考量。

目前，承接新加坡空军训练合作的国家有美国、澳大利亚、法国、印度及周边东南亚国家等。美国是新加坡空军海外训练的主要基地，其合作主要通过“和平卡尔文”与“和平牧场”两项计划实现，前者培训战斗机飞行员，后者培训运输直升机飞行员，就重要程度而言，当属前者。

除了因自身领土狭窄外，也有狡兔三窟的考量。避免了在战争中被敌方一锅端的厄运，保留了一支有生力量，此举无论是在政治还是军事上都意义非凡。

应该说，新加坡的军事举措谋划，远近结合，主次有序，不可谓不明智，这也是小国生存发展不得不采用的办法。

在经济上创造了“借船出海”的发展战略。今日国家与国家、企业与企业之间“战略联盟”皆着眼于“资源分享”，可说是《孙子兵法》“因粮于敌”的现代版。

中新两国的第一个政府合作项目——苏州工业园区，由李光耀提前布局，首先提出，并亲自督促项目进展。20多年间，一座崭新的现代化新城拔地而起。这个中新两国“深层次合作试验场”，李光耀提出了“软件转移”概念，也就是将新加坡政府规划、管理城市的方法移植到苏州工业园区。

有了苏州工业园区这个成功范例，新加坡和中国接着展开第二个、第三个政府间合作项目，即天津生态城和中新（重庆）战略性互联互通示范项目。这些合作项目都契合了中国在不同发展阶段的需要。

李光耀“借船出海”，与中国的合作利大于弊。有评论分析，新加坡受益于中国广阔的市场。但这只是事情的一面，李光耀加强与中国的联系，还隐含着另一个目的或意图，就是借助中国改革开放，向世界证明新加坡发展模式和治理方式的成功，苏州工业园区即是这一意图下的产物。总的来讲，中新关系是一种互利双赢模式。

“借岛生财”。1990年新加坡与印度尼西亚签约，将民丹岛北部面积达3200公顷，占全岛10%的土地租予新加坡开发旅游，租期为80年。

令印度尼西亚当地政府意想不到的是，新加坡仅花了三年时间，就令位置最好、水域最佳的这块地可与马尔代夫媲美。新加坡在岛上相继建成11个度假区、80多家度假屋酒店等设施。岛上还兴建了四个高尔夫球场，其中更是27洞的锦标赛场，包括18洞的海景球场与9洞的森林球场。

据说，新加坡直接将民丹岛游客“抢走”80%，两年时间运营利润已超10亿美元，接待游客也从早期单一的新加坡人扩大到全球游客，并多次获得旅游业顶级奖项。

《孙子兵法》有“借粮于敌”，《三国演义》有“草船借箭”，中国成语有“借风使船”“借篷使风”“借水行舟”“借坡下驴”等，当然也少不了“借鸡生蛋”。

数据显示，估计新加坡每人平均一年吃上258个鸡蛋，而新加坡供应的鸡蛋大多是“借鸡生的蛋”，每年进口逾14亿个鸡蛋来自十多个国家和地区，邻国马来西亚最多，大约占了73%，从本地农场供应的只占26%左右。

第100节　全球战疫大数据

全球战疫是一场特殊的战争。在战争中有细菌战，也称生化战，是灭绝人性的战争。尽管有日内瓦协定书，但德国、日本和美国都曾使用过生化武器，给人类造成过惨绝人寰的灾难。

世界卫生组织称此次新冠肺炎疫情是二战以来最严重的灾难，可见战疫与战争可谓是一对孪生兄弟。正因为战疫是一场没有硝烟的战争，是一场不流血的你死我活的战争，所以许多国家动用了军队、军用直升机、军舰、装甲车，全副武装、戒备森严，仿佛真的进入战争状态。

同时，全球战疫的大数据对世界各国防疫抗疫也显得特别重要，每天发布的疫情通报如同战场战报一样，受到全世界的高度关注。

疫情期间，从世界卫生组织到世界各国政府和人民，每天要查看的是疫情各种数据：确诊人数、重症人数、疑似人数、无症状人数、境外输入人数、社区蔓延人数、最新确诊数、患者密切接触者人数、治愈人数、死亡人数、检测人数、打疫苗人数、医院床位数，等等，各类数据一样都不可缺少。

大数据显示，全球疫情范围超过一战、二战。一战涉及30多个国家，15亿人口被卷入了战争；二战涉及61个国家，17亿人口被卷入了战争；此次战疫几乎遍及全球五大洲，75亿人被卷入，这是古今中外任何一次战争所没有的。

大数据显示，全球疫情伤亡人数涉及的国家和地区超过一战、二战。一战1000多万人死亡，2000万人受伤，合计死伤3000万人；二战是人类历史上死伤人数最多的战争，共有6000万人死亡，1.3亿人受伤，合计死伤1.9亿人；此次战疫截至2021年底死亡人数将近500万人，确诊病例已超过两亿人，确诊病例超过100万例的国家达21个。据路透社统计，自新冠肺炎疫情暴发以来，全球至少有2.6%的人口感染新冠病毒。美国累计确诊人数和死亡人数超过二战和越南战争总和。

大数据显示，全球疫情的蔓延速度和变化超过一战、二战。全球累计确诊病例数呈加速增长趋势，从疫情开始到1000万例用时超半年，从9000万例到1亿例仅用时16天，从1亿例升至2亿例，用时190天。全球新冠死亡病例达200万例用了一年多时间，而从200万例到300万例仅用了大约三个月时间。

大数据显示，全球疫情防御超过一战、二战。此次战情全球防御，几乎全民藏于家中。为了减缓疫情的扩散，世界各国不得不采取限制外出等举措。全世界限行措施涵盖全球41个国家和地区，影响人数占到全球人口的一半，大约 33.8 亿人成为政府限制外出的对象，让地球四成人口被迫留在家中。

大数据显示，全球疫情经济损失超过一战、二战。亚洲开发银行2021年上半年发布报告称，新冠肺炎疫情造成的全球经济损失在5.8万亿至8.8万亿美元之间，相当于全球国内生产总值的6.4%至9.7%。

新冠肺炎疫情发生以来，大数据、云计算、人工智能等新一代信息技术加速与交通、医疗、教育、金融等领域深度融合，数据详细、快速，按国别和地区分列的确诊人数、全球城市的统计数据，能明显看出世界各国、各地区疫情变化，让疫情防控的组织和执行更加高效。

大数据可以显示人员流动地理位置和时间戳信息的数据，绘制出病患的行动轨迹，从而推断出病患密切接触者，预测高危地区和潜在的高危地区，推断出疾病传播路径，追溯传染病源头，预测疫情的发展趋势。

大数据可以分析疫情新增确诊、疑似、死亡和治愈的病例数，还可以预测疫情的峰值和拐点等相关信息，对重点区域强化卫生措施，对可能扩散的区域提前防控做到心中有“数”。

大数据可以保障医疗物资精准调配，将疫情防控与医疗数据和物资供应链数据打通，做好“紧平衡状态”下的医疗物资分配，精准调配各项医疗物资、防护设备。

大数据可以极大缩短病毒基因测序、新药研发、蛋白筛选等研究开发工作的周期，通过大量数据分析、大规模筛选和海量科学超算工作，加快疫苗研制过程。

大数据技术有助于在投放市场之后，辅助观察和分析人类接种疫苗的效果。构建人类卫生健康共同体，守护人类生命健康，都要依托大数据技术强大的“算力”和“数据力”。

由此可见，大数据对疫情的发现、防控救治发挥了巨大作用。可以说，全球战疫的大数据，不亚于数字化战争。